探险者发现之旅丛书 TANXIANZHE FAXIAN ZHILU CONGSHU

◆图文并茂◆热门主题◆创意新颖◆

开辟海上新航线

KAIPI HAISHANG XINHANGXIAN

◎探险者是地球的先行者，历史的揭幕人，他们通过变幻莫测、曲折离奇、险象环生的史诗般的探险历程为人类发展史描绘了一幅幅壮丽的画卷。引人入胜的探险故事，充满魅力的探险旅程，成就了一部人类悲壮的地理探险史。

本书编写组◎编

U1001702

世界图书出版公司
广州·上海·西安·北京

图书在版编目（CIP）数据

开辟海上新航线／《开辟海上新航线》编写组编．—广州：广东世界图书出版公司，2010.4（2021.11 重印）

ISBN 978－7－5100－1484－0

Ⅰ．①开… Ⅱ．①开… Ⅲ．①航海航线－世界－普及读物 Ⅳ．①U697.3－49

中国版本图书馆 CIP 数据核字（2010）第 059319 号

书　　名	开辟海上新航线 KAI PI HAI SHANG XIN HANG XIAN
编　　者	《开辟海上新航线》编写组
责任编辑	左先文
装帧设计	三棵树设计工作组
责任技编	刘上锦　余坤泽
出版发行	世界图书出版有限公司　世界图书出版广东有限公司
地　　址	广州市海珠区新港西路大江冲 25 号
邮　　编	510300
电　　话	020-84451969　84453623
网　　址	http://www.gdst.com.cn
邮　　箱	wpc_gdst@163.com
经　　销	新华书店
印　　刷	三河市人民印务有限公司
开　　本	787mm × 1092mm　1/16
印　　张	13
字　　数	160 千字
版　　次	2010 年 4 月第 1 版　2021 年 11 月第 9 次印刷
国际书号	ISBN　978-7-5100-1484-0
定　　价	38.80 元

版权所有　翻印必究

（如有印装错误，请与出版社联系）

前　言

人类的历史是不断探索、不断进步的历史。

自古以来，人类与大自然进行了不懈的斗争，有据可查的探险史是从公元前4世纪开始的。这些探险活动，有的出于自愿，有些是因为某种原因驱使，有的则是偶然。

近代历史上的探险活动散发着殖民主义的气息。美洲的发现，非洲的开发，大洋洲的探险，亦或者因此而产生的诸多经济文化的发展，都伴随着殖民主义血腥的掠夺与杀戮。探险者用无数白骨换回满载的香料和黄金，他们对古老的非洲和美洲文化进行一定程度上的破坏，却将欧洲文明推展到了更广阔的世界。

而无论目的或者何种动机，人类的探险都反映了人类不受命运的束缚，与大自然抗争的勇气与力量。

现代科学技术的进步和经济的繁荣，更加促使了探险者们前进的脚步。永无止境的探险精神和坚忍不拔的勇气驱使他们克服种种困难，使人类种族得以更强悍地繁衍、进步、发展。所有的困难不会让这些探险家们退缩，勇气与探索的信念让他们不断在探索的道路上前进。

航海是探险历史最重要的组成部分，因为主观和客观的原因，促使了航海大世纪的辉煌篇章。关于航海，关于那些耳熟能详名字背后的故事，关于航海英雄们的由此而生的许多精神和物质上的贡献，本书都将一一向你道来。

正是这种积极向上，永无止境的探险精神和坚忍不拔的勇气，人类才可以克服重重困难，从而繁衍、生存、进步。正是这种对未知世界的好奇心，才驱使人们对未知世界做无止休的探索。但是人的视野的局限，使之对踏进未知世界的脚步受阻，所以以史为鉴，善于寻找探险的科学观念和理论同样重要。

基于以上两点，此书诞生。每一个探险故事，每一个探索发现，都在揭示人类永不泯灭的好奇心和英雄感，都在讴歌探索精神与科学精神的伟大结合。

如果你可以在航海新航线的开辟乃至整个探险史上摸索、整理出一条线，我们便可以总结过去，着眼未来，发现未知，不断追求人类更大的潜力和无限的可能性。

目录
Contents

其他地理大发现

开辟新航线外的故事

早期探险

随着时代的发展，科技的进步，人类早期便开始了海上探险。任何危险也阻挡不了勇敢者的脚步。于是出现了一大批早期的探险家：尼基丁，伊本·拨图塔，马可·波罗……一大批耳熟能详的名字。

古代的地球说

根据考古学家的发现，古巴比伦的泥板地图是世界上最早的地图。其中有一块碎片上刻画的是巴比伦人心目中的世界。图形大地的周围是圆形的河流环绕，巴比伦处于接近世界中心的位置。这些地图产生的年代在公元前2800多年前，这可能是人们最早的对于地球的认识。

希腊是古代自然科学比较发达的国家之一，它的地理学成就名列当时世界各国的前茅。泰勒斯是希腊自然学和地理学的奠基人，他所在的学派被称为米利都学派。这一学派是最早使用世界区域划分概念的，他们使用“欧洲”、“亚洲”这样的地名来称呼最先被认识的两块大陆。不久，与欧、亚相连的第三块大陆被发现了，希腊人把它称作“利比亚”，而罗马人叫它“阿非利加”。关于欧、亚两洲的分界线，一些地理学家认为是里奥尼河，而另外一些人则认为是顿河。

地圆学说是古代地理学最伟大的成就之一。早期的希腊人认为，地球是圆形的，陆地的周围被海洋河流环绕着。一些地理学家甚至使用所能找到的粗糙的仪器来测量地球的圆周。公元前3世纪末2世纪初，亚历山大学者厄拉托斯特尼对地球圆周进行了2次测算，结果各不相同，第一次是

25.2 万斯塔迪，第二次是 18 万斯塔迪。斯塔迪是埃及的计量单位，1 个埃及斯塔迪到底相当于现在的什么长度，我们不得而知，依靠当时科学手段进行这样复杂的测算，结果也不可能是正确的。但这一尝试无疑为后来的环球航行提供了积极的帮助。

古代地理学的另一个重要成就，是人们提出了世界海洋是一个统一整体的推断。厄拉托斯特尼就曾大胆地预言：“假若我们不被大西洋辽阔的海域阻隔，那么我们可以从伊比利亚（西班牙）出发沿这个或那个圆周平行线航行到印度。”另一位地理学家波西多尼讲道：“很明确，海洋弯弯曲曲地环绕着人类居住的陆地，而没有任何陆地能够包围这个海洋，海洋占据了这无边无际的空间，没有任何东西可以把海水弄浑。”波西多尼的继承者斯特累波也说：“凡是人能够走到的地球边陲，都会遇到我们叫作大洋的海……最符合事实的看法是，大西洋流入一个海域，并永不停顿，因为那些欲作环球航行但却半途而返的人们断言，迫使他们停止远航的原因不是某个大陆阻挡了他们的去路或影响他们继续前进，唯一的原因是他们缺乏食物和遇到无人居住的地区。海洋如同从前一样，对航行来说是自由的。”

古代的人们还把地球划分为若干地带。波西多尼提出了 9 个区域的划分法：3 个无人居住地带——赤道地带和 2 个靠近极地地带；6 个有人居住地带——2 个寒带区、2 个温带区和 2 个亚热带区。斯特累波则认为，把地球划分为 5 个地带比较合理：1 个气候炎热、无人居住的赤道地带；2 个气候寒冷，同样无人居住的靠近极地地带；2 个气候温和而有居民的中间地带。

科学家甚至预言南极大陆的存在，他们推想，既然北半球上存在着广阔的大陆群，使人们有条件地划分 3 个地球地带，那么为了保持平衡，在南半球也一定存在这样的大陆。有些人认为，在南方有一块四周环绕着海洋的大陆；另一些人猜想，有一块被印度洋所包围的辽阔的陆地。人们把这块大陆称为“南部大陆”。

古代地理学家对地球的认识对后来人类许多地理探险活动起到了积极的推动作用，比如哥伦布的航行证明地球是圆的，麦哲伦的环球航行得益于海洋整体论的设想，澳大利亚和南极洲的发现证实了人们对“南部大陆”的猜测。

浩瀚四大洋

在四大洋中，太平洋面积最广，深度最大，海湾、岛屿最多，火山、地震最频繁。它的面积占整个海洋面积的1/2。它的平均深度4000多米，最大深度11034米。它的周围有21个主要的附属湾和海，北面有白令海、鄂霍次克海和阿拉斯加湾。极地探险家阿蒙森开辟北冰洋西北航路时，就是乘“约阿”号穿过白令海峡，在白令海北岸的诺姆城靠岸的。西北面是日本海和我国的四个邻海。西面是爪哇海、苏禄海、苏拉威西海、巴厘海、佛罗勒斯海、马鲁古海、斯兰海、班达海和珊瑚海。麦哲伦梦寐以求的香料群岛就在马鲁古海的东岸。珊瑚海是世界第一大海，面积479.1万平方千米。太平洋靠近南极的几个海，全是用南极探险家的名字命名的，它们是罗斯海、阿蒙森海和别林斯高晋海。太平洋东北面只有一个加利福尼亚湾，东南面一个海湾也没有。

太平洋的岛屿总面积达440多万平方千米。粗略统计，岛屿数目有25000多个，真是一个“万岛之洋”，这些岛屿，大多分布在西部和中部，北部较少，东部和南部更是寥寥无几。北部的阿留申群岛，是一个奇妙的世界。那里冬天烈风呼啸，寒气逼人，春天和夏天浓雾迷漫，一片荒凉。在骚动着的寒冷海水下面，隐藏着异常丰富的海洋动植物群体，绚丽多彩。

太平洋

散布在太平洋西部和中部的众多小岛，大部分属于火山岛和珊瑚礁。人们通常把这些小岛、小礁划分为波利尼西亚、密克罗尼西亚和美拉尼西亚三大区域。波利尼西亚意为“多岛群岛”，它所属的岛屿最多，占据的海域最大。夏威夷群岛、莱恩群岛、萨摩亚群岛、汤加群岛等都是它的成员。其中，西萨摩亚位于这一群岛的中心，被称为波利尼西亚的“心脏”。由于它处于航行要道，气候宜人，故又有“航海者之乡”的美名。

密克罗尼西亚意为“微型群岛”，因为它所属的许多岛都比较小。其中瑙鲁是世界上最小的一个岛国，面积 21 平方千米，全国只有 1 家商店、1 所邮局、2 家餐厅和 1 座只有 16 个床位的旅馆。

美拉尼西亚是“黑人群岛”的意思，因为岛上居民肤色黝黑，头发细软而卷曲，属黑色人种，故此得名。它位于西太平洋区，赤道和南回归线之间。最主要的有所罗门群岛、新赫布里底群岛、新喀里多尼亚岛和斐济群岛等，大多为大陆性岛屿。其中，斐济是西南太平洋交通运输的中心，具有重要的战略地位。岛上以产甘蔗著名，全国有 1/4 的劳动力从事种植甘蔗和制糖的生产，蔗糖是最重要的出口物，占出口总值的 1/2。因此，该岛赢得了“甜岛”的称号。

大西洋是面积仅次于太平洋的第二大洋，面积为 9336 万平方千米。平均深度 3626 米，最深处在波多黎谷海沟，达 9219 米。大西洋的周围有 14 个海和湾，其中加勒比海最大，面积 264 万平方千米。巴芬湾和哈德逊湾是大西洋北部的海湾，分别是巴芬和哈德逊在寻找北极地区西北航路中首次发现的。大西洋的其他海湾有墨西哥湾、波罗的海、北海、比斯开湾、地中海、马尔马拉海、黑海、亚速海和几内亚湾。此外，大西洋中部偏西有一个马尾藻海，就是哥伦布首次航行时疑为陆地的海区。

大西洋

大西洋的岛屿总数比太平洋少得多，总面积只有 90 多万平方千米。大西洋的大部分岛屿集中在加勒比海的西北面，当年哥伦布就是被这些密密麻麻的岛屿弄得晕头转向，以为它们是印度周围的岛屿，因而把它们叫做

“印度群岛”。

印度洋是郑和七下西洋的主要海域，面积7491万平方千米，是世界第三大洋。平均深度为3897米，仅次于太平洋。阿米特兰海沟最深达9078米。

印度洋北部的许多海湾，都曾留下了郑和船队的航迹，如今这些海湾仍然发挥着重要的作用。孟加拉湾和阿拉伯海像两扇通往亚洲的大门，红海和波斯湾犹如两条插入中东的小道。阿曼湾把阿拉伯海和波斯湾牢牢锁住，亚丁湾则是出入红海的咽喉。马六甲海峡每年有3万~4万艘巨轮驶过。如果说马六甲海峡是印度洋与太平洋之间的一条重要的天然通道，那么，苏伊士运河便是一条更加重要的人造通道。苏伊士运河把红海和地中海连接起来，沟通了印度洋和大西洋的最短航路。在运河建成以前，从西欧到印度洋的船只，需要绕上一个特大的弯子；或者像葡萄牙人造亚士那样绕非洲南端而入；或者循着麦哲伦的老路向西，绕南美的南端进来。这两条路至少都得绕9000千米的弯路。

印度洋

印度洋东部，有安达曼海、萨武海、帝汶海和阿拉弗拉海。澳大利亚南部有一个大澳大利亚湾。

印度洋的岛屿也不少。马达加斯加岛（今马尔加什）、锡兰岛（今斯里兰卡，郑和曾到过的锡兰国）原来都是大陆的一部分。后来，它们同现在大陆之间的陆地下沉了，它们才成为岛屿。安达曼群岛、尼科巴群岛、雪马路岛、桑给巴尔岛和奔巴岛，也都是大陆岛。奔巴岛虽然只有1000平方千米的面积，但它每年生产的丁香却占世界总产量的80%，人们把它叫做“丁香之岛”。桑给巴尔岛长满椰子树，椰子及其产品的出口，在出口总值中占很大比重，那里的人们把椰子树称为“生命之树”。岛上的桑给巴尔城是一个童话般的城市，市区以圆环状突出在印度洋上，白石平铺，风景如画。港湾中星星点点布满了精巧的帆船。许多船的船体上绘着大幅彩色图画，刻着神采奕奕的神像。

你听说过火山能产生岛屿吗？海底火山爆发，常能堆成火山岛。印度洋的火山岛很多，留尼汪岛、科摩罗群岛、克尔格伦岛、克罗泽群岛等都是。

马尔代夫群岛却有着另一部成长史。它和我国南海诸岛一样，是由珊瑚遗骸构成的，属于珊瑚岛。珊瑚能构成许多奇妙的形状，有的像一个圆环紧密包围着岛屿，形成岸礁，有的珊瑚岛里面有平静的潟湖。印度洋中的珊瑚岛还有查戈斯群岛、阿米兰特群岛等。

北冰洋是四大洋中最小的一个洋，面积为1310万平方千米，只占海洋总面积的3.6%。它位于北极圈内，被亚洲、欧洲和北美洲大陆所围绕，是一个冰天雪地的世界。冬季浮冰面积达1000万平方千米。夏季虽然融化了一部分，仍有2/3的洋面为冰雪所覆盖。正因为如此，皮尔里才利用冬季冰面扩大的机会，乘雪橇第一个到达了北极。这里的冰不仅多，而且厚，一般在2~4米，不要说探险家们的狗拉雪橇可以在上面行走，就是汽车也可以通行，甚至重型飞机也可以在上面降落。越是接近极地，气候越寒冷，冰也越厚。在极顶附近，冰层竟可厚达30多米！

北冰洋

北冰洋也是最浅的一个大洋，平均深度只有1200多米，最大深度5449米。

北冰洋的岛屿很多，仅次于太平洋，总面积达400万平方千米。主要岛屿有格陵兰岛、斯匹次卑尔根群岛、维多利亚岛等。格陵兰岛是冰山的制造工厂，它制造出来的冰山，曾挡住了许多北极探险家前进的道路，戴维斯、巴芬等人不都是被冰山吓退了的么！斯匹次卑尔根群岛，层峦叠嶂，探险家巴伦支给它取名为“尖峭的陆地”。加拿大在北极群岛中有许多岛屿，阿蒙森曾在其中迂回曲折地航行过。

除巴伦支海外，北冰洋的附属海湾还有喀拉海、拉普帖夫海、东西伯利亚海、楚科奇海、波弗特海、白海、格陵兰海和挪威海。

北冰洋的战略地位是很重要的，越过北冰洋的航空线，大大缩短了亚洲、欧洲和北美洲之间的距离。如从纽约到莫斯科，飞经北冰洋要比横渡大西洋缩短将近1000千米的路程；从东京到伦敦，沿北极圈飞行，要比经过莫斯科的航线缩短1100多千米。不过，北冰洋上空气候恶劣，常有厚云浓雾和狂风暴雪，给飞行带来一定困难。但只要作好准确的气象预报，还是能保证飞行的安全。北冰洋的航海线也大大缩短了东西方之间的航路。探险家们为了开辟这条航线，曾作出了许多重大的牺牲。终于，阿蒙森率领的探险队打通了西北航路，对航海事业作出了重大的贡献。现在，已开辟了沿岸的航线。在夏季融冰季节，由破冰船导航，可以航行。人们还用潜艇开辟了北冰洋的水下航线。它不受冰的影响，一年四季可以通航。1958年，美国海军核潜艇“鹦鹉螺”号，就从冰面之下进入北极极顶，胜利地穿过了北冰洋。

最悠久的探险项目

航海可以说是世界上最古老悠久的探险项目了。根据权威的美国《吉尼斯世界之最大全》记录，早在公元前4万年，新几内亚岛上的原始居民就能用双排独木舟，横渡当时至少70千米宽的托雷斯海峡，到达彼岸的澳大利亚大陆了。在2500~3000年之前，波利尼西亚人依靠他们对星体的知识和对海洋的敏感性，乘坐成双结对的独木舟，征服惊涛骇浪，找到并开发了浩瀚的南太平洋中每一个能居住人的岛屿。公元前1400年前后，米诺斯人居住在地中海的克里特岛上，曾有“克里特的海上王国”之称，他们进行了从叙利亚到西西里岛的探险航行，使米诺斯文明大放异彩。以后相继崛起于地中海沿岸的腓尼基人和希腊人，更是特别擅长于建造探险船只和进行航海探险。在公元初的几个世纪里，东南亚的马来人从苏门答腊岛向西，驶过印度洋上的狂澜怒涛，发现了非洲的最大岛屿马达加斯加岛。今天岛上的居民，就是当年马来移民与土著人混血的后裔。

中国有明确记载的首次航海探险是由秦朝时的徐福完成的。他曾分别于公元前219年和前210年2次出海，据说最后漂渡到了东瀛日本。现在日本列岛有关徐福的遗迹还多达20余处，日本民族为徐福建庙祭祀，树碑立传，纪念活动历千年而不衰。1990年，在徐福的故乡江苏赣榆县城广场上，矗立起了这位中国第一个航海探险家的花岗岩巨像。明朝皇帝朱棣派郑和七下西洋，最远到达阿拉伯半岛、红海、埃塞俄比亚、索马里，直至肯尼亚的马林迪，开辟了通往东非的航路，在世界航海探险史上写下了光辉的一页。而在这以前，不论是亚洲人还是欧洲人，对非洲的了解都少得可怜，从来没有一艘商船到过非洲赤道以南的沿岸。

徐福东渡

15～17世纪的地理大发现时代，实际就是一个航海探险大发展的时代。这个时代是由葡萄牙国王约翰一世的第三个儿子亨利王子揭开序幕的，尽管他本人从来没有进行过长距离的航行，但他还是被人们尊称为“航海王子”或“航海家亨利”。这是因为他对权力没有野心，很少去宫廷，而对于远航探险却有一种近乎狂热的偏爱。他曾开办一所航海学校——它等于是当时全世界的探险发展中心——培养出一批又一批会使用海图和绘制海图的葡萄牙水手，搜罗和造就了一大批富有经验的航海家。他又是多次海上探险的组织领导者，大力倡导远航探险，建造船队，改进测绘技术和推动海路贸易，开启了一个时代的航海探险事业。

要知道，在1415年以前，欧洲人除了亚洲和毗邻地中海的北非外，对世界其他地方还浑然不知。许多人认为那些地方是世界的边缘，海水是沸腾的，人到了那里就会变黑，还有关于船开到那里就难以生还的可怕传说。当时还没有发明机动船，所有的船只只能借助风力或人力行驶。从1415年起，亨利派出一支又一支海上探险队，对非洲的大西洋海岸进行不懈的探寻，以求寻得黄金、奴隶和新的土地。当读到了《马可·波罗游记》后，他还让他的船长们收集通往印度航道的消息。这些海上探险队发现了马德拉、亚速尔和佛得角群岛，被探察和画入地图的非洲西海岸线约有3500千米之长——自直布罗陀海峡，终至现今的几内亚一带。当时的葡萄牙船队是世界上首屈一指的船队，葡萄牙人制造的多桅快帆船，是一种装有三角帆的航船，以高速行驶和质量优良而著称，不但轻巧，而且易于操纵，对于“地理大发现”是必不可少的工具。亨利王子于1460年去世后，探险活动仍在大规模进行。1486年，葡萄牙人第奥古·坎发现了刚果河和安哥拉海岸；1488年，葡萄牙人迪亚斯到达非洲大陆最南端的好望角。随后就是一连串令人眼迷目眩的辉煌的地理大发现了。

1492～1493年，为西班牙服务的意大利人哥伦布，率领3艘航船和87名水手，在人类历史上第一次横渡大西洋，结果由于“一个极大的错误导致了一次极其伟大的发现”。

1497年7月8日，葡萄牙人达·伽马被任命为一支新探险队的领导。他指挥3艘帆船，沿非洲大陆西海岸向南航行，在12月中旬到达迪亚斯曾经到过的最远地点，也就是绕过了好望角。

1613年，西班牙探险家巴尔鲍亚越过中美洲的巴拿马地峡，这是欧洲人第一次望见浩淼无垠的太平洋，他当时称之为大南海。

……

仿古航海依旧继续

现代航海探险的一个最突出特点，就是有越来越多的人大发思古之幽情，热衷于仿古航海，借用没有动力装置的简陋原始的航海工具，如木筏、独木舟，或者是古老的平底木帆船，以证明和体验先辈们创下的伟大的航海业绩。

20世纪首先用史前航海工具进行跨大洋航海探险的是挪威人托尔·海尔达尔。海尔达尔是位酷爱考古的人类学家，他曾在1937年到南太平洋波利尼西亚群岛，进行长达1年的野外考察，对居住在群岛上的土著居民波利尼西亚人的来源，产生了强烈兴趣。这些岛屿大多由珊瑚礁构成，面积很小很小，远离大陆，孤悬汪洋中。岛上的居民肯定是从附近大陆迁移来的，海尔达尔认为他们的文化同南美洲的印第安人有很多共同之处，很可能他们就是来自南美大陆。但当时大多数历史学权威不赞同他的看法。为了拿出更有说服力的论据，也正如海尔达尔本人所说的“人们对一次探险比对一份文稿更有兴趣”，他决定仿照古代印第安人可能采用的航海方式——用木筏借助风力和洋流漂渡滔滔太平洋。

1947年4月28日，海尔达尔和5个志同道合的伙伴，跳上用9根秘鲁特产的轻木圆木扎成的木筏“太阳神”号，从秘鲁卡亚俄港出发，西入太平洋。木筏上搭了个草棚，还扯起风帆，一切尽量仿效古印第安人航海的样子。他们除了自备食物，也打鱼和捞水里的浮游生物煮熟当饭吃，并搜集雨水补充淡水。经过101天的艰苦搏斗，他们战胜了暴风、巨浪和鲸鲨等的袭击，于当年8月7日在南太平洋土阿莫土群岛的一个珊瑚岛上胜利登陆，航程881.6千米，轰动了全世界。他们的木筏后来被安放在挪威首都奥斯陆的航海博物馆里，供人们参观。

1970年，已经步入晚年的海尔达尔仍壮心不已。为了证实腓尼基人早已到过美洲的理论，他又组织和领导了另一次远征。他仿照古埃及王墓壁画上所描述的式样，制造了一艘由纸草秆编成的帆船“拉二”号，从非洲西海岸的摩洛哥启航，横渡大西洋，历时57天，安全抵达中美洲的巴巴多斯岛。这次探险证明，地中海的古代文明很可能是通过这种途径传播到美洲的。在进行仿古式的航海探险时，海尔达尔特别注意，从航海用具、食物，到掌舵的方法，都力求与史前人相似。当然，他们也随身携带一些现代用品，如测定方位用的六分仪、无线电收发报机和一些罐头食品等。

1977～1978年，海尔达尔又仿照古代苏美尔人所乘草船式样，制成另一艘纸草秆帆船“底格里斯”号。他们从底格里斯河和幼发拉底河的会合处下水，经波斯湾进入阿拉伯海，然后向西南驶往红海口。由于当时中东地方有战事，“底格里斯”号最终没能抵达原定的目的地埃及。不过这次航海在很大程度上向人们说明：远古的中亚细亚人、印度人和埃及人，能够避开沙漠和高山的障碍，在海路上保持联系。海尔达尔把自己的探险经历写成多部著作，被翻译成60多种文字，畅销全世界。

受到海尔达尔的启发和鼓舞，以后至少出现了3次木筏仿古航海探险。3名年轻的加拿大人在1956年夏天乘自制的木筏出海，在寒冷的北大西洋经过88天漂泊，饿得半死不活地到达英格兰。1970年5月29日午夜2点，又一艘木筏驶离南美洲厄瓜多尔的依哥达海岸。他们比海尔达尔走得更远，随太平洋的海流漂流了1.3万多千米，于11月3日穿越险象环生的大堡礁，来到澳大利亚东海岸名城悉尼。木筏上载着马克等4个不同国籍的探险者：1个西班牙人，1个法国人，1个智利人，还有1个加拿大人。他们想证明古代南美印第安人可能也是这样来到澳大利亚的。1984年5月22日，以35岁的律师罗伯托·巴拉干为首的五位阿根廷人，也驾驶木筏，从非洲西北的加那利群岛向西航行，历时52天，横渡大西洋，到达南美洲委内瑞拉的瓜伊拉登陆，行程6000千米。他们的木筏长13.6米、宽5.8米，筏上也有一间茅草小舱，桅杆高11米，挂着一张方形的帆，这些都是仿照传说中3500多年前非洲人的木筏做的。他们的目的是要印证那时候的非洲黑人就有可能乘木筏跨越大西洋到达美洲的假说。后来这艘饱经风浪的木筏，被置放在阿根廷首都布宜诺斯艾利斯共和国广场高大的独立纪念碑旁，每天吸引着众多的过往游人。

在英国北爱尔兰，传说公元5世纪有个传教士布伦丹，乘牛皮筏从爱尔兰岛出发，经过冰岛和格陵兰，到达加拿大的纽芬兰岛，在哥伦布之前早就发现了美洲。1974年，33岁的英国牛津大学地理学家蒂姆·赛弗林决心亲身相试，他经过3年的艰苦准备，把一张张牛皮用皮带（共长3.5千米）绑扎、用胶黏合起来，制成一艘约11米长、2.5米宽的牛皮筏子，定名“布伦丹”号。1976年5月17日，赛弗林带领4名伙伴，坐在这只皮筏上，从爱尔兰西南部布伦丹湾出发，采用古代的航海技术扬帆远航。他们用了整整1个月时间，漂泊2000千米，在6月17日来到冰岛。由于北大西洋的风暴季节即将到来，只好停在这里耐心等待。直至1977年5月，“布伦丹”号才继续剩下来的更加艰险的3000千米的航程。他们遭遇了大雾、风暴、巨浪和滚滚而来的浮冰，穿过世界最可怕的格陵兰沿海水域。在那里，他们的皮筏子曾被尖利的冰棱刺破，海水涌进船舱。5个人在一个晚上平均每小时向外泵水2000次，才使皮筏没有下沉。天亮时他们找到船壳破口，然后又奋战3小时，一次次跳进冰冷刺骨的海水，才堵住了漏洞。最后他们终于在6月20日到达目的地纽芬兰。

1980年，还有7个25～35岁的日本青年，出动一艘双船身的独木舟“冒险”号，在波浪滔滔的太平洋上航行6个月，飘荡了1.6万千米。他们的独木舟长13米，重7吨，船身白色，带一个鲜艳橙色的三角帆。“冒险”号于5月8日离开日本，在7月初抵达美国西海岸的旧金山；然后再一直沿着美洲西部沿海航行，于11月2日到达终点——智利的阿里卡港。此举是要向人表示，日本人在哥伦布之前可能已发现新大陆，而一些美洲印第安人中可能有日本祖先的血统。

阿拉伯文学巨著《一千零一夜》中，有一篇《辛伯达航海记》。故事中的辛伯达是位酷爱航海探险的阿拉伯人，他在27年中曾进行过7次航行，遭遇巨鲸、神鹰、大蟒、魔鬼，见到过许多异国风情，还曾到过中国沿海，留下一连串冒险和浪漫的故事。据说这个古老的传说，主要是以一位名叫艾布·欧贝德·本·卡希姆的阿曼古代航海家的经历为原型的。他于公元8世纪初乘坐双桅木帆船，第一个越阿拉伯海，跨印度洋，到达中国现在的广州，开辟了与“丝绸之路”齐名的阿拉伯—中国的海上“香料之路”。1980年阿曼国庆大典之际，为验证古代辛伯达航海历险传说的可能性和真实性，以40岁的蒂姆·赛弗林船长（就是他在4年前驾皮筏横渡北大西洋）为首的20名船员，驾驶着一条命名为“苏哈尔”号的仿古双桅木帆船（长26.5米，宽6.4米），于11月23日在隆重的礼炮声中离开首都马斯喀特港，扬帆远航。他们采用古代的导航法，沿着古航道，经过阿拉伯海，印度洋、斯里兰卡、苏门答腊、马六甲海峡和南中国海，历时222天，行程1.1万多千米，于1981年7月1日驶抵中国广州珠江口岸，奇迹般地完成了举世瞩目的“现代辛伯达航行”。他们以自己大无畏的探险行动，说明古代富有神话传奇色彩的航海故事也是有一定根据的。结束历史使命的“苏哈尔”号，后来被陈列在马斯喀特市布斯坦宫前面一个街心花园里，成为当地一大景观。

24岁的法国青年尼埃尔·吕蒂昂斯很早就梦想飘洋过海，了解世界。航海首先需要一只大帆船，他知道中国古代在航海方面是首屈一指的，比西方早5个世纪造出了帆船驶向大海。于是他把自己的想法告诉了中国有关部门，广州造船厂同意为他建造一艘中国式传统木帆船。由于这艘仿古船只是法国埃勒夫·阿基坦石油公司出资赞助建造的，因此被命名为“中国埃勒夫”号，船长25米，宽6.8米，有3张大帆，排水量700吨。1981年6月，由10个不同国籍的27名男女青年，驾驶“中国埃勒夫”号从广州起锚，征服印度洋，绕过好望角，再沿非洲大西洋西海岸北行，行程5.5万千米，终于在3年后的1984年10月驶抵巴黎美丽的塞纳河畔。在国际航海史上，这是第一艘从远东驶到法国海岸的中国式帆船。

为纪念古代斯堪的纳维亚人在北美登陆1000周年，由船长托塞特和10名船员驾驶一艘复制的9世纪斯堪的纳维亚单桅帆船“盖亚”号，于1991年5月从挪威启航，在战胜了狂风恶浪和冰山之后，于8月2日缓缓驶入加拿大纽芬兰省东海岸的小镇朗素梅多。

1992年是马可·波罗海上丝绸之路航行700周年和哥伦布发现新大陆500周年。围绕这两个千载难逢的重大节日，各国航海探险家又在大力策划各种“重走老路”的仿古探险活动，以资纪念。

据史载，马可·波罗在元朝服务了17年之久，后奉元世祖忽必烈之命，于1292年带了100多名护送人员，乘船护送17岁的阔阔真公主出嫁波斯，然后返回家乡威尼斯。他开辟的这条航线就被称为“海上丝绸之路”。1990年，英国现代海上探险家韦恩·莫伦医生，带着妻子和11岁的儿子、7岁和3岁的两个女儿，驾驶一艘自己设计的仿中国古代的平底木帆船“阔阔真”号，从香港试航到上海。“阔阔真”号长23.1

米，宽 5.1 米，排水量 75 吨，三桅，主桅高 20.7 米，船尾画满了中国风格的装饰画。莫伦打算仿效当年马可·波罗的海上之行，由中国福建的泉州港启航，穿过南中国海、马六甲海峡、孟加拉湾和阿拉伯海，再经红海和地中海，最后抵达亚得里亚海的意大利古城威尼斯，沿途将进行与马可·波罗时代有关的航海、考古、植物和其他研究。并计划在游历了欧洲各港口之后，再穿越大西洋，于 1992 年到达美国的巴尔的摩。随后他将在马里兰大学讲授东南亚的海运考古学。他说："此次海上航行的全部将会成为马里兰大学的一门必修课程。"莫伦的马可·波罗旅程研究与仿马可·波罗旅程航行的考察计划，曾获得 1990 年洛来克思探险事业精神奖。

1991 年，日本"圣玛丽亚号协会"出资对哥伦布乘坐过的木制帆船"圣玛丽亚"号进行修复。7 月 13 日，21 名航海探险者驾驶该船，从西班牙巴塞罗那港出发，先驶向当年哥伦布登陆的巴哈马群岛中的圣萨尔瓦多岛，然后穿过巴拿马运河西出太平洋，于 1992 年 4 月回到哥伦布当年的航海目标之一——黄金之国日本的神户港，全程 3.1 万千米。

西班牙方面则决定派遣与当年哥伦布 3 艘木船一样的复翻新船。重航一次哥伦布航程。3 艘复制大帆船，由西班牙海军负责制造，不仅船体结构相同，而且连所用材料也与当年的一般无异。特别有意思的是，政府决定让哥伦布的后代——第十八代孙威廉·哥伦布，来主持这次探险计划。这对哥伦布家族来说，是莫大的荣耀和骄傲。威廉是一名海军军官，富有航海经验。国际航海学会预计这支穿起 500 年前水手服饰的探险船队，将会准时在 1992 年 10 月 12 日的"哥布伦日"（哥伦布首次在美洲登陆的日子）抵达美国。

尼基丁与《三海行记》

1466 年，由于一个偶然的机会，俄国商人阿凡那西·尼基丁作了一次不平凡的旅行。这一年，当时黑海地区的一个穆斯林国家希尔凡国的国王派出使者拜见莫斯科大公伊凡三世。这些使者完成了在俄国的使命后返回希尔凡国，一些俄国商人要求与他们同行，其中的一个商人叫阿凡那西·

尼基丁。尼基丁自己拥有2只商船。当他们沿伏尔加河顺流而下航行到河口时，遭到了当地鞑靼人的袭击，尼基丁的2只船全部被毁，货物也被抢劫一空。他本人幸免于难，逃到另一条商船上。但他的灾难才刚刚开始。当这只商船顺利到达杰尔宾特后，尼基丁辗转到了希尔凡国的首都舍马哈。这时的尼基丁身无分文，不仅如此，由于他靠借款购买的货物损失殆尽，他已经负债累累了。

到达希尔凡国的俄国商人们请求护送他们回国，但当地的穆斯林国王拒绝了他们的要求，理由是他们的人数太多。对尼基丁来说，前途是渺茫的，他不能回到俄国，因为当时俄国的法律规定，无力偿还欠债是要被投入监狱的。像尼基丁这样的人不止一个，摆在他们面前的路只有一条，想办法赚到钱回俄国去还债。在舍马哈，尼基丁和同伴们挥泪而别，各奔前程。

尼基丁首先到达了巴库，这里盛产石油，他看到了“不灭的火”。从巴库出发，先到了伊朗的马赞德兰省，这个省在里海南部。然后，他翻过厄尔布尔士山，穿过伊朗南部。一路上尼基丁暂时忘记了他的苦楚，倒也显得悠哉游哉。在伊朗南部，有人告诉他良种马在印度很受欢迎，可以卖到好价钱，于是他动了去印度经商的念头。他首先前往波斯湾的霍尔木兹，在那里买了一批马，然后乘船经过阿曼的马斯喀特、第乌岛和印度斯坦西北重镇坎贝，到达了印度的达达布霍尔港。达达布霍尔港是当时有名的马匹交易市场，来自阿拉伯、中亚、伊朗和埃塞俄比亚的马贩子们聚集在这里，热闹非凡。尼基丁最终也没有给他的马找到好价钱，为此他痛恨让他来这里的人，认为受欺骗了。

在沿海地区没有收获，尼基丁索性前往印度内地。穿过西高止山脉，经过德茹纳尔城，他来到了穆斯林印度斯坦首府比德尔。当时的印度没有统一的政权，各地四分五裂，印度斯坦是信奉伊斯兰教的穆斯林建立的一个较大的国家，同其他穆斯林国家一样，它的统治者叫苏丹。在比德尔，尼基丁领略了这里富庶的一面：富丽堂皇的贵族马车，雄伟庄严的苏丹宫殿，豪华的城池。同时，他也看到了这里惊人的贫富差别：农夫们异常贫穷，然而贵族们却十分富有和奢侈，连他们坐的轿子都是银制的。在比德尔逗留1年之后，尼基丁到印度另一个国家的首府维查雅瓦达。此外，他还访问了圣城帕尔瓦特和那里的钻石矿场。

尽管当时的印度商业和贸易发达，商品琳琅满目，但对于缺少资金的尼基丁来说，这些并没有给他带来好运。他迁怒于那些介绍他来这里的人。尼基丁最后选择了一些便宜的辣椒和颜料，但所购有限，因为高额的关税不是他所能承担得起的。

1472 年，尼基丁踏上了回国的路程。在达布霍尔，他付了 2 个金币，乘坐一条破旧的船只前往霍尔木兹。在海上，他足足航行了 2 个月。途中他不得不把大米、辣椒和面包分给当地人，防止再次遭到抢劫。

在霍尔木兹登陆后，尼基丁穿越伊朗的山地，到达土库曼。在这里，土库曼的游牧部族正与土耳其人进行战争。尼基丁匆匆地离开土库曼，穿过亚美尼亚高原，在特拉布泉港花 1 个金币雇了条船渡过黑海，由于风高浪急，4 天后他才到达费奥多西亚。

尼基丁最终也没有能踏上他一直向往的故土，在前往斯摩棱斯克的途中他去世了。他把自己的这次旅行经历，写在《三海行记》一书中。这本书的手稿，后来被一些商人带到莫斯科。

旅行家伊本·拨图塔

伊本·拨图塔生于西北非的丹吉尔城，是商人兼旅行家。他一生中有 25 年是在各地漫游，经历了许多奇特的遭遇。他既是古代伟大的旅行家，也是早期最有成就的探险家之一。

伊本·拨图塔的旅行生涯始于 1325 年。当时，作为一个商人，他离开丹吉尔前往北非埃及的亚历山大。从此，他开始了对非洲和亚洲的漫游。在埃及，他沿尼罗河逆水而上到达第一瀑布处，访问了这个人类文明最早发祥地之一。此后，他到过叙利亚、小亚细亚的边境地区、阿拉伯西部的圣地和伊拉克。在圣地麦加，他逗留了 2 年，然后沿海岸向南到也门，从那里乘船往南到达莫桑比克海峡。接下来的路线是：从海路经过桑给巴尔岛到达霍尔木兹，访问巴林群岛及南伊朗之后返回埃及。

第一次旅行完成后，伊本·拨图塔并没有止步。他再次前往叙利亚，途经小亚细亚到了黑海的锡诺普城，又乘船前往克里米亚的南岸地区，再从这里出发到鞑靼国的首都萨来—贝尔克城，这座城市位于伏尔加河下游地区。当向北行进到博尔加尔城时，他终于没有胆量深入到人迹稀少的北部地区了。对于伊本·拨图塔这一段的旅行经历，我们只能从他本人的记述中略知一二，至于他一路上所遇到的各种奇闻趣事及他的坎坷遭遇，人们不得而知。

在鞑靼人的领地，伊本·拨图塔变成了外交使节。鞑靼国王要他陪同鞑靼使团前往君士坦丁堡。对于这样的使命，伊本·拨图塔没有心理准备。回到鞑靼国首都萨来—贝尔克城后，他又起程前往花拉子模。这段行程他花了40天，途中经过里海低地和荒无人烟的马斯秋里特地区，最后他到达了乌尔根奇城，又到了布哈拉。在撒马尔罕稍事休整后，伊本·拨图塔渡过阿姆河，翻过兴都库什山，来到了人类文明的另一个发祥地——印度。在印度首都德里，伊本·拨图塔又交上了好运，他当上了印度官员，一面经商，一面当官，可谓“名利”双收。

在印度的经历促成了伊本·拨图塔的中国之行。1342年，印度为了与中国通好，派他作为使者前往中国。这次中国之行，对伊本·拨图塔来说可谓历尽艰难。他在前往南印度的途中遭到当地人的洗劫，结果身无分文；在马拉巴尔海岸，他忍饥挨饿，艰难度日。幸运的是，在马尔代夫群岛，他受到当地统治者的青睐，并且弄到了一笔资金，这样，他才得以经锡兰岛继续前往中国。

伊本·拨图塔中国之行的第一站是泉州，那时的泉州是中国乃至世界的商业都市，来自世界各地的人在这里进行商业贸易，这里还设有规模很大的港口。从泉州出发，伊本·拨图塔北上北京。在那里稍事逗留后他返回泉州，经锡兰岛、马拉巴尔、阿拉伯国家、叙利亚和埃及返回他的故乡丹吉尔。

在此之后，伊本·拨图塔还作过一次很有意义的探险旅行，他穿过了西撒哈拉沙漠和中撒哈拉沙漠。这对现在的探险者们来说，也是极具有挑战性和强烈吸引力的。

伊本·拨图塔在他25年的旅行生活中，行程12万千米，到过伊斯兰统治区、罗马帝国、北非、东非、中亚、印度和中国等许多地区，走遍了从莫桑比克到马来海峡的印度洋沿岸和南中国海的大陆海岸线。他的事迹在《伊本·拨图塔游记》中被记录下来，这本书曾在世界各地广为流传。

诺曼人登陆冰岛

法罗群岛位于从苏格兰向北航行300千米，在北纬62度的海洋上。8世纪末，爱尔兰人首先发现了这个群岛，根据文献记载，这些爱尔兰人曾在法罗群岛西北的某个地方度夏，人们猜测，这个地方就是现在所说的冰岛。

第一次对冰岛进行实地考察的是诺曼人。诺曼人被称作北日耳曼部落，他们是日耳曼民族的一支。公元8~9世纪期间，他们主要居住在日德兰半岛，也就是丹麦群岛和斯堪的纳维亚半岛的南岸、西岸地区。诺曼人主要从事畜牧业和渔业。由于农业不发达，他们不得不驾船出海到欧洲的农业国家，用毛皮、鱼类换取粮食和其他产品。

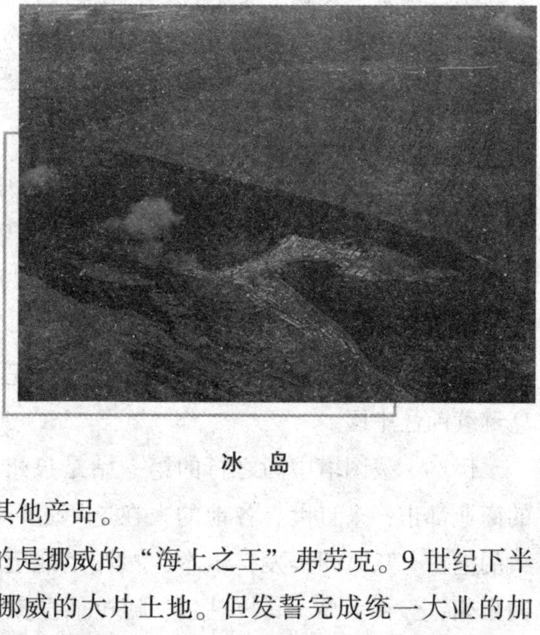

冰 岛

对发现冰岛做出重要贡献的是挪威的“海上之王”弗劳克。9世纪下半叶，弗劳克和他的军队控制着挪威的大片土地。但发誓完成统一大业的加拉尔德一世国王依靠农民进行了顽强的内战，最终打败了弗劳克的联合力量。不愿接受国王统治的弗劳克带领亲兵及其家属逃离祖国。

这时，一批诺曼人的奇异经历吸引了弗劳克的注意。当时，有一批半渔半盗的航海者由于受到风暴袭击。被刮到一个面积为10.3万平方千米的大岛上。经过一个冬天以后，这些人回到挪威，极力赞美该岛的自然风光和茂密的森林。

于是，这位“海上之王”决心去搜寻这个遥远的岛屿。据传说。当他离开法罗群岛向西北行驶了相当远的一段路程后，从船上放出一只渡鸟，这只渡鸟向东南飞去；过了一会，他又放出第2只渡鸟，这只渡鸟飞回船上；于是他又放出第三只渡鸟，这只渡鸟向西北飞去，弗劳克驾船尾随渡鸟一路驶去，最后来到一片陆地上。

弗劳克在这片陆地上度过了一个冬天。这是一个异常艰难的冬季，天空中时常飘着漫天白雪，岛上千里冰封，他们带来的牲畜无法适应寒冷的气候，纷纷倒毙。这样的情景令弗劳克沮丧万分，于是他把这里取名为冰岛。然而当冬季悄然过去，万物复苏的时候，弗劳克想象中的美丽景象出现了。不知道弗劳克是否为他给这个岛屿起的名字感到懊悔，但不管怎样，冰岛这个名字一直延用至今。

在弗劳克之后，公元871年，英科尔弗尔两兄弟因杀人罪被放逐到那里，他们在那里定居，并且在一个不结冰的海角上建立了一个村舍，取名为雷克雅未克，意为雾港。

马可·波罗的诱惑

1271年，17岁的威尼斯人马可·波罗和他的父亲、叔父一起由西往东穿越了亚洲，从而在世界探险史上留下了一段不平凡的经历。

马可·波罗生于1254年，他的父亲和叔父都是商人，曾经3次穿越亚洲地区。在小马可只有1岁的时候，两位老波罗在他们的亚洲之行中到了蒙古人统治下的中国。父辈经商旅行过程中的见闻引起了马可·波罗的羡慕和向往，他希望自己有一天也能跟父亲他们一起漫游东方这块古老而又神秘的土地。

这一天终于到来了。1271年，波罗一家3人从基督教圣地之一的阿克城出发，踏上了东行的旅程。他们首先抵达伊斯肯德伦湾（即亚历山大勒塔湾）的刺牙思城（今阿亚什城），然后沿着被荒凉的群山包围的大平原前进，经小亚细亚和亚美尼亚高原来到库尔德斯坦。再沿底格里斯河河谷顺流而下，经过巴格达到达巴拉香。接着，他们穿过伊朗到达波斯湾的尽头霍尔木兹港。

波罗一家原打算从霍尔木兹走海路到中国。但那里的航船不牢靠，于是他们返回克尔漫，穿越150千米长的沙漠地带，越过伊朗高原，经觊恩城、巴尔赫城进入帕米尔高原和兴都库什山山地。

马可·波罗

在海拔4000米的高寒地带，波罗一家经受了严寒、饥饿和疾病的考验，但最终他们终于走到喀什噶尔绿洲。为了避开炎热干燥的塔克拉玛干沙漠，他们不得不往南绕行，这样他们又得在高原上行进了。穿过西藏东北地区，他们到达了黑河上游弱水地区的张掖，这里当时称甘州。在甘州，波罗一家停留了1年的时间，然后向东南穿过西藏东北部的诸多王国，抵达西宁城。

波罗一家走过的这条路线可以说没有丝毫商业价值，却更有探险的味道，尽管他们当时可能完全没有意识到这一点。一路上他们数次穿过山地、高原和沙漠，时常面临饥寒交迫的困难境地，正因为如此，他们的东方之行才更具有探险意义。

离开西宁城后，波罗一家开始一路顺风了，他们沿黄河中游河谷行进，尽管路途并不十分平坦，但他们已进入人口密集的地区了。1275年，波罗一家历经艰难困苦，终于到了开平府，这里是蒙古大汗的临时行宫，位于元朝都城汗（北京）以北4000米，张家口以东。

忽必烈（当时的元朝皇帝）见到老波罗这两个从前的相识非常高兴。老波罗们向大汗呈上他们随身携带的礼物、教皇的信函以及从耶路撒冷带来的圣油，并把马可·波罗介绍给忽必烈。马可·波罗一到中国就受到忽必烈的信任，他被任命为侍从，并很快学会了蒙古语、土耳其语和波斯语，还学会了一些汉语。由于马可·波罗兴趣广泛，聪明好学，做事又认真谨慎，因此多次被忽必烈委以特殊使命，到过许多地方。

在中国，马可·波罗在旅行中不会遇到什么麻烦。一方面，当时中国交通已经十分发达，遍布各地的驿站可随时为他提供交通工具和各种方便；另一方面，作为官方的信使，马可·波罗经河北、山西，过黄河入关中，逾秦岭至四川成都，再到建昌，经过西藏，渡金沙江抵昆明。后来他游历了江南一带，去过淮安、扬州、南京、苏州、杭州、福州、泉州等地。在这些城市中，马可·波罗对当时被称作金山的杭州情有独钟，并夸张地描述金山城有“12000”座石桥。

马可·波罗在朝中居官时，深知忽必烈对各地的奇风异俗、方物特产很感兴趣，各处使臣常因不能回答他的各种询问而受到责骂。所以，马可·波罗在各地游历时，特别注意观察、调查，因此，深得忽必烈的欢心。他在《马可·波罗游记》中记述了在福建泉州（他称之为 Zayton，译为刺桐）所看到的贸易往来的情况：

“印度的一些商船，装载着香料和其他贵重物品，都停靠在这里。这里也是一些南方商人经常来往的港口。因此运到这里的货物、宝石、珍珠等多得无法计数，简直不可思议。这些物品从这个港口再转运往国内各地。我敢推断，从亚历山大港或其他港运一船胡椒到各个基督教国家，而到刺桐港（泉州）的船则会有上百艘。”

当时忽必烈处于帝国权力的顶峰，也处于蒙古贵族奢侈豪华的顶峰。马可·波罗目睹了“上都”猎宴、忽必烈“万寿日”的盛况及元大都宫殿的富丽堂皇。他说，每天有上千辆牛车运丝绸进京城；忽必烈的宫殿，外墙用大理石筑成，高屋顶的正殿“全部用金银雕饰”。这位皇帝的“周围简直就是金银、珠宝、貂皮的世界”。据说，忽必烈赐给 1.2 万名骑士每人一件金丝外衣，在一年中举行的 13 次盛典中，又赐给他们 15.6 万套衣服，上面嵌有珍珠、宝石等。

就这样，马可·波罗和他的父亲、叔父利用在中国的时间，通过自己亲身的游历和观察，了解和熟悉了中国大部分的风土人情，目睹了忽必烈王朝的繁荣和奢华，成为最早系统地认识和了解东方的欧洲人。

波罗一家在元朝受到了作为外国人所能受到的前所未有的恩宠和礼遇，

尽管如此，老波罗们还是希望在有生之年回到祖国；再者，忽必烈已年过七十，他死后马可·波罗在宫廷之争中的命运也是吉凶难料。因此，他们决定返回威尼斯。

碰巧发生了一件事。1286 年，伊尔汗国（现在的伊朗）王妃去世，伊尔汗（伊朗的统治者）派使臣到元朝请忽必烈赐婚。忽必烈选了一位公主赐予他，并派马可·波罗护送公主前去完婚，原因是马可·波罗曾受他指派，去过南洋，熟悉海上交通情况。忽必烈还特准波罗一家回国探亲，并要他们再回中国来。出发之前，忽必烈特地为马可·波罗一家饯行并赐以厚礼，还请他们带上给罗马教皇和基督教诸国国王的礼物。

1292 年，送亲队伍离开大都，沿大运河南下，在泉州海岸扬帆远航。船队穿过南中国海在苏门答腊岛作了一番休整。他们在岛上一直逗留了 5 个月，因曾听说当地的岛民吃人肉，所以他们没敢靠近当地人，而是自己建造了一些营房。

从苏门答腊起程，这支由 13 艘船组成的船队经过了尼科巴群岛和安达曼群岛，到达锡兰，然后沿西印度斯坦和伊朗南岸继续前行，穿过霍尔木兹海峡，驶入波斯湾。至此，马可·波罗完成了元朝皇帝赋予的任务。

1295 年，马可·波罗一行 3 人回到阔别已久的祖国。他们受到了家乡人的热烈欢迎。他们漫游东方的消息轰动了整个“水城”威尼斯，从社会名流到一般市民都争相前来看望，听马可·波罗讲“海外奇谈”。这一家人带回的珍宝也使人们心驰神往。

1298 年 9 月，马可·波罗所在的威尼斯与热那亚爆发了一场战争。为了保卫自身和共和国的利益，马可·波罗自己出钱装备了一艘战舰参加战斗，并亲自担任舰长。然而威尼斯在战争中失败了，马可·波罗也受伤被俘，被关进热那亚的监狱。尽管他身在狱中，仍不断有人找他谈东方的事情，他本人也借此消磨时光。狱中有一名叫鲁恩梯谦的比萨难友，是小说家。他把马可·波罗所讲的事情，用法语记录了下来，整理成《世界奇谈》（或名《马可·波罗游记》）。

马可·波罗过了 4 年的狱中生活，后被释放回家。他在威尼斯结了婚，继续经商，但未再出门远行。《马可·波罗游记》于 14 世纪初问世时，印刷术尚未从中国传入欧洲，人们争相传诵，辗转抄阅和翻译，后来竟有五六十种版本。由于书中所记的地理、方物、史事等超出了欧洲人的想象和常识，他们尤其不相信东方还有这么高度文明的国家，有的学者甚至怀疑马可·波罗其人其事的真实性。在马可·波罗弥留之际，亲友竟认为他“撒了弥天大谎”，劝说他忏悔，他坚决地拒绝了，并郑重声明说：“书中所写，还不及我见到的一半。”

1323年，马可·波罗在近70岁的时候去世了。当时的人们并不了解他一生的价值，连他自己也不了解。然而，在马可·波罗逝世了若干年后，《马可·波罗游记》连同他的作者名字终于引起欧洲乃至世界的关注。14～15世纪，马可·波罗的书成了当时人们绘制亚洲地图的指导性文献之一。在1375年绘制的天主教世界地图和其他许多著名的地图上，使用了许多《马可·波罗游记》中用过的地名。这本书成了欧洲人了解亚洲和中国的必读物。

《马可·波罗游记》在后来的地理探险中也发挥了巨大作用。马可·波罗对于中国和亚洲其他国家的描述，展示了东方的文明和财富，引起了欧洲各国政府和探险家们的强烈兴趣，从而开辟了后期欧洲人探险的新时代。

郑和下西洋

当西欧各国还在流传海洋“无底洞”的时候，我国明代著名的航海家郑和，已进行大规模的远航了。他率领的船队曾七次下西洋，在南海和印度洋上乘风破浪，前后共28年，经历过30多个国家，在人类的航海史上写下了光辉的一页。

世界最早的航海家

郑 和

郑和是云南回族人。1405年，他带领27000多人，分乘62艘有100米左右长的宝船，船上带着大量的黄金、白银、丝织品、瓷器等，从苏州刘家港出发，沿海南下，经过我国的西沙群岛，先到台城（越南南部），以后陆续到达其他各国。1405～1433年间，郑和一共出使7次，到过印度支那半岛、马来半岛、南洋群岛、印度、波斯和阿拉伯的许多地方，最远的到过非洲东海岸的索马里等国。他们所到之处，把礼物送给当地的国王，跟各国人民贸易。郑和的几次远航，扩大了我国同南洋、西亚、东非各国经济和文化的交往，增进了我国同亚非各国人民的友谊。

郑和远航，是我国历史上的空前创举，它比欧洲哥仑布发现美洲和达·伽马绕过好望角到达印度，都早半个世纪。郑和不但是我国历史上著名的航海家，也是世界上最早的有影响的航海家。

崎岖的道路

600多年前，在我国云南昆阳州，有一家信仰伊斯兰教的人家。这家人家虽然经济情况并不怎么景气，但对宗教却异常虔诚。从男主人马哈只的名字上，人们就不难看出他对伊斯兰教的笃信。在一般人看来，“哈只”这个名字，似乎有些特别，然而，它却是伊斯兰教徒的骄傲和光荣。因为在红海岸边，有一个伊斯兰教的圣地——麦加（当时中国称为天方），每年，都有许许多多虔诚的教徒去那里朝圣。不管路途多么遥远，道路多么曲折，教徒们一生中总要设法去那里瞻仰巍峨的清真寺，向真主奉献忠心。凡是朝圣过的教徒，叫做“巡礼人”，阿拉伯语读作“哈只”，所以，不少去过麦加的教徒，都爱用“哈只”作自己的名字。马哈只和他的父亲用的是同一个名字，这表明他们是一家世代信奉伊斯兰教的家庭。

14世纪70年代，正是元王朝已被推翻，明王朝开始建立的时期，但是，马哈只的家乡云南一带，仍然在元朝残余势力的控制下。1371年，明朝开国皇帝朱元璋派兵进攻四川，云南一带立即紧张起来。兵荒马乱，人民生活动荡不安，马哈只一家也开始过着动乱不宁的日子。偏巧，就在这一年，这个家庭又生下了一个男孩，生活负担更加沉重，困难也越来越大。尽管如此，马哈只对新生的婴儿仍然十分喜欢，因为毕竟是自己的亲生骨肉。他高高兴兴地给儿子取了名字，叫马和，或许是祈求全家和睦的意思吧！由于马和排行第三，人们也常称他为三宝。

马和长得英俊威武，聪明伶俐。马哈只对他十分疼爱，从他开始懂事的时候起，便给他讲述自己驾船横渡西洋，到遥远的麦加城朝圣的故事；讲述一路上的航行经历和西洋各国的风土人情。那辽阔美丽的大海、航行在海上的帆船、勇敢的水手，都深深地吸引着马和。他常常抿着嘴儿，睁着一双大眼睛，听父亲讲水手们驾着帆船和狂风巨浪搏斗的情景。有一次，他听完父亲的故事，再也按捺不住内心的激动，紧紧握住小小的拳头，对父亲说："我长大了，也要做个航海家，去大海上航行，去和狂风巨浪搏斗，去麦加朝圣，还要去见识西洋国家。"

马哈只很赞赏儿子的志愿。于是，便有意识地对他进行培养，传授海洋和航海的种种知识。

公元 1381 年，马和 10 周岁的时候，朱元璋为了彻底消灭元朝的势力，派 30 万大军进攻云南。第二年，马哈只便在贫病交加和战争的动乱中，离开了人世。不久，马和被明军俘虏，押往京城南京，送到朱元璋的皇宫里当了太监。后来，他又被当作礼物，送给镇守北平的朱元璋的四子燕王朱棣。

1393 年，太子朱标病死，朱元璋根据曾经立下的家规，传旨立皇孙朱允蚊为皇位继承人。朱棣十分不满，决心伺机夺取皇位。

公元 1398 年，朱元璋去世，惠帝朱允蚊即位。朱棣以惠帝的亲信齐泰、黄子澄等人阴谋造反为由，率兵南下，讨伐齐、黄。这就是历史上的"靖难之变"。朱允炆得知朱棣起兵的消息，传旨削了他的官职，并派大将李景隆率兵数十万围困北平一带。起初，朱棣的人马比较孤立，但他手下名将很多，谋士也不少，在不到 3 个月的时间内，就接连攻克了怀柔、雄县、汉州、大宁等地。11 月，又在郑村坝一战中获得大胜。于是，北平解围，朱棣变被动为主动。此后，他乘胜挥师南下，于 1402 年 5 月渡过淮河，6 月渡过长江。过江后，仅用了 17 天，就攻下了南京城。惠帝朱允炆被迫出亡，不知所终。

在 3 年的战争中，马和出入战阵，屡建奇功，表现出高度的组织能力和军事指挥才干，因而深得朱棣的赏识和器重。朱棣做了皇帝（号称明成祖）后，便把他提拔为"内官监太监"，成为朝廷的一个重要人物。他信奉佛教，受过菩萨戒，出钱刻过佛经，而"三宝"又是佛教里的尊称，所以人们便都称他为"三宝太监"。

后来，朱棣为了奖励和笼络部下有功之臣，特地举行了一个隆重的"赐姓"仪式。在仪式上，亲手写了一个"郑"字赐给马和。从此，马和改为郑和。

西洋的召唤

朱元璋取得政权、建立明王朝统治后，采取了一系列发展农业和商业的政策。同时，由于连年的战火已经熄灭，国内秩序趋于安定，农业收成很好，商业日益繁荣，手工业也随之活跃起来。丝绸、瓷器、纸张的生产超过了以往任何时代；炼铁、铸铜的规模，日益庞大；尤其是造船事业，更有长足的进步。生产力发展到了新的高度，经济实力空前高涨。为了显示中国的富强，扩大贸易市场，加强与各国人民的传统友谊和友好往来，举国上下，都切望把早已开展起来的海洋交通和海外贸易，进一步发展下去。朱棣做了皇帝以后，了解到过去宋、元时代，海洋贸易一直是国库的重要来源之一，也是获得海外珍贵物品的主要渠道。香料的输入，早在三国以来的贸易中就占首要地位；而珍贵的象牙则自更早的战国时代起，就都是从西洋各国进口的。因而他希望通过进一步发展海洋贸易来充实国库，增强国力，巩固自己的统治，并且满足皇宫和一些上层阶级对于海外物品的需要。他还从朝臣们那里得知，在中国的西南方向，跨过浩瀚的南海，有一片更为广阔的西洋，在西洋的沿岸，有许许多多美丽富饶的国家，其中不少国家都曾同中国进行过贸易。这些情况更坚定了朱棣的信念，他决心派船队到西洋去。

可是，谁能率领船队前去远航呢？率领庞大的船队漂洋过海，没有不怕艰难险阻的精神，没有卓越的领导才能，是不能胜任的。他考虑再三，觉得只有郑和才是最适合的人选。

朱棣把自己的想法告诉手下的大臣，征求他们的意见，得到了大多数人的支持。他们觉得，郑和不但有卓越的领导才能，他还是懂得阿拉伯语的伊斯兰教教徒兼佛教徒，而西洋各国，不是信伊斯兰教就是信佛教，所以派郑和去非常合适。

于是，朱棣任命郑和为元帅、下西洋钦差正使；任命兵部尚书王景弘为副元帅、下西洋副使。

浩荡的船队

下西洋的消息很快传遍全国，人民群众表示热烈拥护，各行各业积极投入准备工作。丝绸厂的工匠织出了华丽的绸缎，瓷器厂的工艺师们设计了造型优美的产品，金银匠打出了精致的装饰品。尤其是造船工匠为这次远航建造的巨舶，无论船身的大小，外型的美观，结构的严密，都是当时独一无二的。就是现代的人看了，也会赞叹不已。

绘画　郑和下西洋

我国的造船工业，在一个相当长的时期内，一直居于世界领先的地位。西周时代建造的海船，就能航行到日本。秦汉时代的船舶，更能远航至爪哇、柬埔寨、印度和斯里兰卡等国。1977年初，在广州发现的一处巨大的秦汉造船工业遗址，充分表明我国当时的造船事业是十分先进的。船台上的木墩滑板和枕木，用的都是大乔木；所采用的船台与滑道下水相结合的结构原理，与现代造船厂使用的几乎一致。根据船台长度和宽度计算，可建造宽6~8米，长30米，载重50吨的木船。到了唐代，我国建造的“商人大船”，已可乘600~700人；宋、元时代，又大到可乘近千人。而且，由于指南针的应用，船舶在茫茫大海上航行更安全、更可靠了。当时，世界上不管什么地方，只要帆船能去，中国船也都能去。如果说，在唐代以前，中国人往往要乘外国船才能渡海到西洋各国去，那么，到了唐代，尤其是宋代以后，外国商人都纷纷改乘中国船来往波斯湾（阿拉伯湾）等西洋各地了。可是，郑和对于这样规模的大船，还嫌不足，命令船厂建造更大的“宝船”。

为了适应建造宝船的要求，新建和扩建了一批造船厂。除南京、淮南和苏州的大型宝船厂外，山东清河、登州，河北直沽（今天津），辽宁金州（今海城）、海州（今营口），广东广州、潮州，福建漳州、泉州、福州，以及浙江明州（今宁波），都设有造船厂。造船厂分工细致，木工、舱工、篷工、橹工、铁工、索工、漆工样样齐全。大船厂还有附属作坊。初步形成了比较完备的造船工业系统。当时为郑和下西洋建造的宝船，中等的就有37丈多长，15丈多宽；大的则长达44.4丈，宽18丈。光船上的一条舵杆就有12米长。当时人们形容说，它的篷、帆、锚、舵，没有200~300人休想动弹得了，看来并不是夸张的言词。大的宝船，有9根桅杆，12张船帆，屹立在江面上，确实没有什么船可以和它媲美了。为了提高船舶的稳定性，采用了加压载和住人舱室建在甲板以下的方法，这与现代轮船的设计极为相似。船舱内的建筑也十分精美，雕梁画柱，富丽堂皇。

根据远洋航行的特点，建造的船只有各种不同的类型。除“宝船”外，还有“马船”、“粮船”、“坐船”、“战船”和“水船”，考虑得十分周到。尤其是“水船”，对于解决几万人在海上的饮水问题，是非常重要的。100多年后，麦哲伦作环球航行时，就因为淡水不足，遇到很大困难。

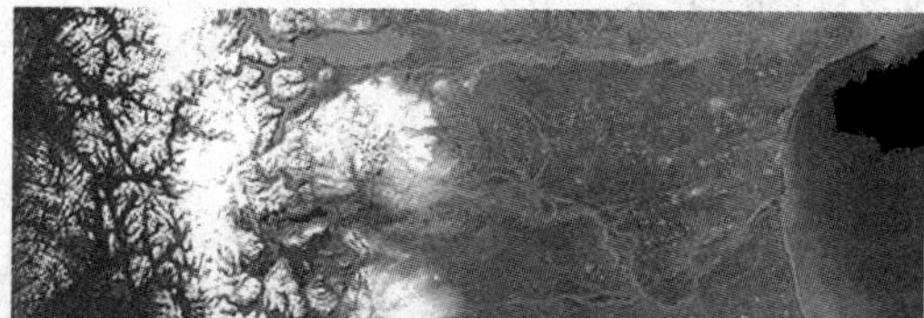
麦哲伦海峡

各船厂日夜开工，全力以赴，很快就造出了62艘巨大的远航船只。

为了确保航行成功，郑和还精心挑选了一批人员，各种工作都有专人负责。行政官员中，有正使太监、副使监丞、少监、内监、舍人、户部郎中、阴阳官、阴阳生等；军事人员中，有都指挥、指挥、千户、百户、旗校、勇士、力士、军力、余丁等，航海技术人员中，有火长、舵工、水手、民梢人等；维修人员中，有铁锚匠、搭材匠等；办事人员中，有买办、书算手等；此外，还有通事（翻译）和医务人员（医官和医士），总共27800多人。特别是医务人员，比例很高，差不多每150人中就有一个，可见郑和对远航人员的健康是非常重视的。

船造好了，人员配备齐了，郑和又忙着筹办货物。他带去的物品，都是当时中国的名产，从金、银、珠、宝，到丝、绸、绢、缎；从瓷器、陶器，到大米、大豆；还有大量的钱币和茶叶、布匹、铁条等，种类繁多，琳琅满目。

准备就绪，62艘宝船满载人员和货物，在苏州刘家港（今江苏浏河）整队待发。

奇异的风俗

1405年6月15日，是郑和船队启航的日子。

这一天，刘家港天气格外晴朗，太阳从江面冉冉上升，洒下万道金光，仿佛给船队披上无数条彩带。船桅顶上的大旗，迎风招展，更增添了节日的气氛。远航人员个个精神抖擞，情绪高昂，向着欢送的人群挥手告别。

码头上，人山人海，人们从四面八方赶来送行。

启航号令一下，转眼之间，无数船帆挂满船桅，被风吹得鼓胀起来。62艘巨舶依次离开码头，在江心一字儿排开，长达10余里，威武雄壮，送行者赞不绝口。人们凝望着船队浩浩荡荡地向前驶去，直到它们消失在遥远的天际，才带着惜别的心情离去。

船队在茫茫的东海上向南航行，借助太阳、月亮和星辰辨认方向，利用指南针指引航程。船员用重锤测量海水的深浅，用特别的钩钩取海底泥土，以识别航路。因为江河挟带的泥沙随水流入海，颗粒大的先沉入海底；颗粒小的能够在水中漂浮较长的时间，在离岸较远的海中下沉。因此，近岸海底沉积物颗粒较粗；离岸越远，海底沉积物的颗粒越细。根据海底泥沙的粗细，人们就能大致判断离岸的远近。而海水的深浅，也是推测距岸远近的一个很好的标志。通常，离岸越近，水越深；离岸越远，水越深。在航行中，郑和还把沿岸的地形、岛屿绘制了 40 幅航海图。哪里有浅滩，哪里有暗礁，图中都一一注明，这给以后的航行带来很大便利。这些航海图是世界上第一次关于海洋地理方面的完整的科学记载，很有参考价值。

船队驶过浩荡的东海，来到福建沿海，再穿过水流湍急的台湾海峡，进入水色如茵的南海，向着第一个远航目标——占城国（今中南半岛东南部）前进。

初冬的南海，平静安详。但是，船上 2 万多颗激动的心很不平静。日子一天天过去，人们仍然只见蓝天碧水，看不见尽头。航行了七八天，陆地依旧没有来临。有些水手焦急了，但更多的人充满坚定的信心。经过 10 天 10 夜的航行，人们突然看到报信的海鸥在远处飞翔，心中的沉闷打破了。大家都知道，海鸥的出现，预示着陆地的临近。根据航程推算，结合测深和了解海底底质的情况，郑和断定目标就在前头，便传令各船，严守岗位，注意瞭望，作好靠岸的准备。不久，果然有一片巨大的黑影展现在人们眼前。它越来越近，越来越清晰。那是一片绿色的海岸。人们兴奋地欢呼起来。

占城国一向与中国友好。国王听说中国使者前来访问，亲自到码头迎接。他骑着大象，身穿五彩礼服，头戴锦花金冠，在官员们的陪同下，率领一支 500 多人的欢迎队伍来到码头，为中国客人举行热烈而隆重的欢迎仪式。欢迎者拿着锋刃短枪，舞着盾牌，打着小鼓，吹起椰笛，表达占城人民对中国人民的友好情谊。

接着，郑和向国王赠送礼物。当时，郑和每到一地，都要向国王送礼，临行时，国王都回礼。这种送礼与回礼，是官方的一种贸易形式。而民间的贸易形式，则采用货物交换的方式。送礼后，宾主一同前往王宫。一路上，中国客人饱览了南国风光。那挺拔的槟榔树，茂密的椰林，吐着苍翠的绿色。道路两旁，挤满了欢迎和看热闹的人群，他们都争着要看看远道而来的中国客人。

进入王城，远远就能望见高大的王宫。这里百姓们居住的都是屋檐不超过3尺的低矮茅屋，人们进进出出，都得弯腰低头，十分不便。这里的国王规定，谁要是把茅屋盖得过高，屋檐超过3尺，就要问罪。但王宫却盖得高大而华丽，四周全是砖墙，屋顶为细长的小瓦，大门是用木头做的，雕刻着许多野兽牲畜。

郑和一行来到王宫，王宫里早已摆好了丰盛的酒宴，乐队奏着欢快的迎宾曲。国王请客人们围坐在圆桌周围。桌上除了当地的佳肴，还有一瓮当地的美酒，是用蒸熟的米和酒药封在瓮中制成的。使中国客人感到奇怪的是，桌上没有酒杯，酒瓮里却插了好几根细长的竹筒。

宴会开始了，国王请客人们饮酒。可是没有酒杯，怎么饮呢？客人们非常纳闷。国王笑嘻嘻地招呼着："饮酒吧！饮酒吧！"客人们你看着我，我瞧着你，不知道怎么饮法。国王见客人们都坐着不动，心想一定是不知道这里的饮酒方式，便伸手从瓮中拿起一根竹筒，吸饮起来。然后又招呼大家饮酒。这时中国客人才恍然大悟，原来那些竹筒就是用嘴从瓮中吸酒的。于是大家有说有笑地也照样吸饮起来，宴会顿时变得热闹了。人们一边饮酒，一边吃菜。招待人员不断地往酒瓮里到水。酒味越来越淡，最后，当完全没有酒味时，宴会便宣布结束。

从第二天起，双方进行贸易。贸易完毕，参观访问。人们所到之处，一片南国风光。椰子、菠萝、芭蕉和槟榔树比比皆是，梅、橘、西瓜、甘蔗也不少。槟榔是占城国男女老少的嗜好品。平时除了吃饭，每人嘴里都含着它，嚼个没停，结果牙齿也染黑了。这里还有许多犀牛，像中国的水牛那样大。身上无毛，只有黑色的鳞甲。鼻梁中间长着一只1尺多长的角。这种犀牛特别名贵，是郑和下西洋需要交换的重要物品。伽南香（又叫沉香或奇南香）是这个国家的特产，仅在一座大山上有，所以价钱很贵。

船队休整、补给以后，离开占城国，继续南下，经爪哇等国；再折向西北，又经苏门答剌（今苏门答腊），来到马来亚（今马来西亚）的马六甲，当时叫满剌加。

满剌加国和中国的关系也很友好。几年前，国王曾派使臣给中国皇帝送礼，所以，这次船队一靠岸，郑和即派人携带礼物去晋见国王，表示谢意。国王得知中国船队到来，非常高兴，一面收下礼物，一面下令大开城门，到处挂彩饰花，准备迎接贵宾。第二天，郑和一行来到王宫，国王大摆酒宴款待贵宾。宴会结束以后，国王又向中国贵宾回送了一份厚礼，除了一般的牛、羊、柴、米、蔬菜、果品之类，还有当地出产的名贵物品和一些珍禽异兽，其中有珍珠10颗，黄速香10箱，花锡10担，黑熊2对，黑猿2对，白麂10只，红猴2对，菠萝蜜2匣等。

郑和石像

满剌加位于马来半岛的南端，地处马六甲海峡东南的入口，为连接南海和印度洋的主要水道，也是前往西洋各国的必经之路。郑和想，如果能在这里建立一个停泊港和补给站，对于今后的航行该是多么方便。他向满剌加国王提出请求，很快就得到同意。于是，郑和下令立即动工，修建房屋、仓库，开凿水井。当地人民趁此机会学到了中国的建筑技术和开凿水井的本领。后来，为了纪念郑和的航行，表达满剌加人民对中国人民的友好情谊，当地人民把郑和建立的这个基地叫做“三宝城”，把城旁边开凿的水井，叫做“三宝井”。直到现在，马六甲还有三宝城和三宝井的遗址。

离开满剌加，船队驶入另一个浩瀚的大洋——印度洋，到达印度半岛西南的古里国。古里国是现在印度西南部的卡和卡特，当时是一个商业发达的国家。国王亲自主持贸易，把贸易双方召集到一起，彼此观看货物，逐一议价。价钱议好后，国王在每人手中拍一掌，表示谁都不能再反悔。然后把价钱写在合同上，交给双方收存，作为凭据。这里的人们很会计算，只凭十个手指和十个脚指，就能把数目算得毫厘不差。

古里国的国王崇信佛教，其他的人有信佛教的，也有信回教的。信佛教的人不吃牛肉，信回教的人不吃猪肉。国王建造的佛殿内，供奉着铜铸的佛像，殿旁掘有水井。每天清晨，国王来到佛殿，汲水浴佛，朝拜，还要令人把黄牛粪放在铜盆里面，用水调成糊状，擦洗佛殿的地面和墙壁。大小官员和有钱人家，每天都要涂擦牛粪。佛教徒还要将牛粪烧成白灰，研成细末，用上等的布包着，带在身边。每天早上洗完脸，把牛粪灰调水，涂在额上，表示敬佛的诚意。

这里几乎每个人都爱好吹弹歌唱，人人能歌善舞。人们常常聚在一起，唱呀跳呀，十分活跃。好客的主人邀客人一同欢聚。热情的舞蹈，悠扬的乐声，给中国客人留下了美好的记忆。

时间过得很快，离开祖国已经有 2 年了，郑和决定返航。船队满载西洋各国人民的友谊和交换得到的货物，胜利地踏上归途。

按照预定的计划，返航途中，宝船队要前往苏门答剌的旧港国访问。

快到旧港时，郑和照例派出几名急使，乘小船先去投递国书。可是宝船队刚靠岸，急使就匆匆返回了。急使报告说，旧港国城门紧闭，不许任何人进城，城上守军还破口大骂，口口声声要求归还他们的公主。

郑和奇怪极了。他想，宝船队已经到过许多国家，都受到热情隆重的接待，为什么旧港国这样不友好呢？他慢慢地走出船舱，环视四周，见不远处有一条小船正向宝船靠拢，船上坐着一员披甲的武将。一会儿，小船靠近了，船上那位武将登上宝船见了郑和，行过礼，说："小的原籍广东潮州府，姓施名进卿。洪武年间，遭海贼抢劫，全家迁徙到此。今日幸遇宝船，三生有幸，特来奉迎。"

"你怎么知道我宝船队到此。"郑和疑惑地问道。

"我有一个同乡，姓陈名祖义，带领一伙海盗，专门在这一带抢劫客商财物。他常派小船在海上巡探，打听过往船队的消息，故此小的得知中国宝船队到此。陈祖义横行霸道，远近百姓恨之入骨，国王也奈何他不得。若大人能为民除害，扫尽海盗，当是旧港国之万幸。"

"旧港国城门紧闭，可是防备陈祖义的么？"

"前些日子，陈祖义装扮成中国官员，受到国王宴请。海盗们进入王宫，趁机抢了大批财宝，虏去了公主。国王不知此中缘由，误认为大人所为。故此紧闭城门，以防再受骚扰。"

郑和听了这话，半信半疑。心想，施进卿讲的倒是有几分道理，但不知是否全是实情，便又问道："你说的可是实话么？"

施进卿回答说：“小的独自一身，内无片甲，外无一兵，岂敢有半点欺诈。只是不满陈祖义的暴行，不愿跟他再行凶作恶，特来向大人禀报。他定好今夜三更时分，袭击宝船。望大人多多防备才好。”

听到这里，郑和对施进卿的猜疑消除了一大半。

施进卿走后，郑和传令各船严密防守，加强戒备，如有海盗前来偷袭，不准擅自行动，务必听从统一指挥。

半夜，天色漆黑，一片寂静。陈祖义率领一批小船，悄悄地向宝船驶去。他见宝船上没有动静，满以为是偷袭的好机会，便命令小船迅速向宝船靠拢，然后爬上去。这时，宝船上仍然没有任何动静。看来，成功在望了，陈祖义十分得意。正当他们要动手搬走财物时，帅府船上一声炮响，霎时间，62 艘巨舶上火把齐明，喊声震天。陈祖义见势不妙，自知中计，便率众仓惶逃命。但宝船已经迅速围成了一圈，把贼船团团围住，雨点般的炮石向贼船打去。郑和站在指挥台上，沉着地指挥着战斗。他命令宝船向贼船逼近，然后高喊：“弟兄们，冲啊!”

勇士们奋不顾身地跃上贼船，挥刀猛杀，偷袭者一个个命归西天。匪首陈祖义当场就擒。

在施进卿的带领下，郑和又派出几十只小船和一批武装将士，直捣陈祖义的巢穴，救出了旧港国公主。

第二天，郑和亲自率领人马，抬着礼物，带了旧港公主，并押着陈祖义，来到城门下求见国王。城楼上的守军见了公主，急忙禀告国王。因失去爱女日夜悲痛的旧港国王，听说公主有了下落，心情异常激动。但想到强盗们这次来，恐怕不会轻易放人，必定要大大地敲诈一笔，不免感到忧虑。他带着半喜半忧的心情来到城楼，见了爱女，不觉一阵心酸，便放声痛哭起来。公主更是伤心，她一面哭，一面把陈祖义假冒中国使臣抢劫王宫，半夜偷袭宝船，被郑元帅生擒，自己又如何被三宝公搭救的情况，一五一十地说了一遍。

国王听了公主的哭诉，知道中了陈祖义的奸计，又悔又恨。他连忙下令大开城门，迎接郑和一行入城，并在王宫设酒宴为中国客人们洗尘。

郑和为民除害，威名大震，中国的威望更加提高了。要求同中国建立友好关系的国家越来越多，中国和西洋各国的联系也越来越密切。

郑和船队完成了首下西洋的重任，于1407年9月押着陈祖义，胜利地回到了祖国。这次远航，访问了占城、爪哇、苏门答剌、满剌加、南巫里（苏门答剌岛西北端）、旧港、古里等国，取得了巨大的成果。朱棣对郑和首次航行西洋同一些国家建立了友好关系，表示十分满意。他下令将陈祖义斩首示众，封施进卿为旧港宣慰使，并嘱郑和及船队人员好好休息，准备再下西洋。

再下西洋

郑和又接到了下西洋的命令，并于当年10月再次出发远航。10月，是临近隆冬的季节，船队所以选择这时出航，为的是要利用东北风。因为帆船全凭风力推动，充分利用有利的风向，是非常重要的。郑和了解南海和印度洋上的气候特点，知道那里冬季常刮东北风，所以，只休息了1个多月，就又率领船队出航了。

南海和印度洋北部，是季风区域。郑和利用南海冬季的东北风，扬帆南下，大大缩短了航行时间。这次，他率领船队经过占城、爪哇、真腊（今柬埔寨），来到暹罗（今泰国）。一踏上暹罗的土地，一种异样的感觉就在船员们心中油然而生：到处都是寺院，到处都是和尚和尼姑，无论在热闹的大街，还是冷僻的小巷，人们见到的大多是披着袈裟、剃着光头的男男女女。船员们十分惊奇，难道这是一个和尚和尼姑的国家？后来，船员们终于弄明白，原来暹罗国是一个佛教国家，几乎所有的人都信佛教，就连国王也是佛教徒。根据佛教的规定，教徒们要经常在佛像（即菩萨）面前烧香、念佛，祈求保佑。许多虔诚的男女教徒，甚至不干别的事情，专门到寺院里去参加念经、拜佛的活动。这种教徒，男的叫做和尚，女的称为尼姑。在暹罗国，出家的人很多，所以全国寺院林立，和尚和尼姑到处可见。

在这个国家，中国客人还见到了许多与中国很不相同的风俗习惯。比如这里的结婚仪式很特别，在结婚的那天，由和尚先把新郎接到新娘家里，3天以后，再把新婚夫妇带回男家，然后才摆酒席，宴请亲朋。人死后的葬仪，也和中国大不一样。一般的老百姓不用土葬，而是用鸟葬。人死了，把尸体抬到海边，放到海滩上，任凭海鸟啄食。等亲人们走后，成群的海鸟便从四处飞来，降落在死者的尸体上，择其所好，竞相争食。据说，死者的肉体消失以后，其灵魂便可升入天堂；肉体消失得越快，进入天堂的时间就越早。所以，人们都希望海鸟早日把死者的肉体吃光，使死者早日进入天堂，享受人间享受不到的幸福。等尸体被海鸟啄完后，人们就把剩下的骨头扔到大海里去。有钱人家的人死了，就不用这种鸟葬的方式。因为他们有钱，葬仪很讲究，先用水银灌到死者的肚子里，然后再埋入土中。

船队在暹罗国参观、访问后，绕过马来半岛，经满剌加，驶入印度洋，取道翠兰屿（今尼科巴群岛），向印度半岛西南的柯枝国驶去。在航行途中，正好碰上雨季。大雨一天到晚，下个不停，空中一片白蒙蒙，给航行带来很大困难。这些雨水，是西南季风带来的，因为它把湿润的海洋空气源源不断地输向大陆，湿空气中的水汽遇冷凝结，形成雨水，降落下来，出现多雨的天气。"半年下雨半年晴"，是印度洋北岸一带流行的谚语，它是季风气候的形象写照。

船队在风雨中顽强地向前驶去。人们密切地注视着指南针，使航船沿着正确的方向航行。每一只船上，设有3个罗盘，每一罗盘有24名人员管理，从而保证了航线的正确。在人们的精心驾驶下，船队克服了种种困难，终于顺利地到达柯枝国（今印度西南）。

柯枝国是一个盛产胡椒的国家。从航船上远远望去，就能见到一片长满胡椒树的海岸，郁郁葱葱，连绵不绝。这里的人民多靠种胡椒为生。胡椒是用作调味的一种香料，味辣而鲜美，许多人都爱吃。它也可用来治病。感冒初起，服二剂葱、姜、胡椒汤，出一身汗，即可痊愈。过去，中国不产胡椒，一直靠从海外输入。后来，人们引来种植，它也在中国的土地上生长了。郑和这次来到柯枝国，交换了很多胡椒，然后启航，再往能歌善舞的古里国访问。

这次出访，又近2年。返航时已是1409年的秋季了。

郑和回国后的当年10月，第3次接到下西洋的圣旨。于是，又率船队出发西航，历时2年，于1411年7月回国。除了以前已经访问过的国家，这次又到过印度半岛西南的小葛兰（今印度奎隆）等国。在西航途中，经过锡兰国（今斯里兰卡）。锡兰国是世界上有名的海洋珍珠产地，出产的珍珠历史悠久，素有“印度洋上明珠”之称。每年2~4月，是采集珍珠的季节，采珠船云集海面，昼夜工作。那时，没有潜水工具，采珠人员全靠利用深呼吸，潜入海中，一次至多能在水下呆几分钟，而且要冒着被鲨鱼伤害的危险。

由于郑和船队的三下西洋，中国和许多西洋国家的关系日趋密切。为了表示同中国的友好，许多国家的使节也常随中国船队到中国回访。这次，又有19个国家派使节来到中国。浡泥国国王，亲自率领使团。满剌加国的使团，有国王、王后和大臣等150多人。这么多外国使者一齐来到南京，南京城顿时热闹起来。朱棣在皇宫大摆酒宴，招待客人，向客人赠送贵重礼物。还特地为满剌加国王做了一件金丝绣的龙袍。有些国家信佛教，朱棣就安排其使节到佛寺去念佛经；伊斯兰教国家的使者，就请他们到清真寺去念古兰经。使节们对中国的宏伟建筑和繁华的市街，表示钦佩和羡慕。在访问期间，浡泥国国王不幸去世，朱棣就用隆重的仪式，把他安葬在南京郊外的雨花台。直到今天，这座坟墓还保存着，叫做“马回回坟”，也是中国同西洋各国友好往来的一个见证。

郑和铜像

郑和三下西洋，取得了很大成功，扩大了贸易市场，恢复和发展了同许多国家的友好联系，也使中国的国际威望进一步提高。郑和对朱棣说，三次远航虽然到过不少国家，但西洋的西边还没有去过，那里还有很多美丽、富饶的国家，出产象牙、香料和药材，还有稀奇古怪的动物和植物。

朱棣听了，喜出望外。他想，朝廷和官员们以及有钱人家大量需要的象牙，过去都是从别的国家转买过来的，如果能直接到产象牙的国家去进行交换，那是再好不过了。因此，他希望郑和能够不辞劳苦，再向西航行，到更远的西洋国家，到产象牙最多的国家去。郑和欣然领命，又率船队，接连作了好几次远航。除了访问已经到过的国家，还横渡印度洋，到了红海沿岸和非洲东岸的许多国家。

1413 年 10 月，郑和船队开始了第四次远航。当船队来到苏门答剌国时，正值那里发生内乱。郑和应当地的请求，派兵援助，使内乱得以平息，得到当地人民的赞扬。

原来，苏门答剌国的邻近，有一个那孤儿国（今苏门答腊北端），那里的人都在脸上刺着花纹，所以又叫花面国。花面国的国王——花面王，对苏门答剌国很不友好，常常侵犯它，使那里的人民遭受很大的痛苦。一次，花面王又带领人马攻打苏门答剌国。苏门答剌国王率兵迎战，不幸中毒箭身亡。那时，王子还很年轻，没有能力替父亲报仇，王后又没有领兵打仗，也不能为丈夫雪恨。王后很想找一个有本事的人，带兵一抗击花面的侵略。她左思右想，总不能如愿。后来，她终于想出了一个办法。她向全国宣告，倘若有谁能率兵打败花面国的侵略，替她丈夫报仇，替苏门答剌国人民解除痛苦，她就愿意嫁给他，并且在王子还没有成年以前，与他共商国事。

一个姓苏的人，自告奋勇地接受了这项任务。他对军队作了一番训练，等花面王再次前来进犯时，率众迎战，很快打败了花面国，杀死了花面王，王后也就高兴地履行了自己的诺言。

花面国被打败了，没有人再来侵犯，苏门答剌国人民又过着平静的生活。

日子一天天过去，王子渐渐长大了。当他能够治理国家的时候，王后按照以前的约法，准备让王子继承王位，但姓苏的那人却违背诺言，不肯让王子就任国王。王子对此极端愤慨，寻机将他杀死，夺回了王位。可是，却引起了姓苏的那人的儿子苏干剌的不满，他聚集一批人马，逃至山中，不时前来骚乱，使苏门答剌国陷入严重的内乱。平静的生活又开始动荡起来，人民再次遭到极大的痛苦与不幸。苏干剌的骚扰，对王子的地位当然也是很大的威胁。他虽曾多次组织兵马抗御骚扰，总是不能取胜，心中很是不安。他早就听说郑和的威名，便决定去向郑和求援，请求中国朋友帮助解除危难。郑和船队靠岸后，王子便迎接郑和来到王宫，备诉衷曲，恳请郑租助一臂之力。郑和经过了解，知悉苏干剌不得人心，决定答应王子的请求。当苏干剌又一次率众前来骚扰时，郑和率领将士与王子的人马联合迎战。郑和有高度的指挥才能，手下将士个个英勇善战。他们在王子的人马配合下，很快就把几万敌兵打得落花流水，弃甲丢戈，还生擒了苏干剌和他的妻子。

内乱平息了，苏门答剌国人民无不拍手称快，王子更是十分高兴，对郑和表示深切的感谢。从此，中国和苏门答剌国的关系更加友好了。

珍宝香料的国家

离开苏门答剌国，船队又到许多熟悉的国家作了访问，进行了更大规模的贸易。后来，郑和决定横渡阿拉伯海，到更远的西洋国家去。这些国家，以前几次航行都没有到过，现在要去访问新的国度，探索新的世界，船员们都很高兴。

阿拉伯海和孟加拉湾同是印度洋北部的大海湾，它们被印度半岛分隔开来，一个在半岛的西边，一个在半岛的东边。阿拉伯海比孟加拉湾大些，它的面积为300多万平方千米，多数海域的深度在2000米以上，最大深度达2203米。它连接阿曼湾、波斯湾、亚丁湾和红海，是通往阿拉伯地区必经的海路。

阿拉伯海也和孟加拉湾一样，处在印度洋北部季风区域内。每年七八月间，西南季风强盛时期，由于它比孟加拉湾更为开阔，所以风浪特别巨大。尤其是海的西部，大浪最高频率达74%，是世界海洋中大浪频率最高的海区。狂风巨浪，严重地妨碍着海上的航行。每年从5月起，小型帆船就开始停航，一直到9月过后才可复航。

船队在阿拉伯海上航行时，正值西南季风强盛季节，风雨交加，巨浪像小山一样袭来，不仅航行困难，而且还有危险。郑和坚定地鼓励大家迎着风浪前进，为了完成远航任务，再大的困难也要克服；只要小心谨慎地驾驶，密切注意指南针的方向，是可以顺利到达目的地的。全体人员受到郑和的鼓励，个个精神振奋，斗志昂扬，尽管“洪涛接天，巨浪如山”，仍然“云帆高张，昼夜星驰，涉彼狂澜，若履通衢”。经过25个昼夜的奋战，终于跨过了宽阔的阿拉伯海，进入阿曼湾，然后穿过霍尔木兹海峡，来到波斯湾口的忽鲁谟斯国。

忽鲁谟斯国是一个繁荣的伊斯兰教国家。那时，阿拉伯是远东国家及波斯湾、地中海沿岸各国进行海洋贸易的中心。中国、印度等地运到西方的货物，阿拉伯运到东方的货物，多半要经波斯湾出入，波斯湾畔的忽鲁谟斯便成为贸易的一个大集散地。船员们看到，这里有繁华的街道，街道两旁排列着整齐的房屋。商店里陈列的物品五光十色，种类繁多。中国的丝绸、瓷器和大黄，印度的棉布、胡椒和宝石，阿拉伯的铜，美索不达米亚的马，甚至东非的象牙、龙涎香和黄金等，这里都应有尽有。香喷喷的烧鸡、烧羊，挂在吃食店里，吸引了不少顾客。不过，伊斯兰教是禁止饮酒的，所以全城找不到一家酒店。这么美味的食品，缺少酒来助兴，对于中国客人或西方客人，恐怕是一件憾事吧。

忽鲁谟斯国国王对中国十分友好，他听说郑和船队前来访问和贸易，主动备送厚礼。这是一份珍贵的礼物，全是当地的名贵特产。其中有狮子、麒麟、福鹿、马哈兽、草上飞各1对。麒麟即长颈鹿，福鹿即斑马，马哈兽即独角羚羊。草上飞是当地的特产动物，形状如猫，浑身玳瑁斑，两只耳朵又尖又黑，十分凶猛，连狮子、老虎见了也都害怕。有名马10匹，斗羊10只，驼鸡（即驼鸟）10只。有玉枕、玉盘、玉壶、玉狮子、玉麒麟各1对。有玉花瓶10副，玉八仙10副，玉美人100个，制作得非常精巧，栩栩如生。还有各种各样的珍珠、珊瑚、水晶器皿以及花毯、丝巾等。郑和看到礼单，觉得礼物太多了，意欲推辞，但国王执意相送，郑和也只好收下，同时也回赠了一批贵重的礼物。

船队在忽鲁谟斯国进行了一笔巨大的交易，然后沿阿拉伯半岛南岸航行到祖法儿国（今阿曼境内）访问。

祖法儿（亦称佐法儿）国盛产乳香，是一种树脂，人们砍树取香。中国船队来到这里，国王便告示全体人民，把当地的土产拿出来交换中国的纻丝、瓷器。他们拿出来的土产中，以乳香最多，还有血竭、芦荟、没药、安息香、苏合油和木别子等。

离开祖法儿国，船队进入亚丁湾，来到红海之滨的阿丹国（今亚丁）靠岸。阿丹国的珍珠、宝石最有名。为了表示同中国友好，国王特地制作了1只金冠，上面镶嵌着各种各样的珠宝，送给中国皇帝。船队在这里交换了许多珍奇物品，如大珍珠、大块猫眼石和2尺多高的珊瑚等。

为了前去象牙产地直接交换象牙，同时，也为了送几位东非国家的使节回国，郑和命船队继续航行，绕过索马里的瓜达富伊角（当时叫葛儿得风），沿东非海岸南下，到木骨都束（今索马里的摩加迪沙）、卜剌哇（今索马里的布腊瓦）、竹步（今索马里的周巴）和麻林（今肯尼亚的马林迪）等国访问。据称，7~10世纪，由于阿拉伯内部不和或爆发内战，很多阿拉伯人和波斯人逃到东非避难，其中哈萨七兄弟逃到东非后，建立了木骨都束国和卜剌哇国，而波斯的哈桑·阿里及其六子和一些跟随者，则在东非海岸建立了强大的“桑给帝国”。这些人都是伊斯兰教徒，所以当时这些国家的人多半信仰伊斯兰教。

木骨都束、卜剌哇和竹步等国以产肉桂和乳香著名，所以人们把附近的瓜达富伊角称为“香料之角”。在唐代，中国就从这些香料之角的国家进口了肉桂和乳香，不过那都是从别人手中转买来的。现在，郑和船队亲自来到这些国家，可以用中国货物直接交换香料了，不必再经过中间人的手，对双方都有很大的好处。

郑和带去的中国货物，当地人民极为喜爱。他们特别喜欢中国的瓷器。瓷杯、瓷碗、瓷壶是许多家庭的必需品。人们还常常把中国瓷器用作房屋中或坟墓里的装饰品。在东非古迹中到处发现的瓷器碎片，是中国同东非各国存在悠久关系的明证。

木骨都束是一个大城市，城市里住着很多富有的肥胖商人，并且有一个苏丹统治着，臣民们称他为“伊斯兰教教主”。这里还出产漂亮的布，远销至埃及等地。商人们用乳香、金钱豹、龙涎香换取中国的金、银、丝绸、瓷器和米谷，也换取船队从沿途交换转运而来的丁香、胡椒等物品。

象牙是船队打算交换的重要物品。东非出产的象牙，以麻林较为有名。这里的野生象很多，人们从来不驯养，不用它做事情，也不用它来作战，而是杀死它，取出象牙，卖给其他国家。郑和来到这里，直接交换了许多象牙，然后返航，于1415年8月回国。许多东非国家趁此机会派使节随船一同前往中国，麻林国的使节还带了麒麟，送给中国皇帝。

郑和第四次远航，到过占城、爪哇、旧港、满剌加、彭亨（今马来半岛东岸的彭亨河畔）、急兰丹（今马来半岛北部）、苏门答剌、南巫里、阿鲁（今苏门答腊岛中部偏西）、锡兰、加异勒等地，又西经喃渤利（今苏门答腊岛北端之西）、柯枝、古里、至忽、鲁谟斯，最远到达非洲东部沿海的剌撒（今东非红海沿岸东南）、阿丹、木骨都束、竹步、卜剌哇、麻林、溜山（今马尔代夫群岛）等国。

朱棣见郑和这次远航到了许多新的国家，直接交换了宝贵的香料和象牙，非常高兴。他希望能多多地获得这些物品，便命郑和再访东非。于是，郑和又接连2次横渡印度洋，作了第五、第六次远航。第五次于1417年5月出发，1419年8月回国，主要访问了占城、爪哇、旧港、满剌加、苏门答剌、南巫里、锡兰、柯枝、古里、剌撒、阿丹、木骨都束、卜剌哇、麻林、溜山、沙里湾泥（在今印度东岸）等国。第六次出航在1421年初，1422年9月回国，主要到达了忽鲁谟斯、阿丹、祖法儿、剌撒、卜剌哇、木骨都束、古里、柯枝、加异勒、锡兰、溜山、南巫里、苏门答剌、阿鲁、满剌加、甘巴里和榜葛剌（今孟加拉）等国。

榜葛剌是当时一个富有的大国，国王得知中国船队前来访问，即派大臣远道迎接，送上极其珍贵的礼物。其中有5寸见方的方美玉、5寸直径的圆美玉，都是光洁无比，连头发都可以照得见；有清彻透明、价值千金的琉璃瓶；有色泽殷红似火的红珊瑚；有各种人物、鸟兽形状、价值连城的玛瑙；有滚圆洁白、十分珍贵的珍珠；有色彩缤纷的宝石和色白如水、毫无瑕疵的水晶，还有各种锦缎和珍奇动物。随后，国王又差丞相率众迎接中国客人至王宫。在王宫门口，排列着庄严威武的仪仗队，门外站立着全身盔甲、手执刀箭的士兵，门内还有1000多人的马队。在宫殿前面，又有一支数百头大象组成的象队。国王高高地坐在宫殿的宝座上，大臣们手拿金、银杖引郑和一行徐徐入殿。殿内铺着红绒地毯，富丽堂皇。会见后，国王设盛宴款待中国贵宾，一直进行了3天。后来，国王又送给郑和金盔、金甲、金瓶、金盘、金盏、金刀、金鞘、金弓、金箭等各5副。郑和回赠了许多珍贵礼物，回请国王和众大臣登船欢宴3日。

郑和船队在东非各国不仅交换象牙和香料，也交换珍贵的动物，如卜剌哇国的马哈兽、花福鹿、麂和犀牛；竹步国的非洲狮、金钱豹和一种六七尺长的驼鸡。1419年郑和第五次远航回国时，木骨都束使节将花福鹿和狮子送给中国，卜剌哇使节也于同年将千里骆驼和驼鸡送给中国。

郑和船到东非沿岸

特别值得一提的是，郑和第六次远航时，曾在台湾岛靠岸，台湾人民热情地欢迎了从祖国开来的船队。郑和带去了当时那里没有的生姜，现在台湾省凤山县有一种三宝姜，相传就是郑和带去的生姜种植起来的。

郑和六下西洋，大大提高了中国的国际威望，加强了中国同亚非各国的联系。但由于平时没有常驻的国家使节，通讯联络和交通也远不及今天这样迅速、方便，因此六次远航后的几年里，这种联系又逐渐减少了。那时朱棣已死，京城也由南京迁往北京。但郑和仍旧留在南京担任守备，带领原来下西洋的军队，驻守南京。朝廷为了恢复和加强这种联系，又决定派郑和第七次下西洋。

七下西洋

1431 年 1 月，宝船队从苏州刘家港出发，第七次航行开始了。一路上，遍访了曾经到达过的国家，进行了贸易，恢复了友好往来。这次，船队还穿过曼德海峡，沿红海北上，访问了一个“新”的国家——天方国（今沙特阿拉伯境内）。

红海是分隔亚洲和非洲的一条窄长的海峡，南北长 1900 多千米，东西最宽仅 306 千米，面积 45 万平方千米，平均深度达 558 米，最深处 1604 米。这个海不但形状奇特，颜色也与众不同，呈微红色。海水怎么变红了呢？这是由于一种赤褐色的海藻大量繁殖，把海水“染”红了。人们因色取名，便叫它红海。除了红海，其他海区也有发红的现象。你听说过“朱海”吗？太平洋东北部，北美加利福尼亚湾，由于南段有血红色的海藻群栖，北段有科罗拉多河在雨季时夹带的大量红土，把海水染成一片红褐色，故有“朱海”之称。1952 年 5 月，我国渤海黄河口至塘沽一带海面，因淡红色的夜光虫大量繁殖，也使海水一度呈现过红色，叫做红潮。1993 年，浙江镇海、定海和台州一带海面，也出现过红潮。

位于红海岸边的天方国，是一个伊斯兰教大国，物产丰富，文化发达，被人们称为“天堂”。天方国的京城麦加，是伊斯兰教的发源地。每个穆斯林（即回教徒）一生中要尽可能到这里来朝圣一次，所以麦加城总是人山人海，朝圣和贸易的人络绎不绝。

朝觐在每年回历 11 月 8 ~ 13 日举行。在这期间所有朝圣的穆斯林，共同背诵这样的祷文：

“真主啊，我们来朝觐；
真主啊，我们来朝觐；
我们把颂赞归于你和你的国度，
唯一真主，求你祝福。”

朝觐的人们先要到埋葬创立伊斯兰教的先知穆罕默德的麦地那城，向穆罕默德行圣礼，在这里度过 8 天，作 40 次祈祷。人们涌入清真寺内，争先恐后用手去摸陵墓的大理石。

行圣礼的活动进行完毕，人们怀着更加激动的心情来到圣城麦加，走向巍峨壮丽的麦加大清真寺。大清真寺是先知穆罕默德的祖先阿伯拉罕和他的儿子伊司马仪当初敬拜真主时修建的。它有 9 座各高 90 米的高塔，雄伟壮观。在这座大清真寺的中央，有一座于公元 2 世纪建造的克尔伯古庙，中国人叫它天房。它高 15 米，宽 12 米，上面盖着一块绣有题词的黑色锦缎。它里面有一块从天上掉下来的黑色陨石，被教徒们当作圣物保存下来。围绕这块圣石的巡礼活动，是朝圣的最高潮。朝圣者们绕着圣石念祷词，每绕一次，都要摸一次圣石，吻一次圣石。

离圣石 18 米远的地方，有一口赞姆赞姆井，井中的泉水含有丰富的矿物质。在第七次巡礼后，朝觐者必须到那里去喝一杯井水，因为这也是一个圣迹。据说，先知穆罕默德的祖先阿伯拉罕带着妻子哈吉尔和刚出生不久的儿子伊司马仪走在这个峡谷中时，阿伯拉罕撇开妻儿，独自离去了。哈吉尔问丈夫：

“是真主命令你把我们母子撇在这里的吗？”

“是的！”阿伯拉罕回答说。

“那么，真主是不会离弃我们的。”哈吉尔充满自信目送丈夫远去。

阿伯拉罕临走时，只给哈吉尔和伊司马仪留下了几枚枣子和一点饮水。这些东西很快吃完了，母子两人再没有什么可以充饥。眼看婴儿快要渴死，哈吉尔心里非常着急，就到处去寻找水源。果然，真主没有遗弃他们，赞姆赞姆井出现了。甘美的泉水拯救了母子两人的性命。后来，阿伯拉罕和伊可马仪就在这口井旁，建立起真主的居所，麦加城就在它周围发展起来。

朝觐者除了在这里喝井水外，还要在离圣寺不远的两座小山之间来回奔走7次，一面奔走，一面念着祷词。这是追思哈吉尔奔走寻求水源，直至被天使领到赞姆赞姆泉边的情景。

所有的朝觐仪式做完后，在离别圣城之前，朝觐者们再次去圣泉洗涤自己，或者再一次去先知的陵墓前祈祷。

郑和在麦加城参加了朝圣，进行了一大宗货物交换，然后带着满意的心情离开了天方国。

这次远航，船队还到了慢八撒（今肯尼亚的蒙巴萨）。肯尼亚朋友说，中国人曾在15世纪到那里进行过贸易，现在蒙巴萨附近的荒林里，还有几座中国人住过的古屋。

郑和船队分头去各个国家访问，约定日期在满剌加基地会师。1433年7月，各路船队胜利完成出访任务，满载亚非各国人民的友谊，浩浩荡荡地返回祖国，结束了第七次，也是最后一次远航。郑和在这次回国后不久便去世了。

郑和七下西洋，把中国同亚非各国的友好关系发展到了前所未有的地步，在古代中外交通史上写下了光辉的一页。直到今天，郑和访问亚非各国的故事和传说，还在这些国家流传着，成为它们同中国友好的佳话。

葡萄牙人的发现

航海大世纪时代，葡萄牙人扮演着举足轻重的角色。一大批来自葡萄牙的航海士们用他们的无畏与不懈的努力赢得了历史华彩的一笔。迪亚士、亨利王子……在追逐属于他们梦想的同时，也从为这个时代添了不可或缺的美丽篇章。

迪亚士与好望角

首先不得不提葡萄牙人迪亚士。1487 年，唐·若奥二世组织了一支远征队，要去比迪约戈·坎奥到达的最远地点塞拉·帕尔达更远的地方。在前几次航行中表现良好的巴尔托洛梅乌·迪亚士被选为指挥官。

迪亚士曾担任唐·若奥二世国王的侍从，属于小贵族阶层。他曾经陪同迪约戈·德·亚桑布雅完成建造米纳的圣·若热城堡的任务。

他们在同年 8 月出发。以巴尔托洛梅乌·迪亚士为船长的“圣克里斯多万”号和以若奥·英凡特为船长 2 两艘卡拉维拉桨帆船驶出了防波堤。同行的有由巴尔托洛梅乌的弟弟迪约戈·迪亚士指挥的一艘运输食品的小船。

舵手和水手们都是从最有经验的人中挑选的。他们沿着非洲西岸熟悉的道路航行，没有遇到任何困难，顺利地到达了圣·若热·达·米纳，在那里补充了淡水和新鲜食品后，朝扎伊尔河口方向前进，接着继续往南，越过了塞拉·帕尔达。

从那里开始，所看到的一切都是陌生的，他们像以前的发现者们那样给各个地方命名、立石碑。有一天，他们以当天纪念的圣徒的名字为遇到的地点命名，并埋上特制的石碑。非洲沿海出现了那么多欧洲地名，其中一些沿用至今。

1487 年 12 月 4 日，他们来到一个地角，并命名为圣巴尔巴拉角。第三天，一个海湾开始被称为圣玛丽亚·达·孔塞松湾。他们有时也根据地形特点命名新发现的地方，例如“小湾”就是。

巴尔托洛梅乌·迪亚士决定在小湾停止前进，因为风又冷又猛，小船继续航行会有危险。于是他选择了 9 个人留下守护小船，并命令他们设法与当地人建立友好关系。

1488 年初，他们继续航行，然而狂风顽固地阻止他们向前行驶，把他们的船只推向了北方，一连 5 天在一个小海湾里打转，未能前进一步。后来他们就命名这个小湾叫“打转湾”。唯一的办法是离开海岸到远海航行。一连 13 天没有再到陆地，水手们惴惴不安。本以为整个非洲炎热难忍，而眼下却寒风刺骨，风向不定。他们被冻僵了，却茫然无措。因为担心桅杆会折断，只好把船帆升一半。上午，只要太阳一出来，他们便伏在船舷上向地平线张望，试图找到一个岛屿或者一个绿点，哪怕是预示着附近有陆地的海鸟也好。但是，大海似乎没有边际。

船长决定改变方向，他认为往东航行命运或许会好一些。但在东边什么也没有遇到，又改为向北航行。2 月 3 日，他们终于看到了陆地。

巴尔托洛梅乌·迪亚士和他的伙伴们建立了一个了不起的功绩，但当时他们并不知道。他们毫无目的地航行了一小段距离，就从大西洋进入了印度洋。这是各个国王、亲王和水手们多少年的梦想。至于巴尔托洛梅乌·迪亚士在哪个准确时刻意识到了在陌生的海上航行，已无从知道。无论如何，他终于发现了他们已到达非洲南端，此时航海家的兴奋、狂喜和自豪可想而知。他们从“那边”望见的第一块陆地被称为“圣布拉斯”，停船靠岸的地方稍往前一点，叫“瓦盖罗斯湾”。在那里，葡萄牙人还看到了熟悉的家畜——牛。黑人牧民在放牧牛群。

他们高兴异常，离船登陆，需要补充淡水和食物，也想与那里的人接触。巴尔托洛梅乌·迪亚士尝试着用送礼品接触他们，但那些人扭头便逃，并且朝他们扔石头。因此无法相互理解。这样，他们在收集到所需要的一切之后又继续航行。

他们还发现了塔里亚多角、牧人湾、累西腓角、罗卡湾和山奥岛。

但是，船上的人们发生了争论。船长想继续向前，但其他人太疲倦了，要求返航。按照国王为处理困难局面立下的规矩，巴尔托洛梅乌·迪亚士召集各船船长、官员和最重要的水手，要求他们表示态度。大家都赞成返回，于是他又摆出许多理由，在不能说服他们后就要他们把意见写出来。大多数人所作的唯一让步是再向前航行两三天。

卡拉维拉船继续航行，到了一个小岛，他们在那里竖起一个十字架石碑，以后还遇到了双泉石和一条河，他们把这条河命名为“英凡特河”，因为是若奥·英凡特那艘船上的水手们望见的。

后来就开始返航，一路上不断地给岸上的地方命名。非洲最南端被称作“针角”，这个名称沿用至今。

返航途中，正当他们望见一块海边巨石的时候，突然猛烈的风暴降临。云密雨暴，水冷风寒，闪电雷鸣，令人毛骨悚然。大海波涛汹涌，把船推到令人难以相信的高度，随后又把它们扔进深渊。

好望角

可怜的水手们吓得魂不附体，以为末日到了。巨石显得越来越大，是个实实在在的威胁。如果靠近它，船必将粉身碎骨，绝无生路。但是，眼看船就要沉下海底的时候，他们却疯狂地想到巨石上去，踩到坚实的地上，踩到那块不欢迎他们的万恶之石上面去。在受尽折磨之后，时来运转。水手们精疲力尽，又继续航行。这次遭遇的凶险刻骨铭心，终身难忘。

据说，巴尔托洛梅乌·迪亚士在讲述这段经历时，仿佛把那块巨石说成是引起风暴的罪魁，称它为“风暴角”。然而，那个石头“巨人”的名声没有到此为止。卡蒙斯在《葡国魂》中把它描绘为一个粗鲁威猛、充满恶意、让人胆寒的巨人。

费尔南多·佩索亚在《使命》中所塑造的巨石形象与卡蒙斯一样："巨魔在大海尽头，在漆黑的夜里飞起。"

被巴尔托洛梅乌·迪亚士留在小湾保护小船的水手们所受的折磨并不比一直航行到印度洋的水手们少。他们身处异地，受当地居民的敌视，不得不留在船上。食物愈来愈少，情绪愈来愈低落。5 个人在试图与该地区居民做生意时死去了。其余的 4 人天天望着地平线，但船帆没有出现。困难、痛苦、孤独以及在海上死无葬身之地的感觉使他们的身体日益虚弱。当南风终于把他们的同胞们带来的时候，他们激动万分。费尔南·科拉索竟然高兴而死！这个小伙子忍受了饥饿、疲劳、疾病和敌人的弩箭，但却在朋友们返回时死了。在那个冒险的年代，许多人死在了海上，但像他这样死去的为数不多。

此时，巴尔托洛梅乌·迪亚士手下的人手已不够驾驶 3 艘船，于是他就命令把小船烧了，把船员分配到卡拉维拉船上。他们在小湾留下一个石碑，补充了航行所需的物品后顺风往北，一直到普林西比岛才停下来。在那里他遇到了另一位载入史册的航海家——杜亚特·帕切科·佩雷拉。杜亚特·帕切科的使命是探察几内亚海岸的河流，但他的船被风吹偏了方向，来到了这个岛上。当时杜亚特·帕切科病得很厉害，决定与巴尔托洛梅乌·迪亚士一起返回。1488 年末，即出发 16 个月之后，迪亚士他们进入特茹河防波堤，受到了凯旋式的欢迎。

若奥二世国王看了迪亚士的报告书极为兴奋，只是不同意迪亚士对"暴风角"的命名。他认为这个非洲南端的岬角，标志着一条可以驶向东方世界的希望之路，于是把"暴风角"改为"好望角"。

探险家亨利王子

亨利王子是葡萄牙探险历史上的重要人物。他从来没有亲自参加过长距离的探险活动，而是多次海上探险的组织者和领导者。在 45 年的活动中，他培养和造就了一批富有经验的航海探险家，使葡萄牙船队成为世界上首屈一指的船队，葡萄牙的航海探险事业跃居世界前列。他指挥探险队考察了大西洋东部海域的4个面积比较大的群岛，并对从直布罗陀海峡到几内亚长约3500千米的非洲西海岸进行了探察。尽管亨利王子时代的探险活动是以殖民主义为目的的，但从探险本身的意义上来说，亨利王子不失为一位卓越的探险家。

唐·亨利生于1394年，死于1460年11月13日，是葡萄牙国王若奥一世的第三个儿子。他自幼从出身于英格兰王族的母亲那里接受了宗教和一般教育，从父亲那里学习武艺并继承了中世纪的骑士精神。正因为如此，亨利不安于宫廷生活，向往获得骑士的资格。在葡萄牙夺取休达的首次扩张中，亨利以其“战功”而被父亲若奥一世封为骑士。亨利如愿以偿。

亨利在监造船只和参加战斗的过程中，接触到许多经验丰富的海员，了解了阿拉伯世界的情况，逐渐增强了他向海洋进军的欲望和信心。

首先，他立志发扬“十字军”精神，誓与异教徒作战到底。但他知道葡萄牙的力量单薄，搞大部队远征是不可能的，于是就琢磨着要像攻占休达那样，利用船队突击阿拉伯帝国防卫力量薄弱的边境。这需要做航海调查。

为了寻找东方，亨利从1418年起放弃了宫廷的安乐，到拉古什港附近的萨克列斯居住。他在那里学习数学、天文学和地理学知识，由托勒密的《地理学》的新观念支持他酝酿着前无古人的大计划。他在萨克列斯建立了观测所、造船所、防守工事及小镇，后来成立了“航空学校”。在这里，搜集了大量的古希腊和古罗马的天文和地理学著作，聘请了一些学者，重新进行海陆探测和绘制新的航海图，重新计算了地球的周长。

亨利的第一个目标是让船员们驶往加那利群岛，再越过波加多尔角，到更远的未知海域去探险。当时人们还没有越过波加多尔角平安返回的记录，有的只是关于船只开到那里就难以生还的可怕传说，说什么那里以南的海水是沸腾的，人到了那里就会变黑。在阿拉伯地图上此处还画着一只从水里伸出来的撒旦的手。船员们对亨利说：“我们如何能越过祖先所设的警戒线？我们失去了灵魂和肉体，对于亲王殿下又有什么益处呢？”

1418年，奉唐·亨利王子之命，船长若奥·贡萨尔维斯·札尔科和特里斯藤·瓦斯·特谢拉率领一支探险队进行远航，目标是越过波加多尔角到几内亚。

船队启航不久就遇了逆风，经过数次斜向航行，札尔科等人意外地发现一个岛屿，被他们命名的圣波尔多岛。该岛无人居住，但有淡水和植物。

他们对岛上情况作了考察之后就满意地返回王国，向王子报告，并带回了泥土和植物的样本。亨利王子非常高兴，命令准备船只，他想占领那个岛。

1419 年，亨利派遣原来的两名船长，并由巴尔托洛梅乌·佩雷斯特雷洛陪同前往。他们再次登上圣波尔多岛时，发现那里有几个饿得半死的葡萄牙修士——一次沉船海难中的幸存者。于是他们把遇到修士的那个地方命名为“修士港”。

站在岛上，远远望见一片升腾的“乌云”，吓得水手们魂不附体，他们担心那可能是吞噬大船的深渊或者是地狱之门。札尔科决定观察，等待月亮的变化，指望那时“乌云”会消散。但“乌云”依然如故，于是又决定带上几个人去看个究竟。许多人恳求船长不要冒险。另外一些人则嘲笑那些人胆小，说那只能是一片土地，因为生长着许多树木而雾气腾腾。

札尔科船长不顾一些人的反对，在一个星期天的清晨，带领水手们驾船朝着神秘的“乌云”那边驶去。中午时分，他们进入了一片黑暗之中。水手们吓得要死，他们嚎叫着，因为听到了可怕的巨浪撞击声，可又不知撞在什么地方了。大家都请求船长返回原地，谁也不愿意被吸进深渊。

若奥·贡萨尔维斯·札尔科和舵手镇静如常，开着船驶进了浓雾。他们终于望见了陆地伸出的一角。但因为太紧张、太害怕了，竟然不相信那就是陆地。过了好久，才发现前面确实没有什么危险了，而且又看到这个岛竟如此的美丽，他们不禁大声欢呼起来，并且不断地嘲笑自己。

这个岛就是马德拉岛，他们把第一个进入他们视线的“角”称做“圣洛伦索”角，因为船长所乘的船是“圣洛伦索”号。

葡萄牙人被马德拉岛的美丽和凉爽陶醉了。但是，登岸却很困难，因为植物太浓密，一直延伸到水边。他们乘上一条小舢板，找到一块平滑的巨石才跳到岛上。

他们满怀好奇地沿着一条小河钻进树林。岛上无人居住，也没有毒蛇猛兽。这就是他们后来带回的消息。

舵手向船长提议：让大船在一个安全地方抛锚，然后划舢板继续侦察。

札尔科同意了。第二天，天气晴朗，风平浪静。他们划着舢板出发了，第一次沿着马德拉岛海岸航行。他们不慌不忙，无惊无险地绕过一块块巨石，经过一条条清澈的小河，一路上记下经过的地点，根据看到的特征为它们命名：塞衣索（鹅卵石）角，因为那里有许多鹅卵石；丰沙尔（茴香地），因为那里长满茴香。

继续向前航行，来到一个平静的海湾。海湾里有许多海豹，札尔科船长就把这个地方叫“海豹厅”。后来这个地方和船长有着一种奇特的联系。

唐·亨利王子得到他们从岛上带回的消息后十分高兴。国王若奥一世决定赏赐探险家，封札尔科船长为贵族。为其挑选的徽号上的圆形图案就是海豹：两只站着，一只蹲着。从此，他的家族就改姓“卡马拉”。

马德拉群岛被发现后，被视为亨利王子的，他把这些岛屿交给发现者们去移民和开发。圣波尔多岛交给了巴尔托洛梅乌·佩雷斯特雷洛；马德拉岛交给了若奥·贡萨尔维斯·札尔科和特里斯藤·瓦斯·特谢拉。

船长们带着家人、家畜、各种用具和种子去了。国王准许所有愿意去作殖民者的男女随船长们前往，即使囚徒和逃犯也不例外，只要前往开垦，就可赦免其罪。为了避免麻烦，札尔科船长拒绝被控犯有背叛、偷窃或反宗教罪的罪犯上船，但同意被指控犯有其他罪行者前往。当时，至少有14户人家冒险前去荒岛开始新生活。他们来自小贵族和平民，以阿尔加维省居多。

巴尔托洛梅乌·佩雷斯特雷洛在领人前往圣波尔多岛前夕，一个朋友送给他一只怀了孕的母兔。母兔在航行中生下了一窝小兔。到了圣波尔多岛之后，他们把兔子放了，这样一来可埋下了祸根。兔子繁殖极快，酿成了一场名副其实的灾难。

殖民者们在岛上的生活相当困难。只有一处淡水泉，天然植物只有龙松、杜松和米芒。费了极大的气力才开垦出土地，长出了小麦和燕麦。但是兔子不断地毁坏庄稼。饲养牲畜也遇到了问题。缺乏牧草，牲口只能喝盐水。唯一的财富来源是蜜蜂，它们能生产非常香甜的蜂蜜。龙松是提供木材，特别是能生长出被称为龙血的树胶，这种树胶用于制造颜料和药品，在欧洲很受欢迎。

马德拉岛水源充足，但植物太浓密。由于树木太多，人们无法种地和建立居民点。砍树吧，人手和物资缺乏，既艰难又缓慢。最后若奥·贡萨尔维斯作出抉择，派人放火烧树。大火蔓延开来，把整个岛变成了大火盆，一直烧了7年才熄灭。

随着可耕地越来越多，开始种植作物。土地太肥沃了，埋下一粒种子就能产出60粒。首先获得好收成的是小麦。后来引进了甘蔗种植，也获得相当成功。还在唐·亨利王子时期就开始试种葡萄，效果也不错，但直到很久以后马德拉岛的葡萄酒才出名，并超过了蔗糖。

马德拉岛归特里斯藤·瓦斯·特谢拉和若奥·贡萨尔维斯·札尔科两名船长分区管辖。这一划分获得唐·亨利王子确认，他还签署了赠予文书，上面详细规定了船长们的权利和义务。

船长们在其土地上拥有几乎无限的权力。他们分配土地，征收赋税，审理犯罪案件，只是不得实施死刑和断肢刑。他们把全部收益的1/10交给了王子。

亨利非洲探险

在亨利时代，从非洲和东方运去的物品日益诱惑着欧洲的航海家和探险家们。

印度的香料在欧洲越来越受欢迎，这不仅仅因为它能使食物更加可口，而且还有助于保存食物。肉桂、胡椒、郁金草、丁香、豆蔻、芝麻等从其产地运出，经过漫长的道路才能进入欧洲人的厨房。上述产品先经海路，由船队穿过印度洋和红海，再经陆路由骆驼队驮着越过北部的无人区。由于长途运输，加上一次又一次地纳税，这些货物到欧洲时其价格就非常昂贵了。

中间商是穆斯林人，他们到印度去取产品，然后运到地中海，卖给意大利的商人。后者负责在欧洲各国出售。无论是前者还是后者，利润都高得出奇。

从非洲内地更是运去了最珍贵的东西：黄金。金矿是由非洲人开发的，只有他们知道金矿在哪里。穆斯林人穿过沙漠，到一座叫通布圆的城市收买黄金，然后再穿过撒哈拉大沙漠，在地中海把珍贵的货物卖出，利润非常之高。

唐·亨利王子梦想着到达黄金产地，以便不经过中间人而直接购买黄金。但是，那时人们还没有见过任何有关的地图，不知道往南行驶会遇到什么事情。直到1421年，葡萄牙人从来没有越过拿澳角。在该角这边，非洲西岸已有人居住，有村庄，有农田和水，可供航海家们补充食物和水。在该角以外，一切要复杂得多，船有触礁的危险，因为人们以为沿岸水太浅，又是撒哈拉大沙漠的边缘，土地干旱，不见绿色，不可能获得淡水。

此外，更有一个似乎难以逾越的障碍：波加多尔角。这个地方不但有浅滩，还有水下潜藏的巨石和强大的海流。但这个地方是亨利王子早已定下的探险目标。虽然1418年及以后发现了大西洋上的几个岛，但却没有达到计划中的越过波加多尔角的目标。

亨利王子没有罢休，于1433年又任命吉尔·埃亚内斯为“巴尔卡”号船船长，并让他带队远航，其任务是越过波加多尔角，沿非洲海岸前进。埃亚内斯因为害怕，只到了加那利群岛就回去交差了。亨利王子十分生气，责备了他们以后，再次派埃亚内斯去作一次新的尝试。

这次，埃亚内斯船长抱着不完成任务不回来见王子的决心，于1434年带领水手出航。此行极为顺利，仅仅靠着指南针和探水器，就成功地越过了可怕的波加多尔角。航行所见与过去传闻完全相反——海水并不沸腾，人也没有变黑。

由于没有找到任何人、任何动物或可带回去的任何东西，埃亚内斯返回时拔了几棵草作为他的功绩的证明，献给了亨利王子。

王子得知他们成功的消息后非常高兴，赏赐土地给吉尔·埃亚内斯，封他为骑士，并在他的故乡拉古什为其举行隆重的婚礼。

这一次航行，从地理学的角度看，似乎并没有多少引人注目的成就，但它突破了人们观念中的航海极限，为后期探险作出了榜样。

1435年，巴达亚和埃亚内斯又奉亨利之命率队出发了。他们安全地绕过了波加多尔角，然后又向南航行到了一个海湾地区，他们把它命名为鲁依沃斯湾。这里一片荒凉，没有房屋、树木，也没有人和动物，但在海滩上发现了人和骆驼的脚印。毫无疑问，这是骆驼运输队经常来的地方。或许就是这些骆驼队把黄金运到北非去的。如果真是如此，就可以在鲁依沃斯建立一个贸易点。

他们为美好前景而欢欣鼓舞，于是马上扬帆返回，向王子报告这大有前途的发现。王子得到报告后，非常满意，并决定第二年就派巴达亚乘一艘帆船前去。

巴达亚出发了。当他远远望见无边无际的大沙漠里的头一个水流时，不禁惊喜起来，他以为找到了阿拉伯旅行者们所说的"黄金河"，于是他称之为"黄金河"。但是，年轻的航海家太性急了，那个水流只不过是大海凸入海岸的一个支流。不过，这个名称却沿用至今。

1437～1440年，由于葡萄牙王室攻打北非的丹吉尔城及王室内部的权力之争等，唐·亨利王子顾不上探险活动。直至最后，唐·彼得罗王子任摄政王，王后出逃后，亨利王子才得以腾出手来，完全投入非洲西岸的探险活动。

1441年，唐·亨利王子命令建造了一艘小船，选择其贴身卫士安藤·贡萨尔维斯担任船长出航，沿非洲西岸向南探险。

安藤领人上船出发了。出发前奉国王之命：返航时需载回海豹皮和海豹油。他没费什么周折就完成了任务。在返航之前，他召集所有21名船员，建议获取令人意想不到的"货物"——当地的人。大家同意了他的建议。当天晚上，安藤带着9名船员乘一条舢板去寻找当地人。海岸居住着深灰色皮肤的游牧部落，葡萄牙人称他们为"土人"或者"野人"。他们刚刚下船就发现了人的脚印，后来抓了一名当地人和一名黑皮肤的摩尔人妇女——当地人的奴隶。返航途中，安藤·贡萨尔维斯遇到了亨利王子的另一名骑士努诺·特里斯藤。后者也是奉亨利之命，从葡萄牙出发，前往"黄金河"地区的。他第一次在海上使用15世纪的"革命性船"即卡拉维拉桨帆船。

两位船长约定返回那个地方以抓获更多的当地人。他们相信这类"货物"是了不起的成绩。深夜，他们跳下舢板，包围了两伙正在茅屋里睡觉的"野人"。这些人发现遭到陌生人的突然袭击，就奋起自卫。结果，一些人被打死，另一些人逃走，10个人被抓获。俘虏中有个名叫亚达胡的，是该部落的要人。

葡萄牙人为这一胜利而兴高采烈。之后，两位船长就此分手了。安藤·贡萨尔维斯启航回国了。努诺·特里斯藤则继续南行，到了布兰科角。

回到国内，安藤船长受到了王子的奖励。但是他们仍难以听懂被俘获者的话。最后，亚达胡终于向船长明确表达出他的建议：如果肯让他恢复自由并把他送回原来的地方，作为交换，他就给船长五六个摩尔黑人。如果肯释放他的两个伙伴，他就给船长10个摩尔人。

安藤·贡萨尔维斯对这个主意很感兴趣，马上报告王子，王子批准了这一建议。第二年，安藤再次出航，目的非常具体：买卖奴隶。

亚达胡穿上王子给的衣服，可以说是衣冠楚楚，因为王子想以此“感动”那个地方的居民。但是刚刚到达那个地区，亚达胡就失踪了。

安藤·贡萨尔维斯认为自己受了骗，气得火冒三丈，进入了巴达亚命名为“黄金河”的海湾，在那里等了7天之久。最后，终于有个摩尔人带来了亚达胡的消息。这位信使说，第二天就按原先的约定交付10个人。果然守信。并且，亚达胡除了交付10个人之外，还增加了一些金粉、一把他们称之为匕首的弯刀和几个驼鸟蛋。

这是第一次在非洲海岸购买奴隶。以后又进行了许多次，因为当地居民也有把俘虏当奴隶的可悲习惯，于是就开始把奴隶卖给葡萄牙人，以换取各种货物。买卖奴隶和捕捉奴隶一直延续了很长时间。

唐·亨利王子对这几次航行的结果很满意。他的兄弟、摄政王唐·彼得罗也很满意。摄政王还发布命令，授予唐·亨利王子享有唯一可派船前往波加多尔角以南的权力，还授予他收取惯常向国王交纳的税收的权力，即各船交纳带回货物的1/5。王子把这些收益用作促进和发展他的“航海”事业。

布兰科角以南有个深水湾，叫阿尔金湾，湾内分布着几个大小和形状不同的岛。1443～1444年间，葡萄牙航海家们曾到过那里。

努诺·特里斯藤是第一个到达阿尔金湾的航海家。他初到那里兴奋异常，以为终于到达了奇迹的地区。因为，他远远望见似乎是一些奇怪的动物正在水上走，体态细而长，有许多只爪子。

他极为好奇，慢慢靠近。最后发现，眼前看到的竟是坐满人的一只只独木舟，人们一齐用脚划水。

看到土人就在面前，他马上想到去捕获他们，于是立即开始进攻。结果，捉住了14个人，其余的人逃走了。

然后，努诺·特里斯藤带领船员们到了一个岛上，他命名该岛为“王恩岛”，因为那里有许多“王恩鸟”筑巢产卵。岛上景致非常美，但海员们没有兴致欣赏鸟儿美丽的羽毛，而是捉住几只，竟然在火上烤了美美地吃了一顿。

兰撒罗特·德·拉戈斯，是第一个自己负担费用、带领6艘卡拉维拉型武装船出发的航海家。尽管他自己负担远征开支，但必须请求唐·亨利王子准许，并答应把带回货物的1/5交给王子。他的目标也是阿尔金湾，吉尔·埃亚内斯作为副船长同行。

在纳亚尔岛和蒂德尔岛，他进行了名副其实的抢掠，而且是抢人。逮住235个男人、女人和儿童。

回到葡萄牙后在拉古什抛锚，当地居民第一次看到瓜分奴隶的情景。由于要分成5等份，于是强行让妻子离开丈夫，把孩子从母亲怀里夺走，妇女们绝望地一边哭喊一边在地上打滚。

唐·亨利王子骑在马上看到了这一切，毫不动心。但平民的反应却是气愤。有些人可怜奴隶的惨状，哭着走开了；另一些人试图阻止拆散家庭的举动，于是造成一片混乱。但最终还是把奴隶们瓜分了，王子得到一份47人，其他奴隶就地卖掉。卖主获得巨额利润。

另一名远征阿尔金湾的是贡萨洛·德·辛特拉。他年轻肯干，从小在唐·亨利王子家里受教育。他一直梦想干一番不同寻常的事业以取悦于王子。但他的运气不佳，远征屡屡遭到挫折。

他试图捕捉当地人，但一无所获。当地居民已经了解到以前来过的葡萄牙人的所作所为，知道如果不及时逃走会落得什么下场。这样一来，虽然贡萨洛·德·辛特拉和他的伙伴们从这个岛跑到那个岛，但每次下船登陆时都已空无一人了。

水手们相当沮丧，感叹地说：“似乎我们不是建功立业的男子汉。”船长则信誓旦旦地说，要是不干出“惊人的事业”，他绝不离开此地。

为了达到目的，这次他带领12个人，乘一只舢板前往纳亚尔岛。到了该岛时正值落潮，他们就抛锚上岸。天黑了，四周一个人也没有，他们决定躺在海滩上休息一会儿，不料太累了，竟然都睡着了。

第二天早上醒来，他们吓了一跳：涨潮了，舢板漂到了海上，而他们竟没有一个人会游泳。他们被困在岛上，只能任凭当地人摆布，因为当地人比他们要多得多。参加这次冒险的水手没有几个人得以生还。

关于贡萨洛·德·辛特拉之死有两种说法。一说他是与200多名当地人进行了长时间的搏斗之后死去的。另一说是当地姑娘们往他脸上甩烂泥，后来男人们才把他杀死的。

某些航海家遭到不幸并没有阻止航行活动继续进行。每年都有卡拉维拉桨帆船出发驶向南方，沿着非洲海岸新发现的土地，他们不断地带回财富。

许多船长，例如安藤·贡萨尔维斯、努诺·特里斯藤等，都进行了不止一次的航行。每一次的经验对他们选择航线、避免麻烦和解决出现的问题极为有用。

1444年，又一位探险家迪尼斯·狄亚士到达了佛得角和帕尔马岛。

同一年，努诺·特里斯藤驾船来到了塞内加尔河。这次航行使葡萄牙人得以与撒哈拉大沙漠以南的黑人进行首次直接接触。从此，塞内加尔河就被视为“土人的土地”和“黑人的土地”之间的边界。

塞内加尔河两岸差异很大，风景不同，人也不同。塞内加尔河以南的土地更为肥沃，有许多奇异的植物和动物。例如，长颈鹿、大象等，都是过去曾经听说但从未亲眼见过的动物。当地居民的皮肤比土人黑得多。他们用毒箭英勇自卫。毒箭非常厉害，只要划破一点皮就能致人于死地。他们也是令人胆寒的敌手。

这个充满神奇的世界使葡萄牙人着了迷，又迫使他们努力适应这种环境。为了与当地人建立有效的接触，必须改变态度。友好的对待比敌对行动能取得更好的结果。但是，语言是难以逾越的障碍，因为那个地区非洲人的语言谁也不懂，就连最好的翻译也束手无策。

在无法用同一种语言进行交流的情况下，人们找到了另一些交流方式，手势、声音、图画、表情……总之，根据当时的环境和每个人的想象力使用各种方法。

迪尼斯·狄亚士在佛得角地区上岸时，想向黑人们表示他们“为和平”而来。为此，他们把几件东西放在地上：一块蛋糕，一个镜子和一张画着十字架的纸。蛋糕和镜子是礼品。十字架用以试验他们是否知道基督教，因为葡萄牙航海家一直希望找到一个传说中基督教徒居住的王国，即“印度基督教国王若奥的王国”。

然而毫无结果，因为黑人把所有东西都打得粉碎，表示他们对那些东西一点儿也不感兴趣。当然，双方立刻打了起来。另一位航海家戈麦斯·皮雷斯命令手下人发射弩箭，想借此表明敬酒不吃就要吃罚酒。黑人们以毒箭回击。

并非所有的第一次相遇都如此糟糕。据当时的记载，也有一些有趣甚至动人的经历。比如有一次，一个黑人部落第一次远远望见张着帆的葡萄牙的船只，他们就认为是一群鸟。随着船只渐渐驶近，并且落了帆，他们就以为是一群巨大的鱼。距离越来越近，他们看到上面有人，和他们一模一样的人，只是皮肤颜色不同。他们不再怀疑，自己实现了一个古老的梦想——先辈们的灵魂归来了。海滩上响起了一阵欢呼声：“阿敏德莱！阿敏德莱！”

直到1445年，葡萄牙人与非洲海岸人民的接触还仅限于在沿海和已发现的岛屿，谁也不敢贸然进入陌生的大陆内地。若奥·费尔南德斯是第一个进入非洲内地的探险者。

若奥·费尔南德斯是作为安藤·贡萨尔维斯指挥的卡拉维拉船上的船员出航的。过了“黄金河”，他要求把他一个人留在那里，“只是为了看一看”，他想知道那里的人是什么样子，他们的习惯如何，说什么语言。

几年前他曾在北非被俘，学会了阿拉伯语，然而这种知识没有给他多大帮助，因为接受他的那个部落虽然写字用的是阿拉伯字母，但说的话却不同。那个部落同意让这名基督教旅客同他们在一起，但首先拿走了他所有的东西：衣服和食品，给了他一件与他们穿的一样的袍子，然后一齐上路了。

在7个月的时间里，若奥·费尔南德斯一直跟着游牧部落走，与他们一起过同样节奏的生活，与他们一样喝骆驼奶，吃椰枣、草和很少一点肉。

在穿越沙漠时，他忍受了干渴的煎熬。据他本人说，那个地区没有河流，仅有的井也非常稀少，甚至曾有3天没能喝到一滴水。

他还见识了沙暴，担心会迷失方向。但游牧者们非常善于识别道路，分辨方向，至于如何做到这一点，他也不明白，认为他们是以风为向导的。

他发现那里的动物与欧洲相似，比如石鸡、野兔、羚羊、绵羊和山羊。除了对他已经不新鲜的骆驼之外，还遇到一种异样的鸟——驼鸟。它比其他鸟大得多，不飞，但奔跑速度之快令人难以置信。

他还发现，在秋初离开欧洲去寻找温暖气候的燕子在这块土地上栖息。大雁也一样，不同的是飞过沙漠后继续往南，飞到黑人地区。

他还在那里的一个领主的府邸度过了一段时间。领主名叫奥德·梅艺，他被认为十分富有，但其领地内只有150人，其中还包括他的家人。他的财富只是骆驼、牛群、几匹马、一些黄金和黑奴。在这个游牧王国，人们住帐篷，几乎每天都换住处，在一个地方最多住1星期。

在长途跋涉中，他逐渐获得了更远的地方的消息，证实了有个麦里王国，位于黑人地区，那里有许多黄金。

7个月后，若奥·费尔南德斯回到海岸，希望看到葡萄牙的卡拉维拉船出现，以便能返回葡萄牙。一天，葡萄牙卡拉维拉船真的出现了！若奥·费尔南德斯远远望见了那些船，高兴得几乎发疯了！他开始向同胞们喊叫、招手。他没有想到，在沙漠里7个月的生活使他改变了模样，况且还穿着和当地人一样的衣服。船上没有一个人认出他来。尽管如此，其中一艘卡拉维拉船试图驶过来，但风浪太大，没有成功。后来又试着放下一只舢板，划桨到海滩，但同样未能如愿。

舢板又返回卡拉维拉船，这大概是若奥·费尔南德斯整个冒险中最难受的时刻，他以为同胞们把他永远抛弃在这里了。他用力大声喊叫，绝望的样子感动了卡拉维拉桨帆船上的人，他们以为他是个摩尔人，想不惜任何代价解救被囚在船上将被作为奴隶卖掉的亲人。

最后，舢板不顾险恶的风浪又到达海滩。当船员们认出是若奥·费尔南德斯时，他们又惊又喜。他得救了！身体完好无损，肚里有许多可讲的故事，急切地要吃块肉，想吃片面包，特别是想喝杯酒。

当年，为了组织航海探险，唐·亨利王子几乎一直住在阿尔加维。那里便于他组织派往非洲沿海的远征船队。每年都有一些卡拉维拉桨帆船带着双重使命出发：通过捕捉奴隶或与那个地区居民进行贸易获取财富和发现新的土地。船长都是在葡萄牙征召的。不过，如果有海上经验或者希望了解陌生地方的外国人来了，王子也收留，因此，有许多外国人参加了葡萄牙的“发现”，他们当中特别重要的有意大利人卡达莫斯托，他留下了一篇详细的游记。

卡达莫斯托1432年生于威尼斯，第一次下海时只有13岁。从那时起，曾在地中海和大西洋航行，还到过欧洲北部。

1454年，他22岁，在一艘“加莱”桨帆船上前往佛兰德途中遇到了风暴，于是到圣维森特角避风。

唐·亨利王子得知“加莱”船到达，就派使者上船，并带去准备出售的蔗糖、龙树脂等马德拉岛产品。

卡达莫斯托在与使者交谈中听说了沿非洲海岸航行的事，并得知可以获得巨额利润。于是他决定为唐·亨利王子效劳。由于他具有多年航行经验，王子热情地接待了他，命令建造一艘卡拉维拉桨帆船，任命他为该船船长。

1455年3月22日，卡达莫斯托起锚南行。一路顺风，仅用了3天时间就到了圣波尔多岛。在这第一次的航行中，他到了冈比亚，途中又访问了马德拉群岛、加那利群岛、阿尔金湾、布兰科角地区、塞内加尔、布多迈尔王国、佛得角、巴尔巴幸河。他以巨大的好奇心、宽阔的胸怀和真诚的爱心观察这个新的世界，500年后的今天读起他的游记来还让人爱不释手。

卡达莫斯托在塞内加尔河以南约1400多千米处，找到了布多迈尔的国家。在此之前其他葡萄牙航海家曾到过那里，关于那个黑人领主的消息是再好不过了。据说该领主心地善良，从不食言，可以与之互相信任地进行交易。

卡达莫斯托随船带去大量马匹、毛毯、丝绸和其他货物。和往常一样，还带去了一个黑人翻译，先把此人派到那里打听一下他们是否对交易感兴趣。

布多迈尔带领15名骑兵和50名步兵来到海滩，打发人请船长上岸到他家作客。

两个人的首次接触极为友好。卡达莫斯托交给主人7匹马和马具，布多迈尔立刻送给客人一个漂亮的姑娘。后来主宾二人一起前往内地。卡达莫斯托同意陪主人前往，一为了收取马匹钱，二是为看看那里的风土人情。

在村子里，他有机会见到了领主的侄子斯波诺尔。船长对那里的树叶房子、环境及当地的礼仪印象非常深刻。他在游记中说，非洲领主们既没有财富又没有宫殿，但只要看看他们的礼仪就可以确信，他们的确是了不起的领主，比许多欧洲国王更令其臣民敬畏。

布多迈尔在村庄里走动时，总是有200个从人前护后拥。他与人民的关系疏远而讲究礼节。每天上下午在其主要宅第接见臣民。这所宅第结构不同一般，有7个相通的院子，每个院子中间有一棵大树供等候的人在树阴下乘凉。

到了该接见的时刻，晋见者必须脱下袍子，只留下身穿的皮裙，然后跪着进入第一个院子，低着头，一路说着求见的原因。另外还一把一把地往头发上扔土，以示对领主的恭敬。领主对求见者不屑一顾，装作没听见他唠叨什么，但随后便高傲地解决所有问题，说一不二。

布多迈尔的国家信奉伊斯兰教。这种宗教是由来做生意的驮运队从北非传来的。卡达莫斯托曾试图说服布多迈尔改信基督教，但未成。卡达莫斯托在那里住了几天，细心地记下了所看到的一切。例如，那里的面包是用玉米做的，大豆粒很大，并且五彩斑烂，像是画的。蚕豆是红的，粒大而扁，煞是好看。他还说，棕榈酒是甜的。他说那里的土地、湖泊、牧场和树木都没有主人，每个人都可以去拿所需要的东西。他最感惊奇的是，那里的黑人有喜欢马的，还有喜欢蛇的；女人们漂亮、欢乐、善于跳舞。他对那里的大象极感兴趣。他说："大象像我们那里森林里的野猪一样成群结队。它们身体极大，腿却很短，像野猪一样有两颗牙齿，不过牙齿朝下而不是朝上。这种动物有膝盖，走路时膝盖关节也活动。它们像其他动物一样，也躺在地上和站起来。如不受到人的攻击，大象不会攻击人。"

他在游记中还提到：在那里风琴被看作有好几个会唱歌的嗓子的活动物。黑人们还认为卡拉维拉桨帆船有眼睛，所以才能在海洋里朝一定方向走。他们不明白蜡烛是什么玩意儿，看到那个小火苗后非常惊讶。卡达莫斯托决定教他们做蜡烛，因为那里有蜜蜂，可以利用蜂蜡。

几天以后重上旅途时，他非常感动。他是一个不同一般的发现者。他能欣赏千差万别的世界，不因为他人与自己不同而把他们视为下等人，看到周围的一切而不试图用武力把它纳入自己已熟悉的模式。

在葡萄牙人称之为佛得角的海角西方，有一个包括10个岛屿的群岛。

在1446～1460年，为唐·亨利王子效劳的几位航海家都曾到过这些岛上：迪约戈·戈麦斯以及意大利人卡达莫斯托和安东尼奥·达诺里。当时岛上无人居住，世界上无人知道它们的存在，所以这些岛的发现可以称为“绝对发现”。

这些岛屿并非是在同一次航行中发现的，因为各次航行时间相差很长。但到1460年，已经知道的岛屿有圣地亚哥、圣费利贝（火岛）、马伊奥、圣克里斯翁（美景岛）、里亚纳（盐岛）和布拉瓦。这些岛被唐·阿方索赐给了其兄弟费尔南多，这位亲王后来数次派他的侍从迪约戈·阿方索航行到该群岛，看看是否能发现更多的岛屿。

随后，葡萄牙就开始向佛得角移民。他们首先占领了圣地亚哥岛，把该岛分为两个船长管区，一个交给安东尼奥·达诺里，他在那里建起了里贝拉·格郎德镇（现旧城市）；另一个交给了迪约戈·阿方索，他在那里建立了阿尔卡特拉斯镇，如今该镇已荡然无存。

被送到岛上去的有葡萄牙殖民者、非洲奴隶及农具、牲畜和植物。由于岛上缺水，不适于农业，只是种棉花尚有些收益。至于牲畜，只有山羊最后适应了那里的环境，因为山羊没有绿草、喝海水也能活下去。

人们在那里晒盐、打鱼，还采集米芒。米芒，这种自生自灭的植物被捣烂之后，再浸泡在经石灰处理的尿中后，能制造出当时极受欢迎的颜料。

但是，圣地亚哥岛后来发展的主要因素是，它处于欧洲、非洲、美洲和亚洲各航道枢纽这一重要地理位置。船只经过那里时要补充新鲜食品和淡水，它的港口成了贸易中心。里贝拉·格朗德镇发展成了买卖奴隶的重要中转站。

第二个移民的岛是费利贝岛，由于岛上有座火山，后来被称为火岛。火山爆发时吓得殖民者们魂不附体。至今这座火山还在活动。

其他几个岛屿的被占领要晚得多。

唐·阿方索五世自1448年执政后，在北非拥有4个据点，在其头衔上又增加了响亮的称呼，从此不再称“葡萄牙和阿尔加维国王”，而改为“葡萄牙、阿尔加维和非洲海外领地国王”，人民简称其为“非洲国王”。随着葡萄牙人的海外航行和发现新大陆，其在非洲的殖民统治也已日渐巩固和扩大。

1460年11月13日，唐·亨利王子在萨格雷斯去世，时年66岁。这一年，他的卡拉维拉船队发现的最后一块大陆是塞拉利昂。人们习惯上把他在世时进行的大发现称为“亨利时代的大发现”，即从大西洋诸岛开始，到他去世这一年发现的塞拉利昂止。

亨利是一个令后人敬畏又令后人唾骂的人物。他的业绩是封建主义社会资本主义萌芽时期所特有的。他是虔诚的基督教徒，终身未娶，无子女，他把毕生精力几乎全部投入航海探险活动，推动和组织了开启一个时代的航海探险事业。他生前为葡萄牙兴建了最早的天文台，建立了航海学校，创设了航海服务工厂，训练了一大批航海人员、地图绘制人员及研制航海用具的人员，积累了大量的航海资料。

亨利逝世时还留下许多未竟的心愿——葡萄牙人必须设法绕过非洲的南端，抵达印度。这需要绘制面积更大的航海图，收集有关季风和海潮的更详细的资料等。毫无疑问，航海探险自有后来人。

若奥时代大发现

亨利王子死后，国王若奥二世继续领导葡萄牙的海上探险事业。除对非洲内陆展开大规模的探险之外，葡萄牙人发现了赤道以南到南纬20度的非洲西海岸线。更为重要的是，迪亚士发现了非洲南端的好望角，从而为远航印度开辟了道路。

唐·亨利王子死后9年的时间里，没有任何一艘葡萄牙船创造出南航的新纪录，这很可能是由于“领导者”的空白，也可能是由于经费拮据。

1469年，阿方索五世与里斯本的富商费尔南·戈麦斯签定了一项为期5年的契约，契约规定戈麦斯垄断几内亚海岸的贸易及在该地贸易所获的一切收益。同时，戈麦斯允诺，每年沿非洲海岸航行必须至少发现100千米土地，并每年向王室交纳20万列依的款项。这样，国王不花一个钱既能继续探险，又能增加殖民地和贸易市场。不过，戈麦斯也一点儿不吃亏，他可以从几内亚海岸的贸易中获得巨额利润。

费尔南·戈麦斯严格地履行了承诺。他的船只发现了从塞拉利昂到圣卡塔利纳角的土地，包括圣多美和普林西比诸岛以及费尔南·多波岛，还有 1471 年发现的黄金海岸，5 年期间在南部沿岸连续拓展了 3200 千米。

1474 年，费尔南 · 戈麦斯与国王的合同结束。国王对这位商人提供的服务非常满意，赐与他贵族头衔和徽号以示奖赏。合同没有续签，甚至提前了几个月结束，因为王太子唐 · 若奥（后来的唐 · 若奥二世）想亲自负责“大发现”。

航海家们从非洲带来财富开始引起其他国家人们的兴趣和好奇，尤其是卡斯蒂利亚人。这个邻国的船只向几内亚湾方向冒险，指望得到和葡萄牙人一样的利润。

唐 · 若奥亲王认为只有葡萄牙有权在那个地区进行贸易，于是采取了激烈的措施。他亲自进行试验，以确证用哪种方法把大炮装到船上最好。从此，卡拉维拉桨帆船装上了大炮，在吃水线附近发射出炮弹。他组织巡逻船队，派往非洲西海岸，并向船长们下达命令，击沉在那里遇到的一切外国船只。

结果，葡萄牙与卡斯蒂利亚人发生了多次冲突。为了争取和平，双方签订了阿尔萨科瓦斯条约，这是一种势力范围的划分：葡萄牙永远放弃对加那利群岛的要求，卡斯蒂利亚答应不派船只到该群岛以南。但是，由于后者没有履行许诺，冲突仍然不断出现。

1481 年，唐 · 阿方索五世逝世，唐 · 若奥二世即位。他最关心的是加强米纳沿岸地区的防守，因为这个非洲地区在商业贸易中最为有利可图。他召集王室成员开会，建议在该地区修建一座城堡。人们都不赞成，认为该地区离国内遥远，敌人猖獗，猛兽出没，气候恶劣，并且常常发生致命的疾病，在那里建造城堡不可想象。

但是若奥二世固执己见，只好按他的计划办，不过事先进行了精心的策划和准备。虽然若奥二世设法给当地黑人首领赠送礼品并下令避免冲突，但他也知道冲突迟早会发生，于是加快了工程的进度。为此他想出了一个堪称现代化的主意：把在国内做好的窗户、门、石头墙角和瞭望塔运去。运到之后，只要“放上去”就行了。这在今天可称之为“预制城堡”。

迪约戈 · 亚桑布雅受命指挥这只由 9 艘卡拉维拉船和 2 艘乌尔卡船组成的远征队。乌尔卡船比卡拉维拉船大，主要用于运载货物。远征队除带了大量食物外，还带上了熟石灰、房顶、瓦、钉子、工具和一切可能有用的东西，挑选的是最优秀的船长。远征队除船长外，共600人，其中500人是负责“保护工程建设的士兵”，100人是木匠和石匠。

1481年12月12日船队起锚出航。迪约戈·亚桑布雅于1482年1月19日选定了建城堡的地段，并在登陆之后与当地黑人首领卡拉曼萨有过一次接触。两天后正式开工，冲突也随之出现了。葡萄牙人在为第一个瞭望塔打地基时毁了当地人视为神物的巨石。当地人怒不可遏，群起而攻之。葡萄牙人别无他法，只得逃之夭夭。经过多次交涉和送礼方使当地人平静下来，工程得以继续进行，20天后建成了第一个瞭望塔。如果遇到袭击，可以在里边躲避。这时，迪约戈·亚桑布雅命令几乎所有人都返回，只留下必要的人继续完成城堡的建设。他把这座城堡称为“圣·若热城堡”，因为圣·若热是国王最诚信的圣徒。

在这里，葡萄牙获得的财富无法计算。但从某种意义上说，也付出了高昂的代价。如果仅想到给予黑人的商品，那么，为获得黄金、奴隶、象牙和非常受人喜爱的辣椒所付出的代价并不高。但是，如果想到葡萄牙人因无法忍受异样的气候和无法抵御的疾病而经受的折磨和死亡，那么其代价也是相当高的。

唐·若奥二世“雄心勃勃的计划”是，除了在已发现地区保持其存在之外，还想走得更远。他要发现从大西洋通往印度洋到达印度的道路。为此，他命令建造船只，雇用曾在非洲西海岸巡逻船队为他效劳的迪约戈·坎奥继续在圣卡塔利纳角以外更远的地方进行大发现探险活动。

迪约戈·坎奥是在1482年春天从里斯本出发的，无法准确地知道他带领多少艘卡拉维拉桨帆船。但他带着能供很长时间用的食物、一些在路上与黑人交换或送给其重要首领作为礼品的货物，以及一种新鲜东西——石碑。

在此之前，葡萄牙人习惯于用木制十字架标明他们陆续发现的土地，但这些标志太不结实。于是唐·若奥二世命令做石碑。这种所谓石碑即巨大的石头圆柱，上部有葡萄牙徽号和耶稣十字架，石碑的底部为长方形，埋在地下。

第一次航行即获得了成功。如果说没有多么突出的大事件的话，至少他的船走过了已知的所有海岸，然后继续南行。第一个重要的发现是一条大河的河口：扎伊尔河。他们在河边竖起了圣·若热石碑。

非洲这一地区人口很多，与之交谈的人告诉葡萄牙人说，顺河逆流而上就能找到一位有权势的非洲国王：刚果国王。

迪约戈·坎奥决定派使者前去了解这个王国的情况并与国王建立友谊，以备将来建立贸易关系。使者驾船逆流而上，他则率领卡拉维拉船队继续南行。

同年 8 月 28 日，到了现在称为圣马利亚角的洛勃角，在那里竖起了第二个石碑。这时他忽然返航，因为他认为，这一地区的非洲海岸有一个很大的弯曲之处，海水伸向东方，这就是印度洋了。

他急于向国王报告这个喜讯，立即往回航行。当然他不曾忘记派出去的使者，所以在扎伊尔河口停下来准备接他们。糟糕的是使者们再也没有出现。迪约戈·坎奥担心他们已被黑人害死，或者那个刚果国王怀疑他们居心不良，把他们囚禁起来了。有什么办法找到他们呢？他认为最慎重的办法是让几个黑人上船，把他们带到里斯本。他答应说任何人都不会伤害他们，在 15 个月内把他们健康完好地送回原地。

迪约戈·坎奥返回里斯本，唐·若奥二世隆重接待他，封他为贵族，赐以徽号，规定月薪俸为 1 万列斯，这笔钱在当时是相当可观的。

国王之如此兴奋，是因为他相信了航海家带来的关于通往印度洋的航路的消息。这样就可以饶过非洲，到达印度了。至于那几个黑人，他们确实受到良好的接待。人们教他们葡萄牙语、当地习俗和基督教义。迪约戈·坎奥言而有信。在第二次航行时，他把黑人们送回去了，让他们带着给刚果国王的礼物和信件。

若奥二世的活动不仅限于海上航行，他还组织了几支远征队进入非洲内陆，想与黄金王国的当权者直接贸易，希望能找到传说中的基督教徒国王，即印度的教士国王若奥。既然该国王信奉同一宗教，自然就会与葡萄牙人结盟。

塞内加尔河是一条黄金之路，但在这一地区情况未能按照葡萄牙国王的意愿发展，因为有巨石和瀑布阻碍河上的行船，国王下令把巨石毁掉。贡萨洛·德·安塔斯、吉尔·瓦斯和维森特·安内斯接受了摧毁巨石的任务。但他们无法完成这个任务，人们称之为“巨人饭盒”的巨石硕大无比，大自然抵御了国王的意志。

于是葡萄牙人开始寻找通往黄金地区的另一条路——冈比亚河。航海者们到了坎托尔地区，这是来自吉卢山金矿的商人们的聚散地。在吉卢山矿区居住着被称为“大唇黑人”的种族，他们既从事沙里淘金又开发地下金矿，挖的井和巷道达20米之深。男人收集金沙，女人淘金。但“大唇黑人”不允许任何人看到他们。

交易是这样进行的：阿拉伯人把盐卖给其他黑人部落，这些部落的黑人把盐带到一条河边，堆成很整齐的小堆，然后退走等待。“大唇黑人”看到附近没有人才走过去，在每堆盐下摆上他们认为交换这堆盐公平的黄金，然后离开盐和黄金，躲藏起来。这时候盐商走上前去。如果黄金的数量满意就拿起黄金走了；如果不满意就再次退走，等待“大唇黑人”拿来更多的黄金。在交易进行过程中，买主既看不到卖主，当然也不能和卖主说话。

据说盐商的国王出于好奇曾打发人捉来一个“大唇黑人”，问他们是什么人，为什么躲着。但没有效果，因为被捕者从不开口说话，并且不吃东西，4天以后就死了。其他“大唇黑人”非常愤怒，中断了交易。但他们非常需要盐，据说当做药来吃，治疗他们常患的牙龈出血，否则这种交易会永远中断。这样，他们在3年后又回到河边以黄金换盐，行动还是那么谨慎，一言不发。

1485年，若奥·阿方索·德·阿维尔到非洲内地去了一趟，带来了喜讯。他走遍了贝宁王国，带来了一位黑人使节，黑人使节说他到过“奥内加”的国家。奥内加是个非常富有、非常强大的首领。邻国的国王即位之前必须派人请他认可才能担任国王之职。这时，奥内加就送给他们一根节杖和一个黄铜十字架，以表示承认他们的王权。得知这一点之后，航海家得出了结论：既然奥内加使用十字架，那他必定是基督教徒。大概此人就是印度的教士国王若奥了。

唐·若奥二世听到这些消息后兴奋不已。迪约戈·坎奥发现了通往印度洋的道路，若奥·阿方索说到了教士国王若奥的王国附近，该王国位于非洲东海岸，大概离印度不远了。国王深信不疑，授权瓦斯科·费尔南德斯·德·卢塞纳把喜讯通报教皇。但是，唐·若奥二世太急躁了，因为他的结论是不正确的，若奥·阿方索所到的贝宁王国离教士国王若奥的王国很远。迪约戈·坎奥认为是非洲之端的圣卡塔利纳角，离前往印度洋的真正通道远得很呢。

1485 年，迪约戈·坎奥又出发向南航行。到了扎伊尔河，船长带着几个伙伴逆流而上，前去见刚果国王。走到耶拉拉瀑布时，在其旁边的一块大石头上刻上了一段留念的话。这些字至今仍未被时间抹去，有些字还看得清楚："葡萄牙英明的国王唐·若奥二世的船只到此。"在这句话旁边是迪约戈·坎奥和两个伙伴的名字。在另一块巨石上刻着："若奥·阿尔瓦雷斯病死。"

到达刚果王国，葡萄牙人与刚果国王亲切相见，双方交换了礼品，国王表示愿意接受基督教，愿意与葡萄牙建立关系。他组织了一个由当地最高贵的家庭的小伙子们组成的使团去葡萄牙，其中有一位名叫卡苏塔的贵族。

迪约戈·坎奥把他们带上卡拉维拉桨帆船，但没有立即返回里斯本，因为航海家想证实一下：在第一次航行中发现的是否确实是前往印度洋的通道。

等待他的是他一生中经历的最大的失望。那里并非非洲的尽头。他继续固执地向南航行，尽管又沿海岸发现了 1400 千米的土地，但仍未到达所希望的地点。他的船队到了塞拉·帕尔达，后来就返回了葡萄牙。

从此，迪约戈·坎奥的名字就再也没有在任何文献中出现，无法确切知道其中的原因。有人说唐·若奥二世国王不肯饶恕他的错误，航海家在宫廷的惩罚中结束了一生；有人说他死于塞拉·帕尔达，并埋葬在那里。这种说法的根据是一张那个时代的地图，上面有一句拉丁文的话，这句话可以译成 3 种解释："发现者在这里死去"；"发现在这里死去（结束)"；"塞拉·帕尔达在这里死去（结束)"。至今最后一种解释最为人们所接受。

达·伽马的远航

15 世纪，人们对世界范围内的“新发现”，可说达到了登峰造极的状态。15 世纪末，随着美洲新大陆的发现，这个空前的时代才宣告结束。在哥伦布“发现”新大陆几年之后，葡萄牙人找到了真正的通往印度的道路。这个发现要归功于瓦斯科·达·伽马。

大航海时代的召唤

13～14 世纪是伟大的航海时代。为了生存，人们常常不得不面对各种陌生的挑战，随时准备冒险。随着人类的视野不断突破原来的狭小天地，新世界不断展现在人们的面前。不仅如此，人类对于自己所处世界的认识，也并非完全是被动的，好奇心也驱使人类对未知世界进行不断的探索和认识。

在这期间，商人与旅行家们为了扩大其活动的范围，终于把东方与西方连接了起来。他们对于世界贸易状况的促进和改变，起了无可比拟的作用。

陆路上的发现，使人类可以通过欧洲北部直接与亚洲的中部、东部通行往来，阿拉伯人的商队开始越过撒哈拉沙漠，与苏丹的黑人部落进行贸易。但是，陆路上的运输，毕竟由于数量少，费用大，使人感到长此以往总达不到扩大业务、赚取大利的目的。

于是，人们设想从海路与非洲进行贸易。非洲的大西洋沿岸因其可发挥类似“跳板”的作用，因此就具有重要意义。

葡萄牙人率先绕过非洲西岸，并开始了罪恶的黑奴贸易活动。黑奴贸易一般采取“三角贸易”的航程。运奴船先从欧洲载运廉价商品，运到非洲西海岸，称“出程”；接着由非洲满载黑人，横渡大西洋，驶往美洲，称“中程”；再用奴隶换取美洲的原料和金银，返回欧洲，称“归程”。

黑奴贸易的利润极为丰厚。以后，英、法、荷等殖民者纷纷加入。贪得无厌的商人们为了获取暴利，沿非洲西海岸往南继续寻找奴隶的来源。1446 年，搜寻的足迹到达佛得角，并到达几内亚。

印度之行

无论从世界史还是从探险史的角度来看，瓦斯科·达·伽马发现通往印度之路的功绩都无法与哥伦布“发现”美洲大陆相提并论。后者给探险事业和世界发展带来的影响是深远的。但在那个时代看来，发现通向印度的海上航线却更有实际意义：它使马可·波罗所描述的那个富裕的东方世界伸手可及，在殖民主义者眼里，“发现”东方就意味着发现财富。

“香料之国”的诱惑

印度是一个历史悠久的东方文明古国。它位于亚洲南部，是一个大半岛，西濒阿拉伯海，东临孟加拉湾，南端伸入印度洋，地理位置十分重要。

在那里，资源富饶，物产丰富，尤以盛产香料著称，被西方人称为“香料之国”。在那里，经济也十分繁荣，海边沿岸港口一带都是货栈。世界著名的中国丝绸、工艺品和印度棉纺织品在那里堆积如山。

比达·伽马早 35 年访问过印度的阿芳那西·尼基丁曾经对印度作过如下十分诱人的描述：“卡利克特是整个印度洋的码头。码头上各种各样的建筑物几乎延伸到水面，白鹭悠闲地栖息在海岸，鳄鱼时常把它那长而扁平的头探出水面。”“城市展现在宽阔的海港岸上，寺院的圆顶高耸在果树和棕榈树林里。风从岸上送来百花香味……胡椒、丁香、肉桂、小豆蔻堆满仓库。在那里，还有很多药材：印度的樟脑、毒药（治痢疾的叶剂）、芦荟、缬草根及有浓厚蒜味的臭松香。仓库里还保存着许多作药剂用的犀角粉。芬芳药剂的香气散布到很远的地方……”

印度的仓库里还堆满了蓝色染料靛蓝，红色、黄色和白色的檀木，椰子纤维和椰子果肉干，象牙在昏暗之中反射出光辉。所有这些货物都要运往埃及和其他阿拉伯国家，经过阿拉伯人再转运到欧洲人手中。

广阔市场中的小商店都有遮阳设备以抵挡强烈的阳光。水果市场供应柑橘、柠檬、香瓜、黄瓜和各种热带果品，其中香蕉、面包果、罗望子荚和又香又甜的芒果特别出色。印度还是黄瓜、香瓜、柠檬和柑橘的天然产地。出售的白糖是用几种椰子制成的，褐色的糖是用甘蔗制的。还有姜制的蜜饯及椰子汁酿成的酒。堆积如山的稻米色白如雪。

印度风景

宝石商店陈列着钻石，锡兰的蓝宝石，缅甸的红宝石、绿宝石、石榴石、绿玉石、紫水晶、碧玉和土耳其的蓝宝石。

街市小贩出售装满了玫瑰花的花篮，这种花篮摆得满地都是。瓦斯科·达·伽马的同时代人阿拉伯史学家阿布德·阿尔·列扎克写道："这些人没有玫瑰就不能生活，他们把玫瑰看成像食物一样的必需品。"

这个国家街道上大象很多，孔雀和鸽子目中无人地到处溜达，各色鹦鹉尽情地叫着。猿猴在棕榈的5米长的枝叶上往来跳跃，很多印度人把这种猿猴看得很神圣。卡利克特的市场上，人群围绕着玩蛇者。

把印度货物运到欧洲，要经历长距离的艰难旅程。阿拉伯人在印度的加尔各答、科琴和坎纳努尔购买货物后，用阿拉伯制造的索具装备简陋的单桅帆船运至阿拉伯的吉达。从那里再用驼队将货物运到埃及的开罗，然后沿尼罗河用驳船转运。意大利人在亚历山大贩卖这种货物，并用威尼斯和热那亚的大船经由地中海运往欧洲销售。

葡萄牙决心要从意大利人和阿拉伯人手中夺取贩卖印度货物的贸易。为了达到这个目的，就必须发现一条通往印度的新航路。到亨利王子之后，葡萄牙若奥二世国王派出了另一支探险队，这支探险队在迪亚士率领下于1488年发现了好望角，开辟了非洲南部的航线，从而使大西洋到印度洋的航行距离大大缩短了。瓦斯科·达·伽马就是利用了这个伟大的发现。

达·伽马远航之路

1495年，葡萄牙国王卡斯里维决定再派遣探险队寻找通往印度的航路，这就产生了选择探险队长的问题。瓦斯科·达·伽马的勇敢、领导能力和航海技能都表明他是适当的人选。

达·伽马受命为船队总指挥之后，就开始筹备出航事宜。他搜集意大利人和阿拉伯人的老地图，并绘制新地图。仔细地准备航海用的工具，达·伽马特别注意罗盘，这是葡萄牙航海家的共同特点和秘密。

达·伽马

为这次航行建造了2只大船——“圣哈布莱尔”号和“圣拉菲尔”号。此外参加航行的还有2只吨位较小的旧船——轻快帆船“圣密圭尔”号和指定专供储藏食物之用的货船。

达·伽马选定“圣哈布莱尔”号为旗舰，由经验丰富的船员沙鲁·阿瓦利什指挥。指定他的兄弟保罗·达·伽马为“圣拉菲尔”号船长。“圣密圭尔”号的船长是尼科莱·凯尔奥。贡沙洛·隆耶什指挥货船。船队在航行中的主要领航人是彼鲁·达伦克尔。

大约170人参加了这次远航探险。探险队携带了许多货物，如呢绒、玻璃项珠、镜子、刀子、剪子等以供交换之用。实际上这些货物只能与非洲各民族进行交换，对于富庶的印度则不大合适。

船上已经准备足够的淡水，筹备工作全部完成了。1497 年 6 月 8 日，船队总指挥达·伽马命令起锚。锦帆一张，船队成纵队朝着河口前进。获得世界荣誉的航程就此开始了。

船队总指挥达·伽马站在旗舰的船尾。他中等身材，精力旺盛，脸和颈部都呈紫红色，黑而多的大胡子，细微的皱纹围绕着那双锐利的眼睛。他是一个不屈不挠、经验丰富的航海家。

船队朝着佛得角群岛航行。8 月 3 日，船队从佛得角向迪亚士管辖的几内亚海岸和圣若瑟要塞航行，越过要塞，就沿非洲海岸向南行驶。

不久，船队遇到强烈的逆风，帆船开始与风暴进行搏斗。但他们无法战胜那昼夜不息的风暴。于是，大概在北纬 10 度，达·伽马朝东南急转，驶往不可知的大洋。这就导致完成了一个新的发现——找到了从欧洲到非洲大陆南端最方便的航路。直到现在帆船还是利用这条航线，因为这里总是刮的顺风，经过这里的洋流有利于船只南行。

但这条航路令人感到困倦，而且距离也很长。达·伽马继续航行了 93 天。据他估计，他的船队已离开非洲海岸 800 海里。

在整个航行期间没有遇到一个岛屿，无法补充新鲜食物，特别是淡水。船员们喝的是臭水，吃的是咸牛肉。最后船队越过了赤道，到了南回归线之外，就再转向东方航行。经过漫长、枯燥乏味而又单调的日子，这支船队在 10 月 27 日看见了一群鲸，许多海豚出现在船的附近。清澈海水中的绿色海藻和天空的海鸟都表明，离陆地不远了。

果然，11 月 1 日，地平线上出现了陆地。沿海岸向南航行 3 昼夜，终于找到了一个广阔的海湾，驶入湾内，下锚停泊。达·伽马称此地为圣赫勒那湾。次日即开始修理船只，整顿帆樯。这时去寻找淡水的一群葡萄牙人，在离海岸不远处发现了一条河，河边有 2 个携带长矛和弓箭等武器的身材矮小的布西门人，他们皮肤的颜色像干枯的树叶，身上穿的是用一块块树皮缀成的。葡萄牙人捉了其中一人带到船上，给他食物、玻璃项珠和小钟，然后释放。因为估计到受了款待的土著人将带引其他同伴前来。果然，次日来了 15 个布西门人。但他们既不知道香料，也不知道宝石，更不懂得这些东西的价值。

一个水手前往布西门人的村落，不知什么原因在那里争吵起来。土人追逐水手，其余的水手就出来保护他，土人使用石块和弓箭，当达·伽马劝阻冲突时，他的腿部受了轻伤。这场事变促使葡萄牙人改变计划，提前离开这个停泊处，过了2天，船队于11月14日继续航行。

达·伽马深信船队正在离好望角不远的地方，但究竟在什么地方，他也不知道，因此他决定朝南——东南航行。过了2天，从船的左边看到了陆地，出现了一个海角的轮廓，于是他们就朝那里驶去。严酷的考验正等待着他们。不间断的暴风吹乱了船队，乌云就在樯桅上面飞驰，白天几乎像夜间一样黑暗。濛濛的细雨使人觉得寒冷。船舱已经进水，要不断地向外抽水。幸运的是，船队终于绕过了好望角，瓦斯科·达·伽马成功地经受了这场艰难的考验。

船队绕过位于非洲西南端的佛尔斯湾，终于进入了印度洋。他们几乎一直在岸边航行，时而经过极高的山峰，时而经过河口和深入大陆的海湾。3天后，船队进入圣布拉什湾（今名莫瑟尔湾）。四艘船先后驶进海湾，下锚停泊。葡萄牙人在岸上发现了几十个土著居民。后者和蔼地接待了这些旅客。葡萄牙人在检查船只之后，发现货船经过多次风暴袭击，已不宜继续航行，必须将粮食分装在其余3只船上，并将货船焚烧。

在圣布拉什湾停留了4天，葡萄牙人与土著居民的关系开始恶化，在声震山岳、经久不息的炮声中，他们离开了这个海湾。船队重新入海之前，在海岸上建立了石碑，并树立了一个巨大的木制十字架。

船队沿海岸向北航行，天气逐渐暖和起来，但仍变幻无常，经常遭到暴风雨的袭击。

12月16日，经过迪亚士新建立的最后一个石碑，进入欧洲人还不熟悉的海洋，在这里遇到由东方来的阿古拉斯洋流。船队冲破洋流继续前进。至1497年圣诞节，到达了海岸，他们称这个地方为纳塔尔（葡萄牙语为圣诞节的意思）。停泊5天后，达·伽马率领船队又继续航行。虽然是顺风，但也不能使他们迅速前进。因为迎面翻滚而来的洋流强劲地阻碍着船队的航行。后来驶过了一个海角，这个海角就被称为科伦特什角（洋流角）。

1498 年 1 月 25 日，在基利马内河口找到了适当的停泊处，船队在这里停泊了 1 个多月修理船只。达·伽马根据当地的情况断定，这里已经受到某种文化的影响，如果不是印度，就是离印度不远的阿拉伯地区。所以他就称基利马内河为“邦什西格纳列什河”（吉兆河）。葡萄牙人在岸上建立了石碑。船只修理完毕，人们稍事休息恢复了体力，并准备好了新鲜食物后，就又继续航行。

他们航行了 300 多海里才通过莫桑比克海峡。这个海峡介于非洲大陆东南部海岸和马达加斯加岛之间。他们很小心，只在白天航行，晚上停泊，害怕触到这一海域分布很广的不知名礁岛。

3 月 2 日，船队到达位于海峡北口的海岛。船慢慢地驶入海港，停泊在离岸不远的地方，这是阿拉伯人的城市莫桑比克。从岸边来的小船围绕着葡萄牙人的船，阿拉伯人推测，海港内来了伊斯兰教的船只。但达·伽马认为阿拉伯人是比暴风、浓雾和飓风更加危险的敌人。

阿拉伯人渐渐地知道了对方不是伊斯兰教徒，不久，城市居民与上岸取淡水、办食物的水手之间发生了公开的冲突。

船队火速起锚入海，但因为几乎完全无风，两昼夜只前进了 20 海里。由于始终无风，而逆流反使船队向莫桑比克城方向后退。

3 月 27 日，船队得以重新出海。在热带海上航行了很长时间，直到 4 月 7 日，这群精疲力竭的航海家，才到达多岩石的半岛蒙巴萨。备尝艰苦的达·伽马不敢进入港口，船队在公海的停泊处下锚。阿拉伯领港人依照莫桑比克商人的秘密指示，企图在这里使船只触礁。只是凭着侥幸的机会，葡萄牙人才得以避免这个可怕的危险。

达·伽马对蒙巴萨酋长的友好姿态保持着警惕。当全体船员接受邀请决定驾船进港时，发生了战斗。蒙巴萨人在达·伽马的令人恐怖的油锅面前承认：他们准备在海港里对葡萄牙人进行袭击。

达·伽马下令船队准备战斗。夜晚，船只周围有了水声，这是阿拉伯人企图割断锚索。一部分人爬上甲板开始劈毁尾桅缆索。警报发出之后，阿拉伯人退却了，隐蔽在夜间的黑暗中。必须离开此地。但因为等候顺风，葡萄牙人只好在敌对的蒙巴萨人的附近又停留了 2 昼夜。到了 4 月 14 日，风向出现了有利于扬帆的变化，终于离开了这个不欢迎他们的港口。

船队不久就到了位于大陆的美丽城市马林迪，这个城市有平顶的石头建筑物。出乎达·伽马的意料，这里的酋长竟成了他的同盟者，因为他是蒙巴萨执政者的敌人。

船只下锚停泊。酋长赠送达·伽马的礼物是6只羊和很多香料。

泊船处还有4只来自印度的船。说明从这里可以直航到印度。环绕非洲大陆的艰苦航行快要完成了。葡萄牙人欢乐极了，富饶的大国就浮现在他们的眼前。

宾主之间相互作了友谊的访问。1个星期过去了。达·伽马开始采取横暴手段：一面扣留酋长的使节，一面要求酋长把允许过的领航人立即送上船来，以便为船队导航，渡过印度洋。

葡萄牙人终于得到一名优秀无比的领航员，他是阿拉伯航海术的极其出色的代表，他不仅是一个领航员，而且还是许多“领航”书籍的著者。迄今法国国家图书馆还藏有他的手写本19种。他就是艾哈迈德·伊本·马德瑞德。马德瑞德的名字在历史上是永垂不朽的。正是他，向欧洲人指明了通往印度的航路。

4月24日，顺风鼓足了葡萄牙人船队上绣有巨大红十字的船帆，船队就开始向大洋东北方航行。

经过5昼夜的航行，所能看到的已经不是南十字星，而是北方的大小熊星。到了第23天，看到在海上飞翔的海鸥表明，他们离开期望的海岸已经很近了。5月18日，远远出现了海岸的模糊轮廓，但为烟雾所笼罩。破旧了的葡萄牙船靠海岸航行，而艾哈迈德·伊本·马德瑞德转舵向南。这是印度半岛的覆盖繁茂热带植物的马勒巴海岸。椰子树梢到处高耸入云，有些地方山脉伸向海岸。5月20日，伊本·马德瑞德告诉达·伽马说：“这里就是卡利克特！这里就是你所希望到达的国家！”

10多个月的艰苦航程至此告一段落，葡萄牙人的梦想已经成为现实了。通往印度的航路终于找到了，并且把它绘在地图上。

当达·伽马的船队在港湾里停泊时，一些小船就载着印度人向他们驶来。达·伽马决定派遣蒙赛迪、翻译费尔南多·马丁斯和另一名葡萄牙人到那里去见王公沙摩连。王公很客气地接待这些使节，还赠送他们许多印度的贵重织物。

达·伽马一开始就犯了一个严重的错误，他自称是葡萄牙国王的钦差，在对待具有与葡萄牙人相等文化的人民时，把自己的身份抬到高不可攀的地位。

画作 达·伽马

于是，王公派他的大臣前来，准备接见“玛努埃拉国王陛下的钦差”。与使者同来的还有 200 人的仪仗队。他们护送达·伽马去谒见印度王公。达·伽马带了 13 名随从人员前往。

王公坐在铺着绿色天鹅绒的宝座上接见达·伽马。他腰部以上裸露，腰部以下裹着锦缎；他的手臂、手指和脚踝都戴有嵌满宝石的金戒指和镯子。

葡萄牙人被安排坐在王公面前的石头长凳上，有人给他洗手的清水，并按惯例用面包和香蕉敬客。王公询问达·伽马来到印度的目的。瓦斯科·达·伽马答道：“葡萄牙国王听到有关印度，特别是关于卡利克特帝国很多事情，他很高兴，极愿与这位声名远扬的君主建立友谊”，他约定次日递交国王书信。

次日，达·伽马赠送王公的礼品（价值不大的条纹布、红色的帽子、糖等等）未被接受，并且，一整天王公都没有接见达·伽马。直到第 3 天王公才再次接见达·伽马。

王公这次接待葡萄牙钦差大臣态度冷淡。原来阿拉伯商人仇视葡萄牙人的侵入，他们向印度王公叙述了葡萄牙人袭击莫桑比克和蒙巴萨的经过，把葡萄牙人说成是一群海盗。印度政治者被说动了，他们也仇视葡萄牙人。结果王公决定把自己和人民的命运与阿拉伯人的命运结合在一起。

王公索取葡萄牙国王的书信和葡萄牙人带来的货物清单。达·伽马把一封没有明确收信人和具体内容的阿拉伯文、葡萄牙文的信件交给王公后，会见就告结束。

达·伽马回去的时候主张葡萄牙人都上船去，但伴送他们的印度官员借口天气太坏而不赞成。并且到第二天早晨还不把小船送还葡萄牙人，而建议把大船更靠近岸边。达·伽马识破了印度的这种阴谋，拒绝接受这样的要求。于是，达·伽马等人的住处立刻被印度士兵包围了。葡萄牙人被严密地看管起来。

不久又出现了新的险情。居住在卡利克特的阿位伯人包围了葡萄牙人的住所，扬言要杀尽葡萄牙人。

几天过去了。6 月 2 日，王公的官吏才来找达·伽马，提出把船上货物都卸到岸上，船员一齐登陆。达·伽马不得不下令卸下一部分货物。最后葡萄牙人还用铜、水银、琥珀和珊瑚作为交换品购买了一些香料。这样费了整整 2 个月时间。达·伽马认为现在已经到了该回国的时候了，于是决定返航。但王公要求葡萄牙人向他交纳高额的贸易税。

这时蒙赛迪报告说，阿拉伯人煽动王公毁灭葡萄牙人的船队，并要献给他一份厚礼。王公好像已经同意如此办理。这时，达·伽马表现了他所特有的果断。

次日，8 月 19 日，达·伽马扣留了 10 多个来到葡萄牙船上的印度人，其中 6 人是重要官员。船队驶离海岸很远。达·伽马恐吓王公，如果不释放在岸上的狄奥哥·迪亚士，他们就把扣留的人质带走。而且，他自己将马上转回卡利克特来替迪亚士报仇。

王公知道达·伽马扣留了人质，就接待狄奥哥·迪亚士，并把致葡萄牙国王的书信交给他。信上说卡列克特盛产宝石和香料，王公请求运送金、银、珊瑚和鲜红的布帛前来交换。

狄赛哥·迪亚士被释放了，达·伽马也释放了对方人质。次日，葡萄牙船队召开全体军官会议。这时主要任务已经完成——找到了通往印度的航路，于是决定立即回国。船队起锚西航。印度船队企图追赶葡萄牙船队，但一经开炮轰击就被驱散了。船队终于朝向葡萄牙方向航行。

在回国途中，从1498年10月2日至1499年1月2日，在这整整3个月中，大海时而掀起恶浪，时而风平浪静，这都不利于航行。新鲜食物已经吃完，淡水也已发臭，再加船上又发生了坏血病，病死而葬身大海的有30人，未死的大多数也病倒了。每只船上真正能够操作的水手不过七八个。

1月2日，船队才到了非洲海岸一个不知名的城市。达·伽马不敢进港，船队继续南下。在南下行进中，暴风严重地损坏了“圣拉菲尔”号。船队还遭到海盗的袭击，但一开炮轰击，海盗便四散逃走。

1月7日船队才到达马林迪，在熟悉的港湾下锚停泊。马林迪酋长像上次一样亲热地接待葡萄牙人，供给船队新鲜的肉类、水果、蔬菜和其他食物。但气候对病人有很大影响，他们不能享受这些东西，很多人在这里病死了。

1月11日船队继续航行，2天之后在蒙巴萨附近的一个沙洲旁下锚。“圣拉菲尔”号被损坏得不能再行驶了，不得不被焚毁。水手们以悲哀的心情瞧着这只被焚毁的海船，因为2年多来这只海船就是他们的家。

此后到好望角为止，经过的都是熟悉的海岸，一路平安无事。绕过好望角时天气也很好。

船队绕过海角后就转舵向北，直接向葡萄牙海岸航行。船在顺风中行驶了27个昼夜，到了佛得角群岛的纬度。无风的天气使船队在这里滞留了几天，后来又起了暴风。波涛汹涌的海浪把船只分散了，“圣密圭尔”号船长凯尔奥独自继续前进，于1499年7月10日在德古斯河口靠近里斯本的地方下了锚。

这时，达·伽马的兄弟保罗正患重病，不能起床，达·伽马忧心如焚。他把旗舰的指挥权交与朱安·达·萨，自己租了一只轻快帆船，把保罗载在快船上，想尽快赶回葡萄牙。但他的希望没有能够实现，他兄弟的病情日益严重，只好在位于亚速尔群岛中的一个名叫特尔萨拉岛上的安格拉港上岸。保罗被抬到岸上时已奄奄一息，第二天就去世了。

达·伽马把兄弟安葬后就启航回到葡萄牙。此时“圣哈布莱尔”号早已停泊在这里了。最后，达·伽马在德古斯河口下锚，船停泊在葡萄牙首都里斯本城附近。

葡萄牙国王热烈地欢迎瓦斯科·达·伽马，因为他率领一个小小的船队，在26个月里沿着未曾经历过的航路，在许多恶劣的天气和风暴中航行了好几千海里。欧洲人所知道的世界范围大大地扩展了，地图上出现了许多新的地名和海岸。

在这次伟大的航程中，艰难险阻和严重的疾病始终跟随着这批航海家。只有意志、勇气、毅力和一定要达到所预定的目的地的坚定信心，使达·伽马获得了胜利。

达·伽马完成了自己的任务。葡萄牙现在知道了通往印度宝石、香料和其他财物的直接航路。里斯本群众为海上旅行家的安然归来举行了盛大庆祝会。

瓦斯科·达·伽马获得了“印度洋海军上将”和“阁下”的荣誉称号，这种荣誉称号向来只授予职位很高的贵族。另外，还给予达·伽马以“用自己或他人船只”免税从印度输入货物的权利，并且还给了他巨额养老金。国王和贵族都欢喜异常。然而出航的4只海船只回来了2只，航海人员生还的还不到1/2。葡萄牙首都有很多家庭哀悼葬身于大海的丈夫、父亲和儿子。没有给这些人立纪念碑，地理发现史上也没有什么记载，他们的名字早已被遗忘了。

达·伽马的航行在地理学上的意义是伟大的，它证明了围绕印度半岛的海不是像当时地理学家所推测的那种内海。自从达·伽马航行之后，世界地图上出现了非洲大陆和印度的正确轮廓。

从此，地中海已经不再是联络西方与东方贸易的主要航道了，大西洋获得了与远东国家发展贸易的绝对重要性，而欧洲列强则找到了建立殖民帝国的途径。

葡萄牙人企图尽速巩固达·伽马探险所获得的成果，必须不让其他欧洲国家利用新发现的通往印度的航路，而且，国王准备再进行一次新的探险，打算仍委任瓦斯科·达·伽马“阁下”领导。但达·伽马拒绝接受新的使命，他已经厌倦了不安定的航海生活。他回到里斯本后结了婚，准备退隐享受无上的光荣。这样，国王就任命彼得罗·阿瓦利什·卡布拉尔充当新船队的领导。

重返印度

葡萄牙人决定从阿拉伯人、埃及人和意大利人手中彻底夺取与印度的贸易，就开始准备再次派遣一支由 3 个统一指挥的分船队前往印度洋。

指挥全部船队的任务又落在了瓦斯科·达·伽马身上，他又披挂上阵了。一支由 10 只大船组成的分船队由“印度洋海军上将”直接指挥开往印度。达·伽马的叔父威森蒂·苏德列指挥第二分船队。这支分队拥有 5 艘轻快帆船，担任截获和击沉阿拉伯海中船只的任务。船上装备了精良的臼炮和其他武装，以供海战之用。实际上，这支分船队已经变成了海盗船。第三支分船队也备有 5 只大船，它应当停泊在印度的西部海岸，保护在那里所建立的葡萄牙采购站。这一支分船队由瓦斯科·达·伽马的侄子伊什特万·达·伽马担任指挥。

葡萄牙大船队的 2 支分队于 1502 年 2 月 10 日从里斯本启航，伊什特万·达·伽马的船队则在 4 月 1 日起程。

大船队第一次停泊在加那利群岛附近，后来就在佛得角群岛旁停泊，再往前就是朝西南航行经过试航的路线。达·伽马这一次到了圣十字架地海岸（巴西），并沿着美洲大陆海岸向前（向南）航行一些时候，后来他循旧航线返回东方，前往好望角。

南半球的冬季，海洋波涛汹涌，气候严寒，持续不断的风暴在非洲南海岸附近把船队驱散为几部分。不久转顺风后，船队得以重新集合在一起。

1502 年 6 月 14 日，船队在非洲东海岸索法拉港下锚停泊。在这里葡萄牙人很顺利地以廉价玩物向土著居民交换黄金，还在这里收买了很多比象牙更加坚实的河马牙齿。葡萄牙人在这里又建立了采购站。

船队离开索法拉港以后，继续向前航行。在莫桑比克停留了一下之后，到达了位于南纬 9 度的基洛阿岛。岛上有一座很富有的城市，瓦斯科“阁下”要求当地酋长伊布拉庚承认是葡萄牙国王的藩臣，并缴纳年贡，酋长坚决地拒绝了。当时这位葡萄牙海军上将为了证明葡萄牙藩臣地位的“优异”，就邀请酋长来到船上，并威吓他，要把他浸在水里到死为止。海军炮队也帮着威吓。“被说服了”的酋长不得不表示同意，并且立即献给葡萄牙国王一笔很大的年贡。

继续前进时，船队采取新的航线。达·伽马不直接通过印度洋，而更靠近陆地，或绕过阿拉伯南部再往南，沿着印度海岸航行。经过坎贝亚之后，曾在果阿停泊。船队在安吉迪夫岛附近遇到一艘从西往东行驶的阿拉伯海船，船上载有300多名旅客。葡萄牙拦截这只船，把抢劫的货物运到自己的船上。接着，瓦斯科·达·伽马竟下令封闭装载旅客的船舱，用炮火轰击，船起火后烧毁。此后好多年，葡萄牙人始终采用这种极其残酷的手段对待过往船只。

毁灭了阿拉伯海船之后，船队就朝坎纳努尔航行。达·伽马在首次航行时曾与这个地方的王公缔结过友好条约。王公用极其隆重的仪式迎接达·伽马上岸。达·伽马在与王公缔结了新的通商条约并建立采购站和炮台以后，率船队继续航行。达·伽马留下一部分船只在印度海岸附近游弋，并命令除来自坎纳努尔和科琴两地的船只以外，对于其他一切船只都要加以截获并击沉。他自己直航卡利克特，于1502年10月30日在卡利克特海港下锚停泊。

卡利克特王公看见城下停泊着可怕的船队，一时惊慌失措，立即派代表向达·伽马提出和平友好的建议。王公担保赔偿葡萄牙人所受的损失，并通知说他已逮捕在卡布拉尔船队开进卡利克特时袭击葡萄牙人的祸首，但海军上将以傲慢的态度对待印度王公的代表。他要求把卡利克特的全部阿拉伯人驱逐出境，对于这一点王公当然难以办到。当时达·伽马抓获了30个印度渔夫，并把这些无辜的平民倒吊在帆桁上。达·伽马还下令开炮轰击这座城市。

卡利克特的王公派遣僧侣充任新的代表。瓦斯科“阁下”命令把所有抓获的俘虏的手、耳朵和鼻子一起砍掉，并把他们一齐放在一只小船上，再把砍下来的僧侣的手、耳朵和鼻子挂在他们的脖子上，也将他们放到小船上。

达·伽马抱着报复他第一次航行时在这里所受耻辱的心情来到这里。他还要替彼得罗·阿瓦利什·卡布拉尔船队牺牲了的水手报仇。他留下7只船封锁卡利克特，自己出发前往科琴。瓦斯科“阁下”与科琴王公缔结商务条约之后，就开始装载香料和印度的其他货物。

1503年1月3日，一个婆罗门教的祭司从卡利克特来到科琴，带来王公的书信。王公因为无力冲破封锁线，特地再要求缔结和平条约。但达·伽马怀疑其中有诈，就拷问来使，这个祭司供出卡利克特王公与阿拉伯商人合谋召集巨大船队，准备歼灭葡萄牙人。

于是，达·伽马带领一部分船只前往卡利克特。他们当时有着精锐的炮队和装备优良的船只，很快就把卡利克特的船只驱散了，并迫使他们退却，但也进行了接舷战。虽然优秀的印度战士——那伊尔人奋不顾身英勇作战，但葡萄牙人还是很快就占了上风，从一只被捕获的船上掠夺了大量布匹、黄金、白银及躲藏着的妇女。瓦斯科“阁下”挑选了10名最美丽的妇女准备献给葡萄牙王后，把其余妇女“赏给”了官兵。

达·伽马认为已经完成了他所担负的使命，于1503年2月20日启程回国，直航莫桑比克。他在印度洋留下了一支由8只轻快帆船组成的分船队。这是第一支经常屯驻在印度洋的欧洲船队。船队在好望角附近战胜了冬季暴风雪之后向西北航行，1503年10月11日回到了葡萄牙。

达·伽马除了带回大量财物之外，还与东方统治者缔结了通商条约，这是极其重要的，因为借此在非洲东部和印度奠定了殖民地的基础。

葡萄牙国王对达·伽马航海的成就非常满意，给了他不少新的荣誉。达·伽马在这次航海之后，始终是国王的顾问，过了20年安乐而平稳的生活。这位著名的“阁下”、“印度洋海军上将”、著名的航海家原先住在故乡希纳斯，后来迁居到他度过少年时光的埃窝拉城。他在那里建造了一座府第。墙壁上绘有以茂盛的棕榈树作背景的印度人、老虎和象。达·伽马的宫殿式住宅所在地迄今还叫做“画府街”，墙上的绘画一直保持到19世纪中叶。

对于这种悠闲安静的生活，达·伽马感到厌倦了，1518年他写信给国王，请求准许他离开葡萄牙而到任何其他地方去，以便更能够发挥自己的才能和经验。国王准许了他的要求，把维迪盖拉城赐给他作为封邑，使达·伽马在已有许多称号之外，又加上了一个“伯爵”封号。

第三次航海

葡萄牙人深信，单凭没有保障的采购站与掠夺阿拉伯人和印度人的船只，不能实现他们的殖民政策和贸易政策。因此葡萄牙国王在与瓦斯科“阁下”商量之后，就设置“印度副王”一职。

首任“印度副王”之一达尔布凯尔基在印度洋上树立了葡萄牙的海权。但在他离开印度不久，葡萄牙殖民者内部的腐败开始暴露。葡萄牙国王若奥三世召见年老的著名的海军上将达·伽马，并任命他担任“印度副王”之职。

瓦斯科·达·伽马同意担任“印度副王”一职之后，就出发作第三次航海，也就是他最后的一次航海。这次船队由 14 艘海船组成。跟随“印度副王”的有他的两个儿子——印度洋分遣船队司令官、船长伊什特万·达·伽马“阁下”和保罗·达·伽马“阁下”。

1524 年 4 月 9 日，一个须发苍白的老人登上了旗舰的船尾望楼，他就是瓦斯科·达·伽马。船队起锚后缓缓地驶过德古斯河口，驶向大海。

航行开始时很顺利，船队一直驶到莫桑比克并未发生任何事故。但过了莫桑比克海峡之后，天气突然变得恶劣，逆风劲吹，这种逆风有时竟变成猛烈的风暴，并摧毁了 3 只海船，全体船员葬身大海。

当船队经过马林迪的时候，瓦斯科·达·伽马派遣一只轻快帆船到那里去。轻快帆船上的部队在辽阔的海洋上感到生活寂寞，就叛变了。叛变者杀了船长后就驶往北方，到了入红海的曼德海峡，从此进行海盗活动。

船队的其余船只到达了印度海岸达布尔（达布霍尔）附近北纬 17 度 14 分。海上风平浪静。

突然，船只纵横摇摆起来，好像都搁浅了，用测深锤加以测量，锤子达不到海底。大家都哭了起来，祈祷上帝怜悯。船只颠簸得非常厉害，人们都站不住脚，箱子则从船的这边滚到另一边。这是一次剧烈的海底地震。海底震动达 1 小时之久，大洋上巨浪滔天。而年老的海军上将向船员们说：“朋友们，欢乐吧，甚至海洋也在我们面前发抖了。”

船队开到位于北纬18度40分的马勒巴海岸的恰乌尔。瓦斯科·达·伽马在这个他到达的第一个印度港口正式宣布自己为“印度副王”，这一天是1524年9月15日。从此所有立法、行政和司法权都属于他，管辖的范围是印度殖民地领土，并且也包括非洲整个东部海岸在内。

过了几天，“印度副王”就在自己的“首都”果阿举行了隆重的入境典礼。

然而，此时达·伽马发现自己的病情恶化了。他的病是在颈上，恶性脓疮——疔疮布满了后脑，年老的海军上将倒在床上了。

1524年12月24日下午3时，64岁的瓦斯科·达·伽马“阁下”逝世了。

他被葬在印度，1539年他的遗骸被运回葡萄牙。这个著名的航海家墓碑上刻着：

维迪盖拉一等伯爵，
东印度海军上将，
著名的印度发现者，
瓦斯科·达·伽马长眠之地。

哥伦布发现“新大陆”

哥伦布，作为一个“首先发现新大陆”的航海家，人尽皆知。他是第一个克服陆地引力、海岸引力的人，他第一个带领自己的船队扬帆驶向神秘莫测的大洋。他是一位无可置疑的意志坚定的探索者。

立志远航

哥伦布的功绩不仅在于能勇敢地横越大西洋并详尽地描写了他所发现的陆地，而是主要在于他的发现所产生的历史后果。哥伦布所成就的事业，其意义是无法估量的，用古希腊一位哲学家的话说就是：“不管对发现新大陆评价多高，也不应该忘记哥伦布为人类开辟了通向海洋的道路!”

哥伦布的一生充满了矛盾，25 岁以前他还是一个目不识丁的人，而在 40 岁时却成了当时最有教养的人物之一、一位最伟大的航海家。他第一个想到实际运用地球是圆的这种没有被完全承认，甚至被认为有点异端的思想。

在大概是象征性地赏赐给他的许多封号中，哥伦布最感到自豪的一个封号是“海军上将”。

哥伦布常常引用的格言是：“黄金无孔不入。它能产生种种瑰宝，谁握有黄金，谁就能在这个世界上为所欲为，它甚至能把堕落了的灵魂引进天堂。”的确，哥伦布一直都在不倦地为黄金而奔走呼号。他在记述他的第三次航行时，一开头就引证了《圣经》中的这样一段话：“那群岛在等着我，那船只也在等着我，为的是等候你的儿子们从远方运来他们的银子和金子。”可见，他始终认为自己是上帝的选民，他应该从遥远的群岛弄得白银和黄金，这是责无旁贷的。在整个第三次航行期间，他一直坚信，他正在天堂的近旁往来行驶。

哥伦布

哥伦布将第四次航行，亦即最后一次航行称为“崇高的精神之路”。这次航行向追随其后的每一个人表明，人的热情和能力多么令人难忘，而且这也是我们的祖先同自然力斗争的明证。然而令人遗憾的是，由于经过多年的探险磨难，哥伦布的身体每况愈下。1504 年，哥伦布回到了西班牙。这时，他已经被痛风病搞得筋疲力尽，从他的脸上可以明显地看到死亡的迹象。当他被别人扶着走下舷梯时，他就清楚地感到，自己再也不能沿着这些木板做的梯级上下了。这就是说，应当考虑一下他的继承人和那些随他一起苦历过“崇高的精神之路”的人们了。要知道，他们在 1502 年 3 月仅仅预支了 6 个月的工资，而第四次航行却延续了 32 个月。

不料，就在这时，曾给予过哥伦布很大支持的卡斯提王后病危。哥伦布在宫廷外面等候召见。12 月 1 日，他写信给他的儿子说：“为我向圣父、圣子、圣灵祷告，让他们赐予王后健康的龙体，因为迄今为止我们所建树的一切都要仰仗于她。”然而，希望成了泡影——信奉天主教的伊莎贝拉王后已于 1504 年 11 月 26 日薨逝。以后，哥伦布不管提出什么要求，都必须和斐迪南国王进行长时间的、没完没了的讨价还价，因为国王对横渡大西洋的计划一直兴趣不大，他更喜欢处理欧洲事务。

国王总是用不了解情况为理由而加以推诿。从此，一场同王国官吏进行的令人厌倦的斗争开始了。哥伦布仍然采取以前屡试不爽的策略：提出一些连自己都觉得难以满足的要求。他要求付给他在新大陆获得的东西的10%和与殖民地进行对外贸易总额的1/8。

斐迪南国王和哥伦布不同，他有十分充裕的时间，他好像已经看到哥伦布的大限就要到了，因此就千方百计地一拖再拖。

1506年5月19日，哥伦布的病情急剧恶化。在生命的垂危时刻，他对身旁的主要继承人——大儿子迭戈·科隆做出了最后的吩咐：

“兴建一座小教堂，里边必须安排三个神甫助手，他们每天要做三次弥撒，一次是颂扬圣父、圣子、圣灵的荣誉，一次为圣母而做，第三次是为了祈祷我的灵魂和我的父亲、母亲和妻子灵魂的安宁。如果财力许可，你应当把教堂建得很漂亮，为圣三位一体的荣誉做弥撒的神职人员的数量和做弥撒的次数要多些。如果可能，应当把教堂建在伊斯帕尼奥拉，因为上帝以如此神奇的方式把它交付给我了。”

第二天大限到了。哥伦布在一间简朴的房子里，身上盖着白布尸衣，只有头露在外面，两支瘫软的手，无力地放在盖布上边。烛光照着与哥伦布同名的圣徒克里斯托弗的圣像（哥伦布全名是克里斯托弗·哥伦布）。有一个人按照西班牙的旧风俗把这位基督体现者的圣像的脸转向墙壁，目的是想用这种鲁莽的方式引起圣徒对这沉重时刻的注意。灵床旁边站着哥伦布的儿子——迭戈和费南多，弟弟以及几次伟大航海时期里的其他战友。他们细心地听着他的呼吸，看着神甫做最后的涂油仪式——用圣油涂抹濒死者的眼睛、鼻子、嘴唇和手脚。

哥伦布在卧榻上亲吻了递给他的十字架，然后头一仰，声音宏亮且又清楚地讲出了他最后的遗言：“我把我的灵魂交给您了，上帝！”

1506年5月20日，哥伦布终于摆脱了他的重负，永别于人世。

在哥伦布的时代，航海事业方兴未艾，海上探险既是激动人心的，也是危险而令人生畏的。对探险者来说，前途充满了潜在的危机和种种不可预知的因素。既然这样，是什么原因促使哥伦布下决心冒险远航去寻找新大陆的呢？

原来，在十四五世纪，整个欧洲都为东方的高度文明所眩惑：辗转传入欧洲的香料、水果、丝绸、地毯、银器和瓷器等物品令人垂涎；胡椒的价值几乎与同样重量的金银相等；到亚洲办货或传教的人们又带回了许多关于中国、印度和西潘古（即日本）的故事。这些故事经众口相传，并不断地被加以渲染，显得神乎其神。所以，当时的一些欧洲人就渐渐相信，东方有用金子做屋顶的房子；有用香料熏染的空气；有使人永葆青春的泉水；有只要见过一次就终身难忘的美貌歌女；有从树木中生出来的人；有在街上就可以拾到珍珠的城市；有威武的大汉；还有许多许多穿罗戴玉、苗条娇好的姑娘。这一切真令人神往啊！谁不想登上这海外的天堂呢？到东方去！到中国去！到印度去！当时，确实成了无数欧洲人的“雄心壮志”和“朝夕遐想”。

哥伦布也是无数着迷者中的一个。不过，他并不倾心于美貌娇娥，而更热衷于黄金，崇拜黄金的权力。他觉得：“金真是一个奇妙的东西！谁有了它，谁就成为他想要一切东西的主人。有了金，甚至可以使灵魂升入天堂。”

哥伦布的家庭并不宽裕，但他从小就喜欢读书。他读过许多关于东方的游记。他少年时读过的拉丁文本《马可·波罗游记》，现在还保存在葡萄牙的首都里斯本。据历史学家戈马拉说，有一个曾在马德拉岛西面发现陆地的海员死在哥伦布家里，这个人留给他一本航海纪事。哥伦布对这本纪事孜孜不倦地加以研究。

1479 年底，哥伦布和著名船长特里斯唐·瓦斯·特谢拉的女儿菲利普·莫妮斯在教堂举行了婚礼。婚后他们过着幸福的生活。当时，哥伦布在一家商馆做代理人工作。但莫妮斯对丈夫这份工作并不满意，常常劝哥伦布将那些腐蚀人们意志的商馆肥缺辞掉。对探险极感兴趣的哥伦布，对葡萄牙人取道非洲，探索通往东方的航道的缓慢进度，深感不满。他对远航探险跃跃欲试，立志要干出一番惊天动地的事业来。于是，他苦心钻研航海探险知识，着迷得“简直像一个疯子”。不久，他就熟悉了他岳父的地图、航海日记，熟悉了葡萄牙人的探险路线和经验。他还得到了他的连襟的帮助，结识了许多上层人物，特别是进行航海活动的上层人物。

此外，他还读了意大利人文主义者教皇庇护二世有关地志方面的著作；读了德国天文学家列吉奥蒙塔那斯（即约翰·缪勒尔）的著作，并熟悉了他发明的在海上测量经纬度、确定天体位置的方法；枢机主教戴利的名著《世界图志》对他的影响也很深。他还相信公元 1 世纪古罗马哲学家、戏剧家塞涅卡所写的悲剧《美狄亚》中的这段话："大洋不再连成一片，人们将看到一个广阔地区的时代即将到来，特蒂斯（海神）将发现新的大陆。图莱岛（古罗马人给欧洲北部的一个岛取的名字）将不再是世界的极点。"

随着知识的积累，哥伦布在认识上也起了飞跃变化：坚信"地圆说"。要做到这一点是很不容易的。15 世纪下半叶的欧洲，虽然到处都是反宗教的风暴，但是，基督教的教义仍是至高无上的权威。一般人都遵循古老的迷信，认为大地就是一只圆盘，浮在水上；天则是由四根台柱支撑着的穹窿，圣地耶路撒冷就在大地的中央。可是哥伦布却接受了进步的人文主义，相信科学，坚信地球是圆的。否则，为什么船开来时先露出桅杆呢？他还认为，地球上的每一个地方都可以找到跟它相对应的地区——对跖地，无论从东向西还是从西向东航行，都可以绕地球一周。他在圣埃斯特邦，作为多明我会修士们的客人时，就曾大力宣传"地圆说"，主张从欧洲向西航行，渡过大西洋，就会从东方进入亚洲，首先到达日本和中国，这条航路将比马可·波罗花的时间短得多。

哥伦布不是一个坐而论道者。当航海计划大体就绪之后，他毅然地给当时著名的地理学家托司坎尼写了一封信，征求意见。托司坎尼热情地予以支持。他激励哥伦布说："你想着手的航行并不如人们想象的那样困难，相反，你决定的航线肯定是没有错的。"托司坎尼在信中，还盛赞中国和日本的富有。他说，南中国海有一个泉州港，每年航海到那里的人"超过全世界其余港口的总和"。北中国还有一个杭州城，周长达 100 英里。至于日本，托司坎尼重复马可·波罗的话说："那个岛的领主有一座巨大的宫殿，是用纯金盖的顶。宫殿所有的地面和许多大厅的地板都是用黄金铺设的。"托司坎尼还寄给哥伦布一张地图，标明从里斯本到昆塞（即中国的杭州）大约 6500 英里。托司坎尼当时是遐迩闻名的学者，他对哥伦布这个"无名小卒"的热情而又具体的帮助，为哥伦布的远航提供了重要条件。

此外，到 15 世纪，造船技术有了长足的进步。过去，靠风力吹动的旧式三角形的"拉丁式"帆只能推动很小的船只，这时的葡萄牙和西班牙，都能制造出适于远洋航行的新式大帆船了。这是一种配有高大多层帆的大型船只，有较宽的甲板和船舱，船身结实坚固，加上罗盘、枪炮等设备，非常有利于远渡大洋的航行。

另外，当时的政治气候也适宜于地理发现和海外扩张。首先，民族国家的出现拥有强大的常备军，形成庞大的官僚机构和国家机器。这就为没落的封建主集团和新兴的资产阶级向外扩张掠夺、探求新航路提供了可靠的政治保证。其次，由于土耳其奥斯曼帝国的崛起，卡断了过去欧洲到东方传统的陆上商路——丝绸之路，以后土耳其人又使黑海成为他们的内海，爱琴海也成了他们严密控制的地区。从此，这条海路也人稀路断了。再加上当时欧洲商品经济的日益发展，人们生产出各式各样的商品，出售后换取金银货币，有了黄金和白银才可以买到市场上的各种东西，国家支出需要大量的金银；僧俗地主和贵族的挥霍，需要大量的金银，于是整个社会就出现了一个“炽热的黄金渴望”，正是这种对黄金的渴望，促使他们向东方寻找金河，为新航路的开辟创造了强大的社会基础。

哥伦布的远航探险，最初是谋求于自己的祖国热那亚以及当时意大利的一些城邦的支持。但是，这些地方，由于君士坦丁堡的陷落，丧失了对东方有利的贸易，经济拮据，颓象已呈，无力支持哥伦布。于是哥伦布转求葡萄牙国王若奥二世。若奥二世于1481年登基，当时才25岁，正是年轻气盛、雄心勃勃的时候。他想继承叔祖亨利的事业，开辟新的殖民地。

哥伦布通过自己的朋友、若奥二世的得力助手之一拜海得晋见若奥二世。他详述了自己的计划，力图使若奥二世相信，探险是会马到成功的。他说得那么容易，向西航行“遇到顺风，几天之内”就可到达。按照他的航线，日本与里斯本距离顶多不过3000海里。最后，他向若奥二世提出组织远航队，“到印度地方、日本大岛和大汗国去”。看来若奥二世相信了哥伦布，并称赞了他。但却始终没有给他以真正的支持。表面上，他搪塞哥伦布，说远航需要费用太大，连年战争刚刚结束，国库已濒空虚，组织远航舰队只好以后再说。实际上，他是想撇开哥伦布，自己组织远航。他私命宠信，按照哥伦布的计划，“作亚速尔群岛以西的传奇性的岛屿安蒂利亚探险”。不料，若奥二世所任命的船长，自恃本领过人，不按哥伦布的计划行事，擅自改变航线，在大洋上遇到了飓风，船队几乎覆没。折回后，又归咎于哥伦布，咬定哥伦布的计划行不通。这样，哥伦布谋求葡萄牙的支持就成了泡影。

这时，哥伦布已一贫如洗，负债累累了。1485年莫妮斯死后，哥伦布带着儿子笛阿哥，怀着失望的心情，离开葡萄牙，到达西班牙。

1485年的一天，哥伦布与儿子外出散步，走到圣芳济会修道院门口，恰巧遇上修道院长胡安·佩雷斯。佩雷斯十分同情哥伦布的主张和抱负，他给女王伊萨贝拉的忏悔神父写了一封推荐信，极力夸赞哥伦布的计划切实可行。但神父却把哥伦布看做空想家。哥伦布并不灰心，他留在科尔多瓦，靠绘制地图糊口，同时广交朋友。他的朋友之一、红衣大主教唐·佩德罗·冈萨雷斯·德·门多萨很得伊萨贝拉女王的信任。他仔细地听取并详尽地了解哥伦布对航海计划的解释之后，就把哥伦布推荐给女王。女王终于在1486年5月召见哥伦布，亲自听取他的建议。女王对这个新的远航计划倒有几分赞赏，可是她的顾问们却一味反对，加之当时西班牙人和摩尔人的战事正酣，无暇顾及这一新的问题。

但伊萨贝拉毕竟有些政治远见，她预感到，一旦统一之后，“西班牙这张饭桌就嫌小了”，势必谋求海外扩张，而哥伦布的计划极有可能导致重大的发现，将会解决很多的问题。所以，她很器重哥伦布，答应每年给他提供1.2万铜币的津贴，并组织一个由天文学家、地理学家等组成的“贤人会议”，研究他的计划问题，还让哥伦布与会参加“答辩”。哥伦布面临舌战群儒的场面。不管他运用“地圆说”的理论力争，还是引用圣经上的一些诗句为证，均无济于事，反被与会者认为是个“心理状态有些混乱的人”。

1487年初，哥伦布又得到一个机会，回到科尔多瓦面见国王。虽然受到国王从未有过的恩宠，但关于他的航行计划的谈判仍无结果。1488年3月，葡萄牙国王召见哥伦布，哥伦布以为这次葡萄牙之行准能把他的计划付诸实施了。但当他于同年12月抵达里斯本时，正值巴尔托洛梅乌·迪亚士探险归来。由于迪亚士发现“好望角”而受到国王的宠信。若奥二世决定继续绕过“好望角”抵达东方的计划不变。因而，哥伦布西航的计划又被搁置一旁，哥伦布的希望再次成为泡影。1489年初他又返回西班牙。

哥伦布再次受到冷遇，心情非常沮丧。1490年2月，西班牙女王在塞维利亚接受了萨拉曼卡“贤人会议”的决议，认为哥伦布的航行计划是无法实现的。哥伦布来到塞维利亚找女王面奏，但仍无济于事。他垂头丧气地离开那里，准备前往法国寻找法王查理八世的支持。

一天，哥伦布吃完早餐，骑上毛驴登程出发。正当赶路之际，忽听得身后蹄声得得，铃响声声，禁不住回头一望，只见远处尘土飞扬，一个身着古装，脚蹬长筒马靴，头顶雪亮钢盔，钢盔上高高竖起羽毛，右手执着长矛的宫廷卫队正驰马奔来，马头上也装饰着缨络，煞是神气。哥伦布正在纳闷，只听得卫队人员不断高喊："站住！站住！"到了近前，便勒住马缰，气喘吁吁地说道："先生，女王陛下已经答应了您的请求，请您马上回去面谈。"

有人说，伊萨贝拉之所以决心支持哥伦布，是因为胡安·佩雷斯亲自去见女王，为哥伦布的航行计划辩护，给女王留下了深刻的印象；又有人说，是因为西班牙最大的银行家和王室最有势力的财政顾问鲁易士·山丹赫利晓以利害，说服了伊萨贝拉，要她采纳哥伦布的建议，同时答应给予为装备远航队所必需的部分贷款，所以，女王才派人前去追赶哥伦布。

1492 年 4 月，当西班牙国王表示同意探险以后，哥伦布又进一步提出了要求："要是找到新地，一定要让我做该地的总督和元帅，并且要得到该地一年收入的 1/10。"朝臣似乎都认为他要价太高，不禁哗然。斐迪南国王更狐疑不决，认为当时正值战后，百废待举，国库又一空如洗，主张稍缓。

而女王伊萨贝拉却有些远见卓识。当哥伦布离开后，她立即派人前去把他召回，并说："如果国库比较困难的话，我自己拿出一些珠宝支持他。"伊萨贝拉最终力排众议，于 1492 年 4 月 17 日在格兰纳达城签订了 5 条协议：

任命哥伦布为他所发现的新地的元帅，并和他的继承人永享这个职衔及其相应的一切特权；

任命哥伦布为他新发现地的总督，他可以对每个下属官职提出 3 个候选人，以供女王选任；

哥伦布保有这些领地出产和交换所得的一切黄金、白银、珍珠、宝石、香料及其他财物的 1/10，并完全免税；

哥伦布有权对在这些新领土上的航海贸易享有 1/8 股份的特权；

凡涉及上述第三条规定的财物诉讼，由哥伦布或他的代表以元帅身份掌握审判权。

这五条协议的签订使哥伦布踌躇满志。1492 年 5 月 2 日，哥伦布前往加的斯筹备远航。不久就筹措了200万马拉维迪斯（西班牙币名，约折合第二次世界大战前夕的美金1.4万元）的资金，组成了一支拥有3艘快速风船——当时设备比较先进的船队。这支船队拥有90名船员，加上王室派来的人员，共121人。

这支船队的旗舰是“桑塔·玛丽亚”号，或称“加列加”号，是从桑托尼亚的胡安·德·拉·科萨手中租来的，并由科萨担任船长，这艘加利西亚式的旗舰，载重约100吨。其他2艘都没有装甲，载重50吨的“平达”号，由平松张罗并担任船长；载重40吨的“尼娜”号，是政府拨给的，由平松的兄弟维森特任船长。

“尼娜”号船

横渡大西洋

1492年8月2日夜晚，参加远航的全体船员在教堂举行宗教仪式，3日（星期五）清晨，哥伦布告别沸腾的送行人群，登上指挥船，发出启航信号。随着3条小船扬帆驶离码头，世界历史上航海事业中最重要的一次航行开始了。

启航后，船上一番忙碌：船员们迎风扣紧帆脚索，张满帆，并卷绕缆绳。他们顾不上留意聚集在码头上的人群中妻子和母亲们在哭泣、在为他们祈祷，男人们向船上的伙伴们投去他们所担心的最后一瞥。

当帆船迎着黎明的曙光，向着陌生的大海行驶时，只有一个人满怀信心和喜悦。他就是克利斯托弗·哥伦布，他终于主宰了自己的命运，实现了多年来一直追求的远航探险的夙愿。当船队驶离帕洛斯时，哥伦布兴奋地认为，一切烦恼、困难都结束了！可是，他又一次错了。

3 天过去了，一切都很顺利。哥伦布预定的航线是，先到达人们熟悉的最西部的加那利群岛，然后从那里出发西行。“平达”号是 3 条船中航速最快的，它的白帆迎着蓝灰色的地平线，一起一伏地行驶在最前面。

哥伦布在“桑塔·玛丽亚”号的甲板上走着，突然他停住了脚步：前面的“平达”号可能出了毛病——它的帆收起了，船在波浪中毫无舵效速率。哥伦布命令“桑塔·玛丽亚”号快速地赶上了“平达”号。原来它的舵被冲坏了，而修理舵需要花一段时间。

哥伦布十分苦恼：不是因为“平达”号出了毛病，而是担心船舵很可能是被一些失去勇气的水手故意毁坏的。他们想借此迫使“平达”号返回帕洛斯。

哥伦布克服了无数的困难才航行在大海上，那么一只坏舵怎么可能使他放弃既定的目标呢?

他们重新返回马德拉和加那利群岛。在那里花了整整 1 个月的时间修理“平达”号，并改变了“尼娜”号船的航行计划。直到 9 月 6 日，主帆上装饰着巨大的红十字的“桑塔·玛丽业”号又扬起风帆，开始向西航行。整整 1 周，航行很顺利。通过每天观察太阳和星星，哥伦布开始在他的航海图上标出船只的位置，计算着航行的距离。

就从那时起，哥伦布开始备有 2 本航海日志。一本用来记录每天实际航行的里格数（1 里格 = 3 海里）；另一本记的航行的里格数比实际的要少。他拿后一本给船员们看，因为他不想让船员们知道他们到底离西班牙有多远了，以免他们因胆怯而渴望返回故里。

离开加那利群岛 7 天后，哥伦布注意到船上的指南针运转异常：指针没有指向北极星，而是偏向西北，他没有把实情告诉水手们，然而指南针每天都向西北倾斜一点儿。到 9 月 17 日，指针偏离正常方位太远，以致被舵手发现了。船员们马上聚集在指南针周围。哥伦布在航海日志上这样描述当时的状况：“他们吓得魂不附体，沮丧万分。”没有人知道接下来会发生什么事情。

哥伦布和船员们一样，也不明白指南针为什么这样转动。但他是船队的指挥者，必须让船员们放心。他告诉他们指南针没有毛病，而是因为北极星经常运动。幸运的是，船员们相信了他。但是哥伦布自己也十分担忧，只是尽量不表露出来而已。

人们今天才知道，指南针指向北磁极，而不是真正的北极。在地球上不同的地方，北磁极方位也不尽相同。哥伦布当时并不了解这一点。

船员们暂时放心了，但他们相互间仍然不断地诉说着他们的恐惧，直到有一部分人准备叛变。他们甚至想把哥伦布抛入大海，然后调转船头返回西班牙。

当然，所有的人都在寻找西部的陆地，因为一笔可观的报酬已许诺给第一个发现陆地的人。一天晚上，一个水手大喊他看见陆地了。

哥伦布双膝跪地，向上帝致谢。三条船上的人同唱赞美诗。整个晚上，他们急切地盼着黎明，但当早晨来临时，却没有看见陆地，那个水手所看到的，只是低垂的云朵。

这一挫折使船员们更加渴望返回西班牙。但幸运的是，那天突然出现了许多飞鸟。人们又振作起来，因为哥伦布向他们保证，这种鸟儿从不远离陆地。

海面一直保持着平静，一时间海员们又充满希望，恢复了信心。

那天是 9 月 25 日，幸好船员们已记不清日期了。他们还要向西航行 18 天才能见到陆地。

哥伦布决心继续航行，即使再航行几个月，他也有充分的思想准备，但船上的水手们缺乏这样的信心。

一个星期过去了，又过了一个星期。飞鸟日益增多，有些飞鸟像是陆地鸟。但水手们不再相信飞鸟是陆地的迹象或证明了。他们找哥伦布抗议这次漫长的航行，要求他调转船头。哥伦布竭尽全力鼓励他们，可是他们不听。正要发生不测之事时，突然出现了陆地的新迹象，说明哥伦布是正确的。

10 月 11 日，“平达”号上的水手发现一块雕刻的木头飘浮在水面，还有一条被哥伦布称之为玫瑰莓的树枝。这些东西比飞鸟更能证实陆地就在附近。那一夜水手们与哥伦布一样激动，他们开始觉得哥伦布许诺的财宝伸手可及。

这一次他们的盼望是有理由的。那天夜晚 10 点，哥伦布站在“桑塔·玛丽亚”号船尾楼上向西凝视。5 个星期以来，他天天如此。突然在远处，他看到了一小束光亮。那束光亮的位置太低，不可能是星星。而且那束光像有人手持火把在移动着的样子。

哥伦布朝同时看见那束光亮的一位值班军官大声叫喊，但是当他传唤第三个人时，光亮消失了。这是幻觉还是大海在跟他们开玩笑？哥伦布没有把握。

整个夜晚哥伦布都呆在船尾楼。帆收落了，这样即使前面有陆地，船也不致于在黑暗中搁浅。身后的天空渐渐呈现鱼肚白，可是西边仍是一片黑暗。他们使劲睁大眼睛，有一半水手攀上帆索，另一半水手则爬在舷墙上。忽然一个攀在“尼娜”号桅杆上的水手喊了起来：“嗬，陆地！”

终于盼到了陆地。多少个星期以来，他们周围除了茫茫的大海，什么也见不着。这种受煎熬的日子要结束了！除了哥伦布，多数水手是在焦虑和恐惧中度过的——他们以为从此再也见不着陆地了。谁都可以理解这些同哥伦布一起出航的水手们，过去他们离开陆地的时间只是几个小时，最多也不过几天啊！可以想象，当他们见到地平线上的绿树时该是多么地宽慰啊！

哥伦布相信，如果向西航行，他可以抵达印度。哥伦布认为他们发现的岛屿离印度不远。然而，就是由于500年前哥伦布的错误判断使这些岛屿至今仍被称作西印度群岛。

哥伦布登陆时，礼仪正规：身着华丽服装，手擎西班牙国旗。与他同行的还有平松兄弟和许多水手。一踏上这块土地，哥伦布就双膝跪地，眼含喜悦的泪水，真诚地感谢上帝的恩典后，他以西班牙国王和王后的名义宣布这些岛屿归西班牙所有。

哥伦布和他的随从发现他们脚下是一个平坦的巨岛，蓝色的海湾被绿树环绕，四周盛开着色彩艳丽的鲜花。他们从没见过这样的花草。对于在海上历经折磨整整5个星期的他们，这里简直是一个天堂。

当地人对他们虽感奇怪陌生，但毫不惧怕。这些当地人的肤色既不白也不黑，脸上绘有奇异的图案。他们手握芦秆做的标枪，枪端插着鲨鱼牙。很明显，他们从未见过白种人，也从未接触过西方文化。当哥伦布把一串串珠子送给他们时，他们像小孩子得到新玩具那样高兴。

西班牙人在非洲西海岸见过土著人。这次他们又目睹了另一种陌生人。

陌生岛上的男人们手拿褐色叶子做的小卷，用火点燃后用嘴唇把吸进的烟吹向空中。这是白人首次接触烟草，他们觉得新奇而又刺激。

这次航行的目的之一，是发现传说中的金岛，人们相信那里有一座纯金山。

在被命名为圣萨尔瓦多岛上，有些土著人戴着金制的小袋饰品。哥伦布设法向他们打听金子来自何处，他们用手指向南方。他们说黄金产自他们称作古巴的一个大岛。哥伦布于是起锚扬帆去寻找金子。他认为那个地方可能是日本。2个多月来，他从一个岛屿驶向另一个岛屿。他每登上一个岛，就宣布那个岛屿就归属西班牙。他既没有找到日本，也没有找到金岛。相反，他遭到一场灾难，差点把他倾注全身心的事业毁掉。

由于舵手的疏忽，在一个被哥伦布叫做圣多明各岛附近，“桑塔·玛丽亚”号搁浅了，船很快彻底报废。哥伦布只得带着船员尽力抢救物品并转移到“尼娜”号上去。哥伦布把40个人留驻在岸边他们建造的要塞中，然后他即带领其余人起航返回西班牙。在返航之前，“平达”号已不辞而别。“平达”号的船长平松虽然热心支持远航探险，但他有自己个人的打算，平日与哥伦布已常有口角，当寻找黄金已有眉目之时，更猜忌日深。于是，便拂袖而去。

哥伦布在返航的路上屡遇风暴。他怕船毁人亡，因此写了很多材料塞在瓶子里，并于1493年2月12日抛进巨浪，希望海浪能把它带到西班牙海岸。只是过了300多年，即1856年，这只瓶子才在西班牙的比斯开湾被一些水手们发现。这就是世界上第一个利用海流送信的。

哥伦布于2月18日抵达亚速尔群岛。于3月4日被葡萄牙官员押送至葡萄牙的里斯本海港。葡萄牙国王对于哥伦布的探险成功深怀敌意和妒意。他一方面隆重地款待了哥伦布，另一方面又在宴会上宣布：根据《阿尔

亚速尔群岛风景

卡索瓦斯条约》，大西洋西边发现的新大陆不属于西班牙，而属于葡萄牙。但哥伦布争辩说，他从未见过这个条约。若奥二世指责哥伦布侵犯了葡萄牙的利益，大臣们也撺掇着要杀害他。

伊萨贝拉女王知道若奥二世的要求后，大为吃惊，慌忙请求教皇亚历山大六世出来说项，若奥二世才放了哥伦布。

3 月 14 日清晨，“尼娜”号绕过圣维森特角，经过 17 年前哥伦布在一场海战后泗水登岸的地点。15 日“尼娜”号在帕洛斯附近停泊。

人类历史上最伟大的 240 天远航探险到此就告一段落。哥伦布的《航海日志》关于这段时间的最后几句话还流传至今：

“我个人长时期待在陛下宫廷里，同许多宫廷要人争斗。他们反对我，断定我的计划是疯狂的。可是眼下如我所希望的，靠上帝保佑，这桩事业已有若干部分成功了。它为基督教增加了荣耀。”

船抵帕洛斯时，礼炮轰鸣，教堂钟声不绝，欢迎哥伦布的队伍，前面是带了金饰、插上彩色羽毛、裸体纹身的印第安人，后面是队员和王家卫队，人们牵着珍禽异兽，抬着黄金珍珠。当时人皆叹为千古盛事。

哥伦布到达巴塞罗那后，伊萨贝拉女王、王子都穿上盛装，隆重款待他。当他进宫时，像接待上宾一样，全体起立。伊萨贝拉赐他座位，封他为“海军元帅”，赐给他一件崭新的战袍。当哥伦布报告探险经过时，全体跪下来，齐唱赞美诗。哥伦布带回 6 个印第安人在巴塞罗那接受了基督教的洗礼，皈依基督教。

这次远航探险成功，使哥伦布成了西班牙全国的议论中心，也为他在世界获得盛誉。英国国王查理七世听到哥伦布探险归来，深为后悔，他觉得失算了。因为，哥伦布的弟弟巴托罗苗曾去游说他支持哥伦布的探险。这时，他很想会见哥伦布，并请巴托罗苗为英国进行探险，但都没有成功。

美洲之行

哥伦布的第二次远航探险，是从 1493 年 9 月 25 日开始的。

这一次远航探险与第一次的境况大不相同。第一次远征几经波折，而这一次则十分顺利。人力、物力、财力征得都很容易。很多贵族子弟也要参加，教士、商人也要去。他们各有各的目的，但大都离不开发财和掠夺。伊萨贝拉更是积极支持哥伦布，她任命卡斯提尔的政府大臣丰塞尔，专门协助哥伦布从事远航的准备工作。

远征队并无重型战舰，船上装载的除了准备与土人交换的少量物品外，主要是人——教士、士兵、工匠、农夫和男女移民。另外还有农业生产所需的工具、种子（小麦、大麦、蔬菜、柑橘、柠檬、甜瓜）及开矿用的炸药和机械、镇压当地人的武器。由此可见，这次远航的目的除了进一步探明东方外，更主要的就是掠夺和殖民。

9月25日，旌旗蔽日，鼓号齐鸣，哥伦布的船队出发了。17艘大船，装着1200多名移民和300名水手，鼓满风帆，逶迤而行。

这次横渡大西洋，总共只花了39天。一路上风平浪静，信风顺水。

哥伦布没有忘记海地岛上一位老人的指点。他清楚地记得，在海地岛南面，有一个遍地黄金的岛屿。因此，他决定直接驶向那个岛屿。他把船比上次向南开了约10个纬度，然后再向西横渡大西洋。这条航线，正好信风顺水，航行速度很快，哥伦布就是靠了这个北大西洋的东北信风和北赤道的海流帮忙，比上次提前半个月到达美洲。这一航路的发现有重要的意义，此后，欧洲人就经常沿着这条航线横渡大西洋。

1493年11月3日，哥伦布驶到大西洋彼岸的"岛屿丛中"，这就是现在的小安的列斯群岛，它和大安的列斯群岛一道，勾画出加勒比海的轮廓。

哥伦布首先抵达多米尼加岛。上岸那天，正好是星期日，哥伦布便将此岛命名为"星期日岛"（西班牙语中的"星期日"读作"多米尼加"）。

接着，哥伦布挥舟南下，在向风群岛一带的马提尼克岛、圣文森特岛等地来回行驶。在此期间，哥伦布还发现了格林纳达和巴巴多斯两个岛。据说他没有上岸。格林纳达岛，形状很像石榴，西班牙语的"格林纳达"就是"石榴"的意思。哥伦布发现这里的印第安人都在田间劳作，庄稼长得也很好。他还遇上了一些独木舟，发现驾舟者怀有敌意。

接着，哥伦布又调转船头往北驶去，到了瓜德罗普岛。该岛有"加勒比海项链上的一颗宝石"之称。瓜德罗普，在西班牙语中是"没有丈夫的女人岛"。这个稀奇古怪的名字是哥伦布起的。

哥伦布在瓜德罗普岛见到的全是女人，是因为男人去打仗或逃走了。

所以，他称这里为“没有丈夫的女人岛”。

据说，哥伦布在瓜德罗普岛曾袭击了几个加勒比人的村落。他向西班牙国王提出了一个可怕的建议：使用黑奴来开发此地。1494 年 1 月 30 日，他在给西班牙国王的报告中又说，从贩卖黑奴中可以弄到必需的金钱。从此，美洲就有了黑人奴隶。

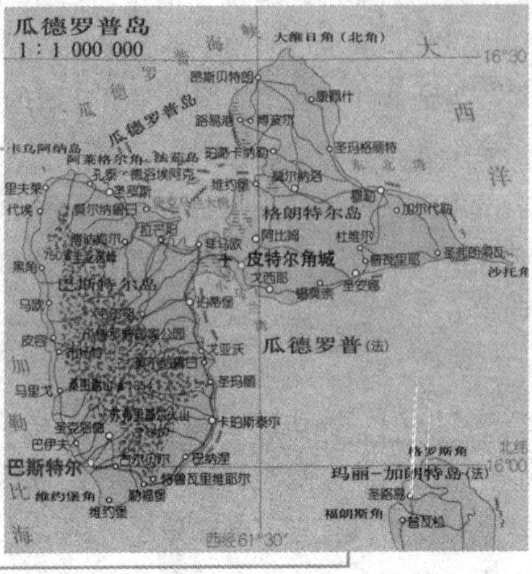

瓜德罗普岛地图

离开瓜德罗普岛以后，哥伦布一行在背风群岛一带驶来驶去，相继发现了蒙特塞拉特岛、安提瓜岛、圣马丁岛等。他们登陆后，发现岛上的农作物长得很好，岛民相当强悍，为此吃了不少苦头。哥伦布还根据西班牙的著名教堂、修道院的名字为这些岛屿一一命名。

接着，哥伦布跨过阿内加达海峡，到了维尔京群岛。这里的岛屿星罗棋布，美丽娴静得像徜徉在碧海中仰泳的少女。有人问，该给这些岛屿取个什么名字呢？哥伦布说，这些荒无人烟的处女岛，数也数不清，难以一一命名，就叫“一万一千个处女岛”吧！“处女”在西班牙语为“维尔京”，后人就称它为“维尔京群岛”。

在维尔京群岛的圣克鲁瓦，哥伦布大肆搜捕少年男女，抓走了几个印第安人，为此遭到了加勒比人的强烈反抗。在归途中，被一只由加勒比人驾驶的独木舟截住。哥伦布描述说，加勒比人只有 6 个，对抗 25 个西班牙人，但他们作战非常勇敢，让西班牙人尝到了苦头。

在小安的列斯群岛遭到印第安人强烈反抗的哥伦布，大约于 11 月 25 日离开了小安的列斯群岛，匆匆地驶过了莫纳海峡。在海地岛的东端取得粮食和淡水后沿着北岸向西前进，17 艘大船终于在第三天夜晚到达美洲第一个殖民地——纳维达特。哥伦布心有余悸，靠近岸边时，先发了一炮，但毫无反响。他情知不妙，天明上岸后，首先映入眼帘的是，满目疮痍，人烟绝迹，无限凄凉。这种景象令探险者们目瞪口呆。

行前哥伦布曾经叮嘱留守人员，如遇突然袭击，就把掳来的黄金宝物埋在地下，或者扔到堡内的那口井里。而且他也确信，当他回来时至少能看到一吨黄金。于是他下令群起搜索，却连什么也找不到，就连大酋长瓜卡那加的府邸也遭到了焚毁。

原来，留守的40个人，在哥伦布前脚刚一离开，他们后脚便撕掉了哥伦布“文明掠夺”的面纱，到处抢夺黄金，绑架女人，结果被勇敢的酋长科阿博一个不剩地收拾干净。而纳维达特也被付之一炬，夷为焦土。

瓜卡那加大酋长得知哥伦布到来，很忠实地向哥伦布说明所发生的情况。神甫博伊尔要求不加审讯，立即处死瓜卡那加，以血祭死者。但哥伦布基于种种打算，最后还是赦免了他。

纳维达特成了废墟，哥伦布便沿岸跋涉，终于在东距纳维达特不远的一个港湾创建了一个新的殖民据点，并组成了以他的弟弟迪戈为首的西班牙在美洲的第一个殖民地统治机构，哥伦布将其命名为“伊萨贝拉城”。

然而，这儿当时还是一个蔓草离离、疫病丛生的不利于健康的土地，很多人一开始就病倒了，而且还得砍树、盖房、种庄稼。因此种种怨言随之产生。哥伦布没有统治殖民地的经验，又是一个外邦人，很难驾驭他们的军官、贵族、僧侣们。所以，这个殖民据点当时根本就没有建设好。

接着，迫使哥伦布西航之后的主管人巴托罗苗让哥伦布迁至南海岸。1496年，他在那里建立了美洲第一个永久性殖民地——圣多明各。

哥伦布把移民草率安排之后，又重新开始探险活动。这次兵分2路，一路由他亲自率领，另一路由阿隆索·奥赫达领导。在新的世界举行了第一个宗教仪式之后，就立即出发了。

哥伦布自己继续航行，深入内地，在一个名叫伊尔戈斯（即君子之门）的小山谷中，他们第一次窥见了西复的韦加·雷亚尔（意即“富丽的平原”），这是哥伦布给它起的恰当的名字，直到今天还沿用着。

他们一路接受土著人给他们的丰盛礼物。可是印第安人不懂得为什么西班牙人总是不让他们分享一些士兵的装饰品作为回报。哥伦布让印第安人背过北亚克河后，就筑起了他的另一座城寨圣托马斯，并搜罗了许多金块。回程花了29天，但由于黄金的鼓舞，他们能够忍受艰辛，“强壮而又健康”。

1494 年 4 月 9 日，探险队第二次从伊萨贝拉城出发继续探险时，又与印第安人发生了一次冲突。

4 月 24 日，哥伦布把他的弟弟巴托罗苗和博伊尔神甫留下看管伊萨贝拉城，自己率领 3 艘风帆船继续航行。

4 月 27 日，哥伦布发现了现在的牙买加岛。

牙买加气候宜人，阳光明媚，山谷、溪流遍布全岛。当地人称它是“泉水和溪流的地方”，音译就叫“牙买加”。

哥伦布初到牙买加时，当地土著人并不惧怕他们，而且很乐意把自己带来的东西给予基督教徒，只要他们需要。

但是，哥伦布及西班牙人对这种友谊毫不理会，他们一如既往，只知道黄金和掠夺，这就激起了印第安人的反抗。

哥伦布于 1494 年 8 月 9 日离开了牙买加。在历经艰险之后，于 8 月 20 日看见了海地的南半岛。沿着海岸往西去雅克梅尔湾，他认为这一定又是埃斯帕尼拉了。月底，哥伦布发现了该岛最南端的阿尔塔·贝拉岩。6 天之后又发现了圣多明各湾的埃纳河口，他从那儿马上派信使向住在伊萨贝拉城的殖民队报信。接着，哥伦布继续沿着还未探索过的南岸向东航行，发现了绍纳岛——多米尼加共和国最大的外缘岛屿。

正当哥伦布从恩加尼奥角改变航向，去搜索加勒比人为奴隶以代替黄金运回国内时，他突然患了昏睡症，同死人一般。船队会议立即决定放弃掠夺波多黎各的计划。9 月 29 日，在伊萨贝拉把哥伦布送上了岸。

1494 年 12 月 9 日，一批船只先行驶返西班牙，由于很多船员受过哥伦布的惩罚，怨气未消，遂大肆诽谤哥伦布，给以后的远航探险带来无穷的障碍。

在 1495 年 1 月 3 日西班牙人与土著人之间的一次决定性战役中，印第安人被哥伦布彻底击溃了。这场毁灭海地印第安人的战争，足足打了 9 个月，可谓惨绝人寰。

然而，哥伦布的坏运气已被注定，无法改变。

1495 年 8 月，伊萨贝拉女王听信了谗言，显然对哥伦布这个人心怀疑惧了。她违背与哥伦布达成的五条协议，颁发了一道敕令，准许其他人也可以到“西印度群岛”去开采黄金，而将收入的2/3上交国库，并派大臣阿瓜多前去“慰问”，以了解真情。阿瓜多是个得势便猖狂的小人，来到海地以后，便以总督自居，一些人又如蚁附膻地依附了他，群起攻讦哥伦布。哥伦布估计来者不善，但起初还未介意。稍后，分歧越来越大，终于被迫于1496年3月10日，带着225名随行人员和30名印第安人返回西班牙。在他离职期间，他的兄弟巴托罗苗代理他的职务。

在哥伦布返航途中，风险浪恶。早些时候，哥伦布派船向西班牙运回黄金和印第安人的时候，一场飓风一下子毁坏了他的船只。而这一次，只有阿瓜多的船只为风浪所毁。

过了3个月，即6月11日，哥伦布抵达加的斯湾。这次归来，情况已今非昔比了。他受尽了白眼，坐够了冷板凳。斐迪南冷淡他，朝臣嫉恨他，市民也骂他是骗子。据说伊萨贝拉态度还较温和，但忙于王子的婚事，也无暇接见他。哥伦布日日踯躅街头，惶惑地等候了很久。

登陆美洲

1498年5月30日，哥伦布开始了他的第三次远航探险。

哥伦布第二次远航归来是很不得意的。直至西班牙王子婚事完毕，伊萨贝拉才召见他。对一些谗言采取了比较冷静的态度，有时甚至还为哥伦布说好话。最重要的是，她答应哥伦布再度远航，给他一笔巨款，命他组织三四百人前往。而且撤销了上次的敕令，授予哥伦布有分配土地给别人的权力。

伊萨贝拉的以信待人令哥伦布又恢复了自信与希望，他立刻着手远航的准备工作。

首先碰到的是移民问题。新世界不但是个销金窟，而且也是个吃人的世界，那些尸埋异地的家庭又哭又号，闹得满城风雨。一些在西班牙尚能糊口的人，谁也不敢再入此门了。

于是哥伦布把眼睛转到罪犯。伊萨贝拉下令：凡被判死刑者，在新世界需要留住2年，而其他罪犯只需留住1年，就可被赦免罪行，自由回国。但附带条件是，旅费一律自理。几乎不用点明，这实际上是把祸水外引，鼓励这些亡命之徒到美洲去大肆掠夺。

在筹备过程中，由于王子突然去世及哥伦布殴打、辱骂一些囚犯，伊萨贝拉几乎中止了哥伦布的探险生涯。但是，要在美洲殖民，就得在美洲进行管理和新的冒险，谁愿意去呢？伊萨贝拉只能再让哥伦布这个外国人去蝉联这次探险的主角。

好不容易，哥伦布率领6艘征帆，从加的斯西北的散鲁加出发。他下令3只船带齐粮食补给及一些仪器、机械、种子等物，直接前往海地，其中一只船由他的妻兄斐德罗率领。其余三只船由他亲自率领，选择一条更南的航线西行。

哥伦布在伊萨贝拉面前说他已经到达了亚洲大陆，马上就可以到达中国和印度了。但是，究竟能不能到达，他自己也十分担心。为此，他曾去请教过当时一个很有学问的珠宝商。这个80多岁的老人回答说："宝石、黄金、香料和药材，是从那些居住着黑色的或棕色的居民的南方国家运来的。按照我的意见，您要遇见这样的居民以后，才能找到这些物品。"

哥伦布又联想起葡萄牙国王若奥二世同他的谈话，那次谈话，若奥二世强调陆地位于南方。而且葡萄牙人这时已在塞拉勒窝内搞到黄金，在几内亚弄到黄金、象牙和黑奴。这些地方的纬度均在海地和古巴之南。在历史上，古希腊哲学家亚里士多德曾认为：凡同一纬度的地带，都富有同样的物产。

因此，哥伦布决定，选择一条更南的航线，先驶抵佛得角群岛，然后再向西南航行，直到南纬5～10度之间，才转向西北前进，使整个航线几乎处于赤道之内。一路上倒也风平浪静，只是几乎所有人的脸面都像黑色的面包干一样，有时几乎渴死。

在赤道的海面上，哥伦布足足煎熬了2个月，受尽了艰辛和埋怨。然而，在困难面前，他说："劣境而为大事者，不孤注一掷，不得已也。""成大功者，非有破釜沉舟、背水一战勇气不可。"

1498年7月31日，哥伦布发现三座大山并立在一个岛上，这就是现在的特立尼达岛。这个名字是哥伦布起的，意思是三圣——圣父、圣母、圣子一体岛。

特立尼达岛，热带情调极其浓厚，风光绮丽，是蜂鸟的故乡，一向有

"蜂鸟岛"之称。印第安人就叫它为"伊丽"，即"蜂鸟之乡"之意。

次日，哥伦布停船靠岸。这时，有一大批独木舟围拢过来。这些独木舟上坐着24名武装"士兵"。据哥伦布记述："他们很年轻，而且体格健壮。比我在印度（指西印度群岛）看到的土人都白些。体形很优美。他们的头发长而软，头上缠着经过精良加工的各种颜色的棉纱头巾，有几个人用这些头巾围绕腰身，代替裤子掩着身体。"

特立尼达岛

哥伦布没有对这批特立尼达人多加理睬，他无心寻风问俗。他一心追求的只是黄金。他只在一个他称为加莱拉的港口略事休息，修理船只，便不辞辛劳地到处搜集金矿的情报。他看见许多人脖子上都佩戴金镜，但都无意出售或赠予。

在此期间，他还发现了多巴哥，但没有上岸。多巴哥的名称由"淡巴菰"（即烟草）转讹而来。由于哥伦布没有上岸，所以它一直保持着这个印第安人的名字。而特立尼达由于哥伦布的忽视，直到1530年，西班牙才从波多黎各派去一个名叫塞登诺的总督，进行殖民统治。

没有更令哥伦布满意的发现，在失望之余，又发现了委内瑞拉。

委内瑞拉这个名字是以后意大利的亚美利哥·韦斯普西起的。他看到这一带海岸非常奇特优美，而当地印第安人的房屋，又建于架在山中的木桩上，背靠蓝绿的大海，很像意大利的威尼斯城，便将它叫做"委内瑞拉"，即"小威尼斯"之意。

当哥伦布发现此地时，他误认为是一个岛屿，就将之命名为"伊斯拉·桑塔岛"，意即"圣岛"。而1499年，奥赫达则称之为"马拉开波"，意即“陆岸”。

哥伦布在委内瑞拉并未多加逗留，随即穿过了他命名的“谢珮尔海峡”，摸清了把委内瑞拉和特立尼达隔开的这个海峡的险要之处。100 多年以后，即 1637 年，一个荷兰人在他写的报告中说：“西班牙人在穿过德拉贡海峡（即谢琨尔海峡）之前，许愿要向圣安东尼做一场弥撒，求他保佑过关。今天当人们读到这一段时，也就很容易理解哥伦布船队多年在那样的险道上所遭到的种种困境了。”

8 月 13 日，哥伦布发现了库马纳和玛格丽塔岛。那里的印第安人在颈上、胳膊上戴着一串串珍珠，而且毫不吝啬地送给登岸者们许多。因此，哥伦布把那里称之为“珍珠岛”，音译即“玛格丽塔”。而库马纳一带就称为“珍珠海岸”。

当哥伦布沿着整个委内瑞拉海岸航行之后，他已确信找到了一块大陆，他已来到了“人间天国”。

在古代的欧洲，有一种宗教传说：东方的尽头就是“天国”。那里地势极高，可以接触到月亮和星星。那里有许多在王宫里也罕见的珍宝，深情娇妍的仙女过着富裕的自然人的生活。

哥伦布在这里不但为珍珠宝气所眩惑，还偶然地发现了这里的海水是淡的。

原来，当他穿过谢珮尔海峡时，天气很热，船员中发生了武斗。一名船员被抛入大海，他在海里喝了几口海水后，突然高喊：“淡水！淡水！”哥伦布接连打了几桶尝尝，都是淡的。这一海上甘泉的发现，更使他相信已经到了所谓的人间天国。

哥伦布船队当时正处于南美的奥里诺科河河口，这里，年降水量达 3000 毫米，淡水奔腾而来，海水成了淡水就毫不奇怪了。

事实上，这是一种自然现象。目前，在美国佛罗里达州的东海岸、夏威夷群岛的周围，在古巴的南部海岸，在日本的若狭湾的高滨附近、千叶县东京湾一带都发现了“海上甘泉”。有趣的是，20 多年前，日本北海道一支捕鱼船队，开到阿根廷沿海作业，发报求援淡水，收到的回答是：“贵船即浮在淡水水面”。

由于哥伦布误认为已到了“人间天国”，所以在 1498 年 10 月他给西班牙国王写了一封信。信中说：帕里亚湾就是东方的尽头，《圣经》上所说的“人间天国”一定在帕里亚湾的内地。他认为，地球并不是像人们所说的那样的一个球体。通过对海洋、陆地、河流的考察和计算，他证明，地球的形状“像一个梨，除了向外突出的颈部形状是圆的，或者说是像一个非常圆的球，球的一面好像女人的奶头，奶头或茎部是最高头，也就是和天最为接近的地方”。帕里亚湾的淡水就是从乳头上奔流入海的，而乳头“就是人间天国的所在”。他到了帕里亚湾，实际上已接近乳头，即接近于亚当和夏娃的老家伊甸园了。哥伦布的这一新见解，历来为人们所指责。

正当哥伦布以为已经到了“人间天国”准备登陆的时候，突然一位水手前来报告：“运往海地的食品迅速霉烂”，哥伦布本人也患了“脚风病”，而且眼睛红肿，他不得不马上改变航向向海地驶去。

一路上，哥伦布深深怀念着发现淡水的情景，有时他甚至说：“这样的大河只能存在于宽广的大陆上，这块大陆辽阔无比，至今没人知道。”

哥伦布这回真的猜对了。也许是偶然性的捉弄，他走上了南美的大陆面前，却又当面错过了它。

1498 年 3 月 31 日，哥伦布狼狈不堪地回到了海地。留守海地的大法官罗尔丹听到哥伦布回来的消息，就跑到哈拉瓜西山中他的印第安人朋友的山寨里。他在东部的印第安人盟友瓜里奥内，在萨马拉半岛上，经过苦斗后被穷追而就擒。这样，罗尔丹等人的暴动算是被平息了，但是哥伦布却不敢得罪罗尔丹，他力求妥协，最后答应了两个条件：一是，凡愿回国者，可以携带他们所有的全部财产和奴隶，自由地返回本土，并可向他们提供 5 只大船；二是，凡不愿回国者，对他们实行一种新的制度，即“大授地制”。

大授地制大体上是从封建的西班牙抄袭来的，在哥伦布时期已在殖民地中建立，以后又推广到整个西班牙的殖民世界，直到 1720 年才最后取消。

哥伦布这次远航，还充分运用了他在几内亚学来的奴隶贸易的切身经验，把 600 个印第安人运回西班牙。他认为加勒比人是“长得匀称、很聪明的野蛮人，适宜于任何劳动”。哥伦布是第一个贩卖印第安人的经纪人。

美洲探险

根据各方面的情况及以往经验，哥伦布相信，在他新发现的地区和中国、日本之间隔着一个大陆，日本不在海地，中国不在古巴，亚当和夏娃的伊甸园也不在那个乳头上。他还记得，在加勒比海的西部海域，从古巴到达连湾这一大片地方尚未探查。

于是，他就用这个题目再次向伊萨贝拉建议作一次探险。哥伦布相信，这一次一定能够找到一个海峡通往中国，而马可·波罗就是通过这个海峡从中国回到欧洲的。

1502 年 2 月 26 日，哥伦布开始准备第四次远航。5 月 11 日，哥伦布率领 4 只帆船和 150 人开始了第四次即其最后一次远航探险。

行前，伊萨贝拉送给他 2000 枚金币，并命令他除正式占领所发现的一切地方以外，要特别搜罗黄金、白银、珍珠、宝石和香料等财富。此外，还告诉他，他所发现的“印度群岛”加了一个“西”字，称为“西印度群岛”，并同意哥伦布对土人的称呼，叫做“印第安人”。

这一次航行中，哥伦布三兄弟连同他的小儿子斐迪南也一同前往，但送行者却寥寥无几，凄凉冷落。

6 月 29 日，哥伦布的船队抵达“神秘的魔三角”。“神秘的魔三角”又称“百慕大三角区”、“死亡三角区”，是指北至百慕大群岛，西至佛罗里达海峡，南至波多黎各的一片海域。这个三角形的海域每条边长约 2000 千米，是哥伦布探险的必经海区。

1492 年，哥伦布首次横渡大西洋，穿过沙尔加索海去新大陆时，他发现，经过这个海区时磁罗经的指针有异常变动，它所指的已经不是真正的北方，而是从真正的北方向西北方向偏离了 6 度。哥伦布从这里第一次发现了磁罗经的磁差，并将之记载在航海日志上。

这一次，他们抵达这一海区的时候，又发现这里的气候变化异常迅速。分明是烈日高悬，晴空万里，一瞬间却乌云密布，狂风怒号，波涛汹涌。哥伦布是一个老练的航海家，但从未见过这种景观。他这样描述了当时的情景：“波浪翻滚，一连八九天，我两眼不见太阳和星辰，我这辈子见到过各种风暴，可是从没遇到过时间这么长，这样狂烈的风暴。”

这些历史上最早关于“神秘的魔三角”的记载，当时并未引起人们足够的注意，而被简单地看作是一些偶然性的情况。然而，以后这儿就频频出事了。近70多年来，在此地区有100多架飞机和船只被“蒸发”，有数以千计的人丢掉了生命。最令人惊奇的是人们从未找到失事者的一点遗迹。直到目前为止，“神秘的魔三角”仍然是令人充满恐怖的地方。

现在，可以谈谈奥万多归航的故事了。奥万多到海地不久，就大发横财。一天，万里无云，真是好天气，他准备催船出发。

哥伦布凭着他数十年的航海经验，预感到将有怪事发生。他多次忠告奥万多，请他稍缓数日方可启程。奥万多不听忠言。结果，他的庞大船队在刚刚驶过莫纳海峡之后，就有20艘船沉没。船上载有罗尔丹、博巴迪拉、瓜里奥内等人，还有价值20万西班牙旧币的黄金，其中包括在西印度群岛发现的最大的天然金块。只有1艘，恰恰是载着哥伦布儿子迪阿哥的财产的那艘船，却挣扎着到了西班牙。其余剩下3艘驶回了海地。

哥伦布是怎样知道在那万里无云的天气，将会有怪事发生呢？他又是怎样安全渡过“神秘的魔三角”海域？这迄今还是个谜。

哥伦布在海地略为休整之后，5月11日，率领4艘船继续西航探险。目的是实现他找寻一个海峡，以便作环球一周的打算。当然，还有搜罗黄金的欲望。

此行，他基本上是在他所谓的“黄金半岛”，即中美洲和南美洲的大陆沿岸航行的。他在这里转游了将近1年。

在哥伦布到达之前，美洲原已有许多土著部落。有人估计，他们的总人数约有4000万，语言和方言足有1700种之多。这些土著居民，遍布整个西半球：在西印度群岛有加勒比人、泰诺人等；在北美有爱斯基摩人、阿留申人、易洛魁人、克里克人等；在墨西哥和中美洲有阿兹特克人、玛雅人等；在南美大陆有奇布恰人、印加人、瓜拉尼人、恰鲁亚人、阿拉乌加尼亚人等。

当时，哥伦布误认为他所到达的地方是印度，所以将当地原有居民称为“印第安人”。从此，“印第安人”就成了美洲所有当地土著居民的代名称。

1502 年 8 月初，在加勒比海的瓜纳哈岛上，哥伦布发现南方隐约有山脉，便断定那儿有陆地。结果在 8 月 13 日，他发现了洪都拉斯。

洪都拉斯森林茂盛，水果甚多，一向以“香蕉之国”驰名于世，有色金属丰富，年产白银 100 吨以上，黄金产量也不少。这里还有一种奇特的蝴蝶，它能制服小鸟，且和候鸟一样，春天从洪都拉斯飞到加拿大，秋天从加拿大飞回洪都拉斯，航程约 4000 千米。

哥伦布刚到此处时，此地原名“瓜伊穆拉”，是以一个印第安人的部族命名的。以后，改名为洪都拉斯，其中却有一段故事。

原来，此地海水甚深，海流湍急，而且常刮逆风，使哥伦布一行开始时无法登岸。上岸后，他们声称“终于跳出了无底的深渊”。于是，哥伦布便称此地为“深深的海洋”，西班牙语音译为“洪都拉斯”。

8 月 14 日，哥伦布在洪都拉斯第一次登上中美洲大陆。他发现，这里印第安人的经济已有一定的发展。斧头是铜做的，土人们都围上染色的粗布，从事着玉米、豆类、木薯等农业；有简单的商品交换，在树叶搭起的遮篷里摆着许多物品，而可可豆就是他们交换的媒介。哥伦布等人在这里第一次尝到了香蕉的味道。

然而，当他把黄金的样品，向一条独木舟上坐着的人询问时，却大失所望，舟中人不约而同地把手指向东南方。哥伦布也太马虎了，如果稍为深入的话，他是可以发现黄金的。然而，他仅仅待了 3 天，便草率地把西班牙的国旗插在这里，宣布正式占领这个地方。这样，他就再一次没有逃脱他以后“如斯薄命”的悲惨下场。

9 月 14 日，哥伦布发现了“神恩角”。“神恩角”现名格拉西亚斯—迪奥斯。这个名字也是哥伦布取的。他在洪都拉斯未圆黄金梦，以后又遇到了不少险境，特别是他知道了小儿子斐迪南身罹重病，更使他五内俱焚，愁病交加，正如他所说的“数度濒于死亡”。到了此地，为了感谢上帝在那样险恶的形势下把他安全送到，于是，他就起了此名。

接着，哥伦布便发现了尼加拉瓜。

尼加拉瓜这个名字是根据当地印第安人尼可罗部族的音译演变而成。这里是巧克力的故乡。可可最早就产自尼可罗人之手。他们不但将其作为可交换的媒介，而且将其烤熟磨碎，做成各种食品和饮料。以后，可可便传到墨西哥，墨西哥人用它调制成一种饮料，称之为“巧克力特尔”，这就是巧克力一名的由来。现在英语中，巧克力一词就是从印第安人的语言中来的。

尼加拉瓜美景

直到现在，关于哥伦布第四次航行的路线还有争论。原因是，哥伦布自己的记述十分混乱，而且当时还没有成立现在的国家。不过，可以肯定，这次航行，哥伦布是没有到过现在的委内瑞拉的。所以，哥伦布记述的“委拉瓜”似为现在的“尼加拉瓜”或现在的“哥斯达黎加”。

在尼加拉瓜，哥伦布结识了奎必恩酋长。据哥伦布说，奎必恩曾吩咐印第安人带他们去遥远的矿区，他们上岸后不久就发现几处金矿。奎必恩还说，在他自己的领域内，如果有人要黄金，在10天内就可获得大量黄金。

在尼加拉瓜，哥伦布沿着莫斯托海岸探险之后，到了卡里小村。在这里，他换到了几个印第安人，充当他南行的翻译。原因是，这里语言十分复杂。这几个印第安人伴随他们走出了腊马人的地区，到了圣胡安河口的卡里阿里时，就同他们分手了，声称他们已到达了这个“国家”的边界。

大约是8月15日，哥伦布发现了“哥斯达黎加”。

哥伦布大约是在现今的利蒙港登陆的，待了17天。到达时，发现这里人烟稠密，金饰甚多。这里的加勒比人非常好客。他们见了哥伦布，既有点儿害怕，又有点好奇。而酋长则按照习俗，为了对客人表示尊敬，向哥伦布呈献了两个健美的印第安人少女。后来，哥伦布退还了这两个少女，加勒比人也退还了他的礼物。此后，哥伦布即离开了哥斯达黎加。

哥伦布为了寻找通往中国的海峡，在巴拿马转游了好久。

哥伦布在巴拿马的奇里基湖畔打听到有一个叫做“西加雷”的地方有大量黄金，他深信这里离印度不远了。为了寻找西加雷这个黄金宝地，哥伦布来到莫斯基托湾的费拉瓜河与贝伦河口，并在此修了一座寨堡。不料，印第安人对他发动猛烈攻击。这个寨堡不久便被焚毁了。

哥伦布离开巴拿马以后，就到了现在的哥伦比亚的达连湾。哥伦比亚这个名字是19世纪初，哥伦比亚独立时，为了纪念哥伦布而命名的。然而在这样一个地方，哥伦布却一涉足就离开了。可能他认为，此地于第三次远航时已到过，该地的风土人情和巴拿马相仿。

1503年6月24日，哥伦布一行在返航途中被巨风吹到了牙买加。这一次，他在这个孤岛上被困守了整整1年之久，直到1504年6月28日才离开。在这个远离欧洲，远离故乡的孤岛上，哥伦布写了一封著名的《致西班牙国王和王后书》。这封信回顾了他毕生的经历，充分流露了他的“壮志凌云英雄迟暮，追求黄金徒作走卒”的悲愤心情。他说：“20年来，历经艰辛、危险的航海生活，并未使我得到丝毫利益。直到今天在西班牙还没有我的住宅。我的饮食起居都是在客栈或旅馆，别无他处可去，而且我多半的时间是无法付账的。”“而今我已满头白发，我的身体孱弱衰老，而蒙辱至此，可谓极矣。”他要求国王“恢复我的名誉，偿还我的损失，惩罚加害于我的人。”

由于与海地总督奥万多之间的深刻矛盾，1504年9月12日，哥伦布作为一个“不受欢迎的客人”离开了圣多明各，11月7日抵达西班牙。

这最后一次航行，出航时，哥伦布的远征队有150人。返回时，仅剩下一半，另一半淹死、病死或战死。出航时，哥伦布所征集的4艘船全部覆没，返回时，只好租了别人一艘船，任务没有完成。可是，他在写给女王的一封信中却硬说：“我于5月13日到达蛮子省，那就是中国的一部分。”在另一封信中又说，他到了“大汗”国境，如果能活着回到西班牙，他就要带领一帮人去“开化”中国人信奉基督教，云云。在这一点上，他真是至死不悔，顽固无比。

哥伦布回到西班牙时，伊萨贝拉已经气息奄奄。这位善于用青草和钢鞭驾驭烈马的西班牙女王基于封建主和资产阶级的利益，她统一了西班牙，在她执政期间，西班牙成为最早的一个海上强国和殖民地宗主国。

伊萨贝拉临终前留下4条遗言：（1）奥万多违反圣旨，着即革职回国。（2）赦免哥伦布的一切罪行，着令奥万多把西印度的财产，是哥伦布的全部归还哥伦布。并继续支持哥伦布的探险事业。（3）调整对印第安人的政策，用较缓和的方法进行统治。（4）在她的坟上，只立一个石碑，切勿厚葬。

以上4条遗嘱，斐迪南国王当时是满口答应的。但实际上，除了最后一条外，其余则人死事了，或公然违反。

奥万多并没有被革职回国，而哥伦布的财产却被没收了。理由是，哥伦布所获得的还抵偿不了他的航海费用，所以没收其财产是为了偿付这笔费用。

伊萨贝拉之死，对哥伦布是一个沉重的打击。他失去一个知己，更重要的是失去了一个靠山。加上他过去太露头角，积怨已深，再也没有人理会他了。此时的哥伦布无以为生，只好靠借债度日。

1505年，困苦难熬的哥伦布，又强打精神去见斐迪南一世。他申诉自己的困境，要求发还财产，并再次要求落实伊萨贝拉的遗旨，支持他继续探险。斐迪南断然拒绝了他的一切要求。哥伦布已经无望了，只好如怨如怒地说："既然陛下违背女王的谕旨，那我也不必争执了。好在上帝保佑我，让我完成了这样一项事业，我死也可以瞑目了！"从此他就匿居于一个小村镇上。

1506年5月20日，哥伦布在没有权力、没有荣誉、没有财富的困境中凄凉地死去。临死前，他还惦记着在牙买加那些与他共患难的水手，断断续续地说："他们历尽艰险，可是如今却仍然一贫如洗。"但是，却没有一个人为他一洒同情之泪。他死得这样无声无息，直到1543年，才在一个官方的简短记事中提到：被"称为海军元帅的那个人去世了"。甚至他死在什么地方，还要历史学家加以考证，才弄清楚。

哥伦布死了，但是欧洲人对美洲的探险和殖民活动并没结束。

麦哲伦环球航行

麦哲伦的一生充满了传奇色彩，他的环球航行迎合了时代和人类的需求。从当皇后侍童的时候起，航海梦便深埋于他年幼的心里。航海，是他一生的梦想。他的航海之路充满了艰辛曲折，与此同时也带给他自己和世界巨大的殊荣。环球航行的成功，使一个英雄的梦画上完美的句号。

环球航行第一人

在郑和首次远航后100多年，葡萄牙航海家麦哲伦做了另一次规模较大的远航。他首先向葡萄牙国王提出远航的申请，没有得到支持，远航的计划未能实现。后来，他又到西班牙去，终于说服了西班牙国王，同意他率领一支西班牙舰队远航。他们从西班牙出发，穿过大西洋，绕经南美洲的最南端，横渡太平洋，去寻找到达印度的西航道。舰队于1515年9月20日启航，一直向西航去。3年后，环绕地球一周，从东面回到了西班牙。

探险队在3年的时间里，遇到了一些想象不到的困难，经历了无数的艰险。在航行中，储备的粮食和淡水用光了，最后，连船上的老鼠和皮带都被吃光了，船上的病号越来越多。可是，他们仍坚持着在风浪险恶的海洋里继续航行，最后终于环绕地球航行了一周。当他们胜利回到西班牙的时候，5艘军舰和256人的舰队，只剩下一艘军舰和18个人了。

麦哲伦舰队的环球旅行，证实了地球确实是个球形，人们形象地把它叫做“地球”，并把麦哲伦称为环球航行最早的人。

当年麦哲伦船队18名生还者回到祖国后，西班牙国王特地令人精心制作了 7 个圆形的地球仪送给他们。球面上镌刻着一行西班牙文："你们首先拥抱了我!"现代探险家纷纷追随麦哲伦的足迹，争先恐后驾驶着比当年麦哲伦探险船只还要小得多和简陋得多的各种形形色色的航海器具，轮番进行"拥抱"地球的环洋探险。

世界上的单身环球航海探险已有近 100 年历史了。说来简直难以置信，首创这一壮举的竟是一位 55 岁的老人，乔舒亚·斯洛克姆。他于 1844 年生于加拿大，以后成了美国公民。乔舒亚 14 岁时被父亲送上船当差，18 岁当二副。后来他买下一条三桅帆船，自己当船长。他和妻子以船为家，一生中经历过许多风险。以后妻子去世，儿子离他远走高飞，遭受这多次生活上的打击，乔舒亚对家庭生活不再感兴趣了。他渴望回到大海里去，做一次没有先例的单人单船环球航海探险。

麦哲伦

1895 年 4 月 24 日，他乘着朋友赠送给他的一条旧的单桅小帆船"浪花"号（长 11.3 米，宽 4.32 米），从美国东海岸的波士顿向东进发了。船里放着朋友送来的腌鳕鱼、鱼油、鱼叉、炉子、马灯等必需品。他变卖家当，买了一些食物和 6 只橡皮桶，用来装淡水。出发的时候，他身上只剩下一个半美元。他先向北航行，访问了几个港口，最后来到加拿大的亚默斯港。7 月 2 日，他从这里启航，驶向波涛汹涌的大西洋。18 天后，到达亚速尔群岛中的法阿耳岛。8 月 4 日，越过大西洋，安抵直布罗陀港。他本想通过地中海穿越苏伊士运河，经红海进入印度洋。可他在小酒馆里听人说海盗经常出没于红海，便改变计划，再次跨越大西洋，从相反的方向环球航海。

经过与大风大浪的40天艰苦搏斗，“浪花”号来到巴西的伯尔南布科。不料船搁浅了，幸好船体没破裂，附近渔民赶来抢救出了他的船。他终于驶过麦哲伦海峡，进入浩瀚无涯的太平洋，绕过一个又一个的小岛，来到澳大利亚。他在塔斯马尼亚岛上度过了整个夏天。4月2日重新启程，进入了印度洋，然后越过好望角，又回到大西洋。1898年6月28日，“浪花”号返回美国罗德艾兰州的新港市。至此，乔舒亚历时3年2个月零2天，漂泊85000千米的环球远航，终于凯旋完成了。这一下，他可成了举世皆知的风云人物了。他撰写的《只身环球航行》一书也成了畅销书。人们还仿照他的“浪花”号造了许多单桅小帆船，以他为榜样，纷纷驾船出海远航探险。

1909年春，不甘于平庸生活的乔舒亚刚从西印度群岛回来，庆祝完自己67岁的生日后，又计划趁自己精力还好的时候，再做一次长距离的远航探险。这年秋天，他乘“浪花”号出发，准备沿南美洲的奥里诺科河逆流而上，经内格罗河进入亚马孙河，探索它尚未为人所知的发源地，然后顺流而下进入大海。可是他出发后不久，人们就再也没听到过他的消息，他神秘地失踪了。有人说他是在半夜里被一艘大船撞翻落水淹死了。乔舒亚就这样结束了自己动荡的一生。但他孤身一人环球航海的探险事迹，却永远留在人们的记忆中。

无独有偶，1966年8月的一天，又是一位老人，6年前夺得单人帆船竞渡大西洋冠军的65岁的弗朗西斯·奇切斯特，独自驾驶一艘“舞毒蛾”号带帆游艇，从英格兰海岸出发，南下大西洋，横渡印度洋，仅在澳大利亚停靠了一次，就直穿太平洋，于1967年5月28日一口气驶回英格兰，用了274天的时间航行了近48000千米，创造了当时小艇环球探险的世界纪录。英国女王为此授予他爵士称号。

1980年4月23日，38岁的英国人大卫·斯科特·考珀，驾驶一艘长12米的带帆游艇，完成一次破2项纪录的环球航海探险，胜利地返回他出发的地方——英国南部的普利茅斯港。当考珀进入港口时，游艇协会一门加农炮响起炮声，举行了一次英雄式的欢迎仪式。考珀这次环航经历的时间是249天，但只有225天是在海上航行，其他时间是在海港度过的。这个成绩比奇切斯特在1967年创下的海上226天的纪录缩短了整整1天；他从离开启航地到返回启航地整个旅程的时间，比戴·内·詹姆斯在1978年创下的272天的纪录提早了23天。考珀是英格兰纽卡斯兰的一名测量员。当他离开蓝色游艇走上岸，抱起他的儿子弗里迪时，他说："我已经破产，但是感到快乐。这次探险花了我所有的家财，但这是值得的。随后，他跟妻子拥抱在一起。尽管48小时没有睡过觉，考珀仍然精神奕奕。

1984年，考珀再次孤身一人驾驶12.8米长的摩托汽艇"荷兰马贝尔"号，仍从普利茅斯出发，经巴拿马运河，再回到普利茅斯，用170天2小时15分环绕地球航海一周。这是世界上首次汽艇环球航海探险，他航行的平均速度为226.7千米/日。

投身于环球航海探险的，不仅有男人，也有妇女和青少年，甚至一家人坐船周游世界的。美国有一部有名的电影《鸽子号》，就是根据17岁美国少年罗宾·格雷姆只身操纵"鸽子"号小帆船，从美国西海岸的洛杉矶出发，环航地球5万多千米的真实故事拍摄的。世界上第一个单独驾快艇进行环球航海的女探险家，是位42岁的波兰妇女克雷斯登娜·霍依诺夫斯卡—里斯凯维奇。她于1976年3月28日由邻近非洲大陆的加那利群岛首府拉斯帕耳马斯向西航行，横渡了大西洋、太平洋，经澳大利亚再跨过印度洋，绕过好望角，航行5万多千米，最后在1978年4月21日返回出发地。

还有一个保加利亚人顿乔·帕帕佐夫，带着妻子尤丽娅和7岁的女儿雅娜，自1979年4月29日至1981年6月14日，驾驶"季维亚"号快艇，从保加利亚的索佐波耳启程，经过黑海、地中海和三大洋，绕过好望角，穿过直布罗陀海峡，返回索佐波耳，完成了为期2年多共777天的环球航行，行程总共7万多千米。这对夫妇对研究海洋浮游动植物和海洋污染等有浓厚兴趣，他们曾受联合国教科文组织委托，进行过多次海洋考察。由于女儿不在身边，尤丽娅不免感到寂寞、忧虑和痛苦，于是在做环航探险时就把雅娜带上了。小雅娜从不晕船，她在暴风骤起、小船猛烈摇晃的情况下也不抱怨。她总是穿着救生衣呆在甲板上。当父亲不得不把她绑在桅杆上以防狂浪把她冲下船时，她总是感到自尊心受了伤害。这次远航中，她在父母指导下学完了保加利亚小学1~4年级的课程，人也长大了，锻炼了身体，磨炼了意志。

自20世纪70年代末以来，世界上又开始流行无间歇环球航海探险，除了途中不得靠岸休息外，途中不得补充淡水、食品、燃料、设备、机械配件，以及诸如此类的任何物品。第一个单人不靠岛环球航海的是波兰人亨利·雅斯库瓦，他是波兰快艇俱乐部成员，曾进行过多次远洋航行。1979年6月21日，他驾驶机帆船“普舍米斯乌献礼”号，离开波兰格丁尼亚港口，经英吉利海峡驶入大西洋，穿过赤道，绕过好望角进入印度洋，再绕澳大利亚进入太平洋，然后经新西兰，绕智利合恩角，再度进入大西洋。经过345天的奋斗，他在1980年5月23日13时20分返回格丁尼亚港，完成了这次航程为6万千米的连续环球探险，在人类航海探险史上写下了新的一页。为此，波兰国务委员会授予他波兰复兴军官十字勋章，波兰体育运动委员会授予他波兰体育最高勋章——“杰出体育成绩”金质奖章。

原联邦德国的埃德曼早先是个木匠，但他酷爱探险。1958年他18岁时，单身骑自行车去印度；26岁时，他独自驾帆船周游世界。此后，他又跟新婚不久的妻子进行了一次路途较长的航海探险。1984年9月9日，他只身操纵一艘没有马达、长10.4米的帆船（取名“卡特那努依”号，在波利尼西亚语中意为“不畏艰险”），驶离基尔港，进行联邦德国头一次驾帆船全程不停泊的环球航海探险。直到第二年6月6日，经过271天，他才再次登上陆地。他马上成了全国的新闻人物，总统魏茨泽克邀请这位留着大胡子的航海探险家共进早餐。

世界最快的单人无间歇环球航海纪录，是美国的道奇·摩根创下的。他乘坐18.3米长的“美国诺言”号百慕大单桅帆船，于1985年11月12日自百慕大出发，由西向东漂泊了150天1小时6分钟，在翌年4月11日回归百慕大，航程41312千米，平均航速为275.35千米/日。这次航行比法国阿兰·科拉斯的环球航行时间短，但航程却不如后者长。阿兰·科拉斯于1974年乘21.33米长的“曼纽瓦”号航行了169天4小时11分钟，航程48388千米，平均速度为285.98千米/日。

凯·科蒂是位澳大利亚女航海爱好者，她于1987年11月29日从悉尼港扬帆起锚，经过半年多的海上远航和艰苦卓绝的努力，绕地球一圈，平安回到悉尼，完成女子单人无间歇环球航行的壮举。

儿时的梦想

让我们重头来讲这个故事。15世纪末叶，在葡萄牙北部的一个塔楼林立的穷乡僻壤，居住着一家姓麦哲伦的没落骑士家庭。全家靠着祖上留下的一点遗产，过着勉强能糊口的清苦生活。1480年，这家人口众多的家庭，又增添了一个沉重的负担：小儿子费尔南多·麦哲伦出世了。虽然这家人家的经济状况并不富裕，但世代相传的骑士门庭，却使他们有希望把孩子送入王宫，而只要一进入王宫，一切费用都可以仰仗国家，家庭完全用不着操心。就在贾尔南多10岁那年，他和哥哥幸运地被双双送入王宫。在12岁的时候，他成了莱奥诺拉王后的侍童。

当时，国王和王后没有固定的住所，他们带着随从人员，在全国各地游居，从一个地方来到另一个地方，几年内游历全国一次。这种生活方式，使少年时期的麦哲伦得以饱览各地风光，增长许多见识。王室经常长时期地住在首都里斯本，所以麦哲伦对这里的印象最为深刻，亲眼看到首都的面貌发生着巨大的变化。亨利亲王积极倡导的远航，使葡萄牙的船队不断沿非洲西海岸向南挺进，最后，由达·伽马绕过好望角到达印度。航船每到一处，葡萄牙人就用武力掠夺财富。非洲的黑奴、黄金、象牙和红木，亚洲的黄金、宝石、香料、丝绸和瓷器，源源不断地运到葡萄牙。葡萄牙的面貌日新月异，首都里斯本更是空前繁荣。新建码头上停泊着许多国家的船舶，旅馆、饭店、仓库、造船厂、商务办事处如雨后春笋地出现。那些参加远航队的人们，一个个饱囊而归。到东方去一时成为热潮。麦哲伦在王宫里了解到比一般人更多的情况，促使他热烈地梦想去进行飘洋过海的冒险活动，获得财富和显赫的声望。但是，他没有机会去实现自己的梦想。他在王宫当了4年侍童，后来，老王去世，孀居的莱奥诺拉王后便将麦哲伦送到航海事务厅去工作。枯燥乏味的值班工作，麦哲伦毫无兴趣。他一心想着东方，几次要求随远征队前往印度，都未能如愿以偿。在事务厅，他看到了远征队的许多秘密报告，对前往印度的新航路渐渐熟悉起来，对航海上的许多有关事情也有详细的了解。实际上，在航海事务厅工作期间，麦哲伦就好像进了一所秘密的航海学校，学到了很多航行知识和当时最新的地理见解，这对他以后制定航行计划有很大帮助。

为了继续获得东方的财富，葡萄牙王室着手组织更大规模的远航活动。1505年，国王派了一个叫亚美尔达的人去印度担任总督，并由他率领一支规模庞大的远征队前往。麦哲伦终于获得了参加这个远征队的机会，在一艘船上充当水手。

这个远征队和以前几个远征队一样，在沿途各地用武力进行掠夺，使亚洲和非洲的许多城市遭到了空前的浩劫。1506年，麦哲伦在一次抢夺的战斗中受了重伤。伤势尚未痊愈，就被派到非洲东海岸一个叫索法拉的地方去执行任务。

索法拉是一个满街泥泞的肮脏小镇。喧闹的市场里，拥挤着贩卖黑奴，胡椒和象牙的阿拉伯商人。麦哲伦的任务是搜集附近一带酋长们的兵力情报，探明金矿产地以及通往非洲内地商队的道路，为今后葡萄牙人夺取这一带地区，用作前往印度的一个强大据点作准备。大约经过2年的时间，麦哲伦顺利地完成了自己的使命。

葡萄牙人为了确立在亚洲南部的海上霸权，保证其通往印度一带的航路畅通无阻，于1509年2月在印度西部迪乌附近，与威尼斯、埃及的联合舰队进行了激烈的战斗。麦哲伦参加了这次战斗。经过2天的激战，葡萄牙人击溃了对手，取得了胜利，确立了他们在亚洲南部海上的霸权。

殖民者的胃口越来越大，他们又在酝酿一次新的侵略，妄图对马六甲和马来群岛进行远征。麦哲伦和他的老朋友谢兰奉命参加这支远征队。

马六甲是中国航海家郑和率领的船队于1405年第一次下西洋时到达过的地方。当时征得马六甲国王的同意，在这里建立了一个停泊站，存放粮食和货物，派人驻守，后来逐渐发展为一个市镇。因为它是联结太平洋和印度洋的要冲，地位十分重要，许多国家的船只都在此停泊，许多货物也在此集散，从此，小小的市镇便迅速发展成重要的商埠。中国人，特别是广东和福建一带的中国人，陆续来此经商，把中国的丝绸、瓷器等货物卖给阿拉伯人和印度人，又从这里买回印度的棉布、威尼斯的玻璃、波斯的地毯以及大马士革的锦缎。葡萄牙人从来没有见过这样五光十色、人口众多的城市。在他们眼里，威尼斯、安特卫普、亚历山大、热那亚等城市是很繁荣的了，但没有一个能赶上马六甲热闹。他们羡慕极了，决心用武力夺取它。

葡萄牙人击败了威尼斯、埃及联合舰队后，不可一世，满以为对马六甲的远征不在话下，耀武扬威地把舰队向着这个繁华的港口开去。结果却事与愿违，葡萄牙人遭到了惨重的失败，麦哲伦在战斗中再次身负重伤。他和他的老朋友谢兰幸亏由于机灵和镇静，才保住了性命。

但是，葡萄牙人并不甘心失败，没过多久，1510 年初，又决定对印度西南的卡利卡特（即郑和第一次下西洋时到达过的古里国）发动进攻，结果仍然没有取胜。在失败的攻城战斗中，麦哲伦又一次身负重伤。

麦哲伦本是想到东方来发财和显赫的，没想到一连 3 次负伤，还险些丢了性命，非常沮丧。于是，他决定永远离开印度，去寻求别的生财之道。

1510 年春，有 3 艘葡萄牙船从印度开往葡萄牙，麦哲伦搭乘其中一艘顺道回国。可是，在离开印度海岸刚刚只有几百千米，3 艘船中的 2 艘在一个浅滩上触礁沉没。那艘没有触礁的船，竟不顾其他 2 艘船上人们的死活，扬长而去。遇难的船员们只得走上狭小的沙岛，寻一条活路。几个头头打算撇下难兄难弟们不管，自己乘小舟回到印度去。麦哲伦得知此事，断然反对。他的这种态度，赢得了大多数人的尊敬与支持。最后，双方达成协议，麦哲伦和大多数水手们留在岛上，几个头头乘小船回港，保证立即派船前来救援。小小的沙岛，荒无人烟，既没有吃的，也没有喝的，条件十分艰苦。炎热的阳光，像火一样烤着皮肤，人们感到好像是在地狱里受煎熬一样。麦哲伦镇静地鼓励大家坚持下去，对稳定人们的情绪起了很大的作用。后来，救援终于来到了。麦哲伦则因在艰苦环境中的表现而被提升为船长。

麦哲伦没有能够回葡萄牙，被救援船只仍旧送回到印度。1510 年末，他又参加了葡萄牙征服印度果阿的战斗；1511 年，再次加入侵略马六甲的远征；以后，又在马来群岛进行了一番游历。

他的老朋友谢兰，参加攻打马六甲的战斗死里逃生以后，又参加了向马鲁古岛一带的远征。他来到马鲁古群岛的干那底岛，发现那里有很多香料，喜不自胜。那里的酋长很器重他，委派他做船队的队长，因此，他决定永远留居在这个富庶的岛上。他常常给麦哲伦写信，叙述一些惊奇动人的事情。他说他发现了一个新世界，比达·伽马所发现的更加广大，而且更加富饶，岛上遍地都是香料，邻近的许许多多岛屿也都是这样，真可以说是一群香料之岛。他告诉麦哲伦，这些香料群岛是华美的香石竹生长的故乡，整片整片地区都延伸着肉豆蔻和肉桂树的丛林。如果占领这些地区，就可以成为百万富翁。他还给麦哲伦介绍了到那里去的航路和航路上的气象情况。因为当时帆船的航行全凭风力推动，所以远航者必须熟悉气象情况。信中还说，在香料群岛的东面，是一片无边无际的汪洋大海。

谢兰的这些信件，对麦哲伦有着很大的吸引力，很希望将来能有机会到老朋友那里去，成为百万富翁。他相信地圆学说，也熟悉哥伦布的发现，认为香料群岛虽然在欧洲东方，达·伽马绕过好望角向东航行固然可以到达，根据地圆学说，如果从欧洲向西航行，也应当同样可以到达。但是，这个时候的麦哲伦，只能对此作些冥想罢了，他还没有条件去实现这个美好的愿望。

在艰苦的远征中度过了8个年头的麦哲伦，丝毫没有什么收获，既没有财产，也没有封号，更没有得到收入丰厚的职位。1511年，他终于带着失望的心情回到了葡萄牙首都里斯本。

在里斯本，他希望自己在东方所受的一切苦难和不幸，能够得到应有的报酬。尤其是当他见到里斯本的面貌发生了显著的变化时，这种希望更为强烈。他想，国王的华丽宫殿，教会的高大教堂，政府的各种辉煌建筑，宽阔的码头，巨大的仓库，以至富贵人家华丽的衣着、珠光宝气的装饰，不都是像他这样的无名战士在东方流血、流汗换来的么？凭自己负过3次重伤，抢救了2船人的性命，国王也应该对他另眼相待才是。于是，他跑到王宫里去，叙述自己为葡萄牙做出的种种贡献，希望能够得到国王的垂青。他受到了热情的接待，并且得到了一个看门的职位。

然而，麦哲伦认为这太不公平了。难道8年的苦难，流血流汗，出生入死，只能换得这样一个低微的差使？他不满极了。但是，宫廷的官吏劝他不可以也不应该有过高的期望，能当一个看门的已经很不错了，还奢求什么呢？

麦哲伦愤愤不平，心里很不服气，他要求晋见国王。可是，宫廷官吏又对他说："您离开太久了，陛下已经记不得您，不认识您了。"

受到这样的冷落，麦哲伦悲愤已极，在里斯本只呆了2天，就回自己家乡去了。

阔别8年之后的家乡，仍然没有丝毫变化。古老的塔楼，贫困的生活，一切都和旧时一样。他向乡亲们讲述东方的见闻，介绍印度的繁华富庶，讲述进攻马六甲的故事，以及沙洲上的遭遇。但是，人们关心的只是地里的庄稼、眼前的日子、物品的价格，谁又有那么大的兴趣听那些远方的事情呢？再说，他两手空空地回来，不但不能给家庭带来一点欢乐，反而又多了一张吃饭的嘴巴，增加了家人的负担和困难。没有办法，他只得又回到里斯本，参加对摩洛哥的征战，领得一点俸禄，勉强维持生计。虽然他英勇作战，却得不到官长的赏识。他负伤后，留在后方做后勤工作，又成为同伙们阴谋的牺牲品，说他把俘获的物品转卖给敌人。他的上司很厌恶他。在这种情况下，他在部队里也呆不下去了，再次回到里斯本。可是，又有人告发他，说他未经官长允许，私自开小差逃走。为此，他险些成为审判的对象。后来，国王又2次拒绝给他增加俸禄。在忍无可忍的情况下，他终于又离开了里斯本，移居到奥波尔托，决心去寻求新的生活。

寻求新生活

麦哲伦要寻求什么样的新生活呢？

他念念不忘的仍然是远航。

他的那位老朋友谢兰从马鲁古群岛写给他的那些信，他始终铭记在心里。谢兰不是在信中说过，那是一个香料群岛，如果占领了它，就可成为百万富翁么？他不是也曾想过有机会要到老朋友那里去么？现在，既然别的道路不能实现自己的抱负，为什么不能着手筹划向马鲁古群岛进军呢？自己已经积累了丰富的航海经验，又熟悉前人探索的许多航路，应该去干一番显赫的远航事业。

1515～1516年，他在奥波尔托开始制定向香料群岛进军的计划。

麦哲伦熟悉哥伦布的新发现，也和哥伦布一样坚信地圆学说。他想，像哥伦布那样一直向西航行，然后在美洲找一条海峡穿越而过，就有可能直接航行到香料群岛。问题是有没有这条横越美洲的海峡？它在什么地方横越美洲？西班牙海洋探险家巴尔波亚的发现，给了他很大的启示。

1510年左右，巴尔波亚随一艘西班牙航船去南美寻找黄金。他在南美东北部海岸登陆以后，打听到巴拿马一带可以找到黄金，便率众前去寻找。他找了几个印第安人做向导，跋山涉水，越过丛莽，渡过沼泽，来到一个富庶的国家。国王和王子得知他们对黄金很感兴趣，便慷慨地赠给他们几千块金块。这些西班牙人分金时争多嫌少，吵闹不休。王子听到这种情况，昂然而来，把黄金统统扔到地上，说："你们这些人真不要脸，为这些琐碎的东西争吵。假使你们真的迫切需要得到黄金，我告诉你们一个国家，那里的人吃饭用的碗碟统统是黄金做的。那里的黄金多得不得了，你们到那里去吧。"

巴尔波亚等人听看，一个个惊得目瞪口呆，半信半疑，都在想：真有这样的事吗？

巴尔波亚按捺不住内心的激动，连忙问道：

"请问这个国家在什么地方？"

王子用手指着南方，说道：

"这个国家坐落在山的那边，要渡过一个大海才能到达。"

巴尔波亚兴奋极了，立即带人攀登巴拿马丛山，艰难地走过没腰深的沼泽，穿过黑暗的原始森林，渡过宽阔的大河，越过陡峻的山坡，历尽千辛万苦，于1513年9月25日来到一座高山脚下。

印第安向导停下脚步，告诉巴尔波亚说，已经走到尽头了，再没有路可走了。巴尔波亚要大家坐下来休息，自己一个人爬上山顶。他举目四望，惊喜得不可名状。原来在他眼前，展现出一望无际的蔚蓝色的大海洋。

"啊，这是一个大南海呀！"

巴尔波亚独自跪在地上，庆幸上帝指引他——第一个欧洲人，见到了新大陆彼岸的海洋。

消息传开，欧洲人无不感到惊讶：哥伦布发现的新大陆和亚洲之间，还有一个"大南海"哩！哥伦布所以未能西航到达印度，原来是美洲大陆把大西洋和"大南海"隔开来啦！现在可好了，只要越过美洲，航行到"大南海"上，再一直向西，就一定能到达盛产香料的亚洲。于是，到美洲去寻找一条通向"大南海"的海峡，便成为当时西欧各国海洋探险家们的争夺目标。

麦哲伦了解巴尔波亚的发现，坚信他的朋友谢兰居住的马鲁古群岛，一定在“大南海”对面不远的地方，因而在他失意以后移居奥波尔托时，就热烈地投身到寻找这条海峡的事业中去。

根据人们寻找海峡的经验，他得出一个概念，认为这条海峡在南美洲的南部一个什么地方。他的航行计划是，绕过位于南美洲的那个海峡，进入“大南海”，再向西航行至马鲁古群岛。他根据谢兰信中提供的情况，把马六甲至马鲁古群岛之间的距离拉长了1倍。在确定地球赤道周长时，又少算了3000千米。因此，就把“大南海”的宽度估计小了，认为它不会比大西洋宽。

计划拟定好了，如何付诸实现呢？

身无分文的麦哲伦，当然无法组织一支远航船队，唯一可取的办法，仍然像哥伦布、达·伽马等人一样，要得到国王支持。尽管他遭到过国王的奚落，为了实现宏伟的计划，他仍然不得不走这条路。但当时葡萄牙国王正满足于沿达·伽马所开辟的新航路不断从印度掠来财富，正满足于不断用武力从东方取得更多的殖民地。他觉得这是最稳当、最可靠的办法；而那种别出心裁的新航行计划，能否给他带来什么好处，还很难预料。再说，葡萄牙和西班牙两国，由于在争夺殖民地中发生纠纷，于1494年在教皇亚历山大六世的仲裁下，划分了势力范围，签订了一个“德西里雅斯条约”，规定在大约西经46度的地方划一条分界线，称为“教皇子午线”。线以东属葡萄牙的势力范围，线以西为西班牙控制。这样，全部非洲和亚洲大陆，都包括在葡萄牙的势力范围内，有极其辽阔的土地可以掠夺，暂时还不必向西航行，去侵犯西班牙人的利益。因此，麦哲伦的西航计划，遭到葡萄牙国王的拒绝。

这样一来，麦哲伦完全绝望了。他觉得自己已不能在葡萄牙得到任何利益，便毅然离开葡萄牙，带着航行计划逃到西班牙去，希望能在西班牙实现自己的理想。

对西班牙来说，那条“教皇子午线”把它的势力范围限制在西经46度以西，那是哥伦布发现的南美洲、中美洲和加勒比海一带地方。这些地方在富源方面，只有少量的黄金和香料，无论如何不能和印度相比。当时，欧洲人还没有到达墨西哥和秘鲁。因此，西班牙国王对哥伦布发现的这块

“新大陆”所抱的希望越来越小了。然而，当时西班牙有一些人认为，亚洲东部地区，特别是马鲁古群岛，根据“教皇子午线”的规定，应当属于西班牙的势力范围，对此，西班牙国王极为关切。但又想到这是一笔可望而不可及的财产，不免又感到十分遗憾，因为马鲁古群岛在西班牙东面，如果向东航行到那里去，势必侵犯葡萄牙人的势力范围，不可避免地要引起争端。

唯一的办法是向西航行，有一些人这样向西班牙国王建议。

麦哲伦的计划正是这样，他来得正是时候。

当他向西班牙国王呈上绘制得相当精细的彩色地球仪，说明他的航线是一直向西，不必侵犯葡萄牙的势力范围就可以到达香料群岛时，国王极为赞赏，当即批准了他的计划，答应为他装备远航船队。

麦哲伦万没有想到他的计划能如此顺利地被西班牙国王采纳，心里真有说不出的高兴。但是，他同样没有想到，在他前进的道路上出现了竞争的对手，从而使事情变得复杂起来。

曲折的经历

在葡萄牙，有一个极为富有的福格尔家族，不知什么缘故，和国王闹翻了。这个家族的代理人德亚罗派往印度装运胡椒和生姜的船只，全被国王命令扣留下来，并把这批东方香料强行卸去；他派往几内亚的船只，也全部被葡萄牙舰队击沉。国王还打算没收德亚罗的私人财产。德亚罗听了消息，随身带了几袋金币和一些关于近年来葡萄牙海外发现的秘密文件，星夜逃往西班牙。

德亚罗也有着远征马鲁古群岛的打算。他来到西班牙后，即向西班牙国王提出了远航的申请，推荐一个葡萄牙流亡海员哥米什担任远航队的指挥官，并代表福格尔家族答应供给西班牙国王大批补助金。这事正好发生在麦哲伦来西班牙后不久。

德亚罗的建议使西班牙国王很为难。答应他，可事先已同意了麦哲伦的申请；不答应，德亚罗是有来头的，他的那批补助金是令人羡慕的。国王左思右想，很有推翻对麦哲伦的诺言，转到德亚罗方面来的意向。他征求顾问们的意见，但顾向们对德亚罗推荐担任远航队指挥官的哥米什其人很不感兴趣，认为此人根本无能领导船队，都倾向于仍旧要麦哲伦来干。国王希望远征队能有一个坚强的领导人，成功地进行这次远航。他想，哥米什既然缺乏领导才能，那还是让麦哲伦去干吧。于是，他找来德亚罗，告诉与麦哲伦之间的契约，不便出尔反尔。德亚罗最关心的是开辟通往香料群岛的航路，去东方掠夺财富，至于谁去开辟，他并不固执己见，因而也转过来支持麦哲伦的计划，不过仍然坚持要哥米什充当旗舰上的主舵手。对此，国王欣然同意。1518年3月22日，由西班牙国王、德亚罗和麦哲伦方签署了远航协定，规定授予麦哲伦担任他将来在航行中所发现的一切地区和岛屿的总督，并且这个职位可以传给子孙后代。

协定签署后，麦哲伦便开始了紧张的准备工作。

然而事情并不那么顺利，意想不到的灾难又在准备工作中接踵而来，真是一波未平，一波又起。原来，麦哲伦在西班牙国王支持下进行远航的消息，早有葡萄牙密探报告了葡萄牙国王。葡萄牙国王深怕自己的海外利益被西班牙侵占，同时也出于对麦哲伦的嫉恨，便密令其驻西班牙的一个领事阿尔瓦利什，要他采用一切合法的与非法的手段，破坏麦哲伦远航计划的实行，阻挠舰队出发。阿尔瓦和什接到国王的秘密指令，随即找到麦哲伦，对他进行威胁利诱。

阿尔瓦利什对麦哲伦说：

“您是葡萄牙人，为什么要替西班牙效劳？”

麦哲伦气愤地回答：

“因为葡萄牙国王拒绝了我的请求，我才跑到西班牙来。”

“我以为，您不必去冒向西航行的危险，地球是不是圆的谁也不知道，要是您航行得太远了，掉进地球边缘的无底洞，岂不是身败名裂？”

“我坚信地球是圆的，确信我的航行能够成功。”麦哲伦坚定地说。

“我劝您不要一时激动就去干那种冒险的事，您最好是回葡萄牙去，国王会帮助你。这是最好的办法。”

“我不需要别人的劝告，我自己知道应该怎么做。”麦哲伦态度非常坚决。

阿尔瓦利什见威逼利诱不成，便采取了卑鄙、毒辣的阴险手段，对麦哲伦的准备工作暗中进行破坏。

他用大量的金钱，到处贿赂，使麦哲伦远航船只上装了许多发霉的面粉、糖和发臭的咸牛肉，又唆使西班牙贸易局的人员为麦哲伦的远航队收购破旧不堪的船只。一共收购了5艘船，全是千疮百孔。阿尔瓦利什见到这破船，得意洋洋地给葡萄牙一个王室成员写信说：

“它们已经非常陈旧，而且布满补钉。我曾经仔细看过。我向殿下保证，不要说去远航，就是到加那利群岛，也没有人敢乘这样的船只。”

葡萄牙国王很得意。他觉得这样的船只不过是些“漂浮的棺材”，麦哲伦用它们去到大西洋、“大南海”航行，肯定是要喂鲨鱼的。

这些阴谋诡计，对麦哲伦远航的破坏已是相当严重的了，但阿尔瓦利什还嫌不足，还要千方百计派奸细混入远航队伍，监视麦哲伦的行动，搞直接的破坏活动，挑拨离间，制造水手之间的不和，甚至组织叛乱。由于远航队人员组成非常复杂，有西班牙人、葡萄牙人，有意大利人、法国人，还有德国人、英国人、摩尔人、马来亚人，这就给阿尔瓦利什有可乘之机。

那个福格尔家族代理人德亚罗推荐的主舵手哥米什，也是一个密探。

总之，阿尔瓦利什绞尽脑汁，使尽了各种阴谋手段，必欲置麦哲伦于死地而后快。

这些阴谋活动，麦哲伦全然不知。但不管怎么祥，经过一段时间的准备，他总算拼凑了一个256人和由5艘军舰组成的远航队。5艘破旧不堪的船只中，“特里尼达”号载重量110吨，充当旗舰，算是最好的一艘船了。最大的“圣安东尼奥”号，载重也不过120吨。其他3艘更小，“康塞普逊”号载重量90吨，“维多和亚”号载重量85吨，最小的“圣地亚哥”号载重量只有73吨。256人中，有舰长、舵手、国王的公务员，有牧师、船员、水手，还有勤杂人员和没有一定职务的后备人员。除旗舰“特里尼达”号由麦哲伦亲自指挥外，其他4艘船均由各舰舰长指挥。“圣安东尼奥”号舰长是卡尔塔海纳，“康塞普逊”号舰长是凯萨达，缅多萨担任“维多利亚”号舰长，茹安·谢兰为“圣地亚哥”号舰长。

1519年9月20日，麦哲伦率领这支远航队，从西班牙桑卢卡尔港出发，向加那利群岛驶去。

舰队航行了6天，来到加那利群岛，在这里补充了淡水和食品。3天后，正待启航西进的时候，忽有一只小船向舰队急驶而来，直奔旗舰“特里尼达”号，停靠妥当，一人急速爬上大船，手中拿着一封信，声称要当面交给麦哲伦。

麦哲伦出来了。来人问清了确是麦哲伦，就将信交给他，二话没说，立即回到小船，扬帆返航了。

麦哲伦看了来信，不觉大惊失色，但随即又镇静下来，装出若无其事的样子。

这是谁写来的信？它为什么使麦哲伦如此不安？

原来这是麦哲伦的岳父特地请人送来的一封急件。

当麦哲伦率舰队出发后，那些葡萄牙奸细的家属幸灾乐祸地对他们的亲友泄露了秘密，说将要在航行中进行破坏，甚至要把麦哲伦杀死。消息传到麦哲伦亲人耳中，他的岳父和妻子等人十分着急，便雇了一只快船给麦哲伦送信，告诉他远航队里有奸细，要他注意。信中提到了几个奸细的名字，特别提醒他要当心“圣安东尼奥”号舰长卡尔塔海纳。

麦哲伦刚一读到这消息，十分惊讶。但一想到不能让那些奸细知道他已掌握了底细时，又立即镇静下来。不过，他心中已开始盘算着对付的办法了。

舰队在加那利群岛就要启航了。为了确定航行路线，麦哲伦召集各舰的舰长和其他人开会讨论。当时有 2 条航线可供选择：①自加那利群岛一直向西南航行，横渡大西洋；②先沿非洲西岸南下，在佛得角群岛再转向西，横渡大西洋。表面看来，前一条航线走的是直线、航程短，后一条航线绕了弯路、航程长；但实际上后一条航线费时要短些，因为可以利用东北信风和北赤道海流的便利，就像哥伦布第二次出航时的情形一样。哥伦布当时并不知道东北信风和北赤道海流的存在，只是偶然地利用了它们。现在既已了解这种便利条件，为什么不加以利用呢？所以，麦哲伦坚决主张走后一条航线，以加快行进的速度。

大多数人赞成麦哲伦的意见，走后一条路线，但“圣安东尼奥”号舰长卡尔塔海纳不同意。他明知应该走后一条航线，但为了寻衅闹事，借机反对麦哲伦，破坏航行，便故意唱反调，抓住这个问题兴风作浪。麦哲伦收到岳父的来信，对卡尔塔海纳早有了戒心，决定趁这个机会给反对者一点厉害看看。于是，他命令把卡尔塔海纳抓起来，交给“维多利亚”号舰长缅多萨看管，让远航队的会计兼文书科卡暂时代管“圣安东尼奥”号(后又正式任命麦斯基塔为舰长)。然后命令启航，沿第二条航线前进。

反对派的气焰暂时被压下去了，舰队得以顺利行进。11月，渡过大西洋，到达南美的巴西海岸。

横渡大西洋后，摆在麦哲伦面前的问题是，舰队接下去向何处航行？哪里才是连接大西洋和“大南海”的海峡？这也是全体人员都关心的问题。因为能否找到这条海峡，是这次远航成败的关键。

由于麦哲伦确认这条海峡在南美南部某个地方，所以，他令舰队沿南美海岸南下。但是，找了好几个月，也没有找到那条海峡，而且，“维多利亚”号还触了礁。

日子过得很快，不知不觉舰队已沿南美海岸航行了4个多月，这时，已是1520年3月。在北半球，3月标志着寒冬即将过去，春天快要来临。而在南半球，3月正是隆冬已近的时分。往后，天气将逐渐变冷，风浪也将变大。越往南去，情况将越来越坏。为了安全，舰队必须找一个合适的地方过冬和避风。3月31日，人们在南纬40度以南发现了一个平静的港湾，麦哲伦觉得这是个过冬的好地方，便命令舰队驶入湾内抛锚，并为港湾取了个名字，叫“圣胡利安”港。至今，人们仍能够在地图上找到这个港口。

“圣胡利安”港阴湿、昏暗而荒凉，天气很冷，成天飘着湿蒙蒙的雪花。岸上见不到一个人影，也没有任何可充饥的食物。在这样的一个地方过冬，人们心里很感失望。为了节省粮食，麦哲伦又命令各船缩减口粮，这使船员更加惶恐不安。那几个葡萄牙国王的奸细，眼看是有机可乘的时候，又开始活动起来了。他们利用人们的不满，要麦哲伦增加口粮，或者干脆返航，不要去找什么海峡了。麦哲伦坚定地回答说，除非他死了，否则就要履行自己的诺言，完成到马鲁古群岛的航行计划。并说，通向“大南海”的海峡一定存在，一定要找到。至于粮食，他要大家不必担忧，只要按规定消费，不会发生什么问题。何况海湾里有丰富的鱼类，天空中有飞禽，陆地上有淡水，有燃料，更加不用发愁了。他要求大家勇敢地坚持下去，并答应把国王的奖金发给大家。

麦哲伦的回答，对多数人是起了作用的，表示愿意在这望呆下去。而那些搞阴谋的人却贼心不死，一计不成，又生一计，仍在暗地里策划阴谋。

4月1日，复活节前的最后一个星期日，麦哲伦邀请各舰领导人到岸上去做弥撒，事后又请他们到旗舰“特里尼达”号上进午餐。“康塞普逊”号舰长凯萨达、“维多利亚”号舰长缅多萨以及由缅多萨看管的原“圣安东尼奥”号舰长卡尔塔海纳没有去，他们在“康塞普逊”号上研究对付麦哲伦的办法。

当天晚上，凯萨达和卡尔塔海纳带领30名武装人员，偷偷地从“康塞普逊”号来到“圣安东尼奥”号。上船后，立即奔到舰长麦斯基塔房间，威胁他说：

“我们今天来这里的用意想必您是明白的。”

“很遗憾，我不明白。”

“既然不明白，那就打开天窗说亮话吧！希望您能跟我们合作。”

“什么意思？”

“把麦哲伦搞掉，然后把船开回西班牙。”

“那办不到，请你们回到自己船上去，现在不是带着武装人员跑到别人船上来的时候。”

“难道我们为了这个疯人就放弃执行我们的职责吗？”凯萨达一边说，一边拔出短剑恐吓，武装人员随即把麦斯基塔捆绑起来。

凯萨达留在“圣安东尼奥”号上看管麦斯基塔。卡尔塔海纳匆匆地又回到凯萨达的“康塞普逊”号去。缅多萨仍旧把持着“维多利亚”号。布置停当，他们便通知麦哲伦，说他们已经控制了3艘船和它们附属的所有小船，要求同他一起商讨国王命令中所规定的一些事情。麦哲伦接到通知，没有立即去找他们，而是要他们到旗舰上来讨论。那几个人回答说不敢来，怕遭到暗算，建议到“圣安东尼奥”号上会商。麦哲伦深知，如果到那里去，定遭毒手，必须采取果断的措施，以迅雷不及耳的方式把他们解决掉。

麦哲伦吩咐手下的人，尽一切办法把从“圣安东尼奥”号前来旗舰送信的小船拖住，无论如何不能让它走掉。暗地里则要保安官带领6名武装人员，乘小船到“维多利亚”号给缅多萨送信。

缅多萨以傲慢的眼光读着麦哲伦的来信，脸上露出得意的奸笑，心想，你麦哲伦不必用甜言蜜语来打动我，你的死期将近了。那知道还没有读上几个字，麦哲伦的保安官已拔出短剑，向他喉咙刺去，缅多萨当场一命呜呼。武装人员随即扯起篷帆，把“维多利亚”号开到了旗舰旁边。

与此向时，麦哲伦派了另一心腹，带领15名武装人员，悄悄地乘小船来到“圣地亚哥”号，也立即扯起篷帆，很快把“圣地亚哥”号开向旗舰，与旗舰靠拢。

这样一来，麦哲伦控制了3艘船。

呆在“圣安东尼奥”号上的凯萨达，正等待着麦哲伦的到来，以便趁机下手。但他一等再等，不见送信的小船回来，心里十分焦急。他再派小船前去探听，小船回来说“维多利亚”号、“圣地亚哥”号已和旗舰靠在一起了。凯萨达听到这个消息，知道事情不妙，连忙通知待在“康塞普逊”号上的卡尔塔海纳，要他趁天还未亮，赶快起锚，把船开出海港，驶到大海里去，他自己也打算这么干。

4月3日一清早，船员们都还没有起床，“圣安东尼奥”号和“康塞普逊”号就偷偷地起锚往大海驶去。可是这两艘船都停泊在港湾里面，旗舰则停在湾口。湾口是狭窄的，要驶出去，必须经过旗舰。麦哲伦早已注视着这两艘船的行动了。当它们起锚开航，刚驶到旗舰旁边，旗舰上的炮火和步枪就朝它们开火了。水手们大声喊叫：“‘圣安东尼奥’号上的朋友们，你们到底拥护谁啊？”

“圣安东尼奥”号上的水手早被枪声、炮声惊醒了。他们跑上甲板，听到旗舰上的喊声，知道自己的头头叛逃了。他们当中多数人不一定想当逃兵，眼前的形势又对逃舰不利，便纷纷应声说：“我们拥护麦哲伦阁下。”

于是，麦哲伦命令把待在“圣安东尼奥”号上的凯萨达和科卡以及同他们合伙的几个人统统扣留起来。然后，又派武装人员到“康塞普逊”号上去，逮捕了卡尔塔海纳等人。

叛乱平息了，但对阴谋叛乱的那些人，麦哲伦不想轻易放过，一则为了对他们进行惩处，二则为了警告那些胆敢再反对自已的人。缅多萨虽然被刺死了，也不能饶恕。他命令将缅多萨的尸体抬上岸，当众宣布其叛逃的罪行，说死了也要分尸。说着，他拔出剑，将尸体劈成四块。随后，他又宣布对另一个叛徒凯萨达处以极刑，命令一名紧跟凯萨达的人执行斩首任务，以此赦免这人的罪过。

凯萨达被斩首以后，麦哲伦又宣布把卡尔塔海纳和另一个叛徒永远流放在荒凉的圣胡利安港的海岸上。其他犯有叛逃罪的40多人，也应处以死罪；但麦哲伦不愿处理过严，以免引起不良反应。再说，船上还需要人工作，把他们都杀了，对今后航行不利，便宣布宽恕他们。

经过这样处理，人员的情绪基本稳定下来，那些心怀不满的人暂时也不敢放肆？终于顺利地度过了冬天。

穿越太平洋

在冬天还没有完全过去的时候，为了探索前进的航线，麦哲伦命令“圣地亚哥”号提早去探航，但不幸该船在中途沉没。8月，当南半球的春天来临时，麦哲伦的舰队只剩下4艘船去寻找通向“大南海”的海峡了。

舰队继续沿南美洲海岸南下。10月21日，在南纬52度的海岸发现了一个很深的凹口，麦哲伦命令“圣安东尼奥”号和“康塞普逊”号前去探航。4天以后，两艘船安全返回，人们报告说，这是一条水流湍急的水道，而且一直是咸水。麦哲伦听了很高兴，判断这或许是一条海峡，而且很可能是通向“大南海”的海峡。这时，他忽然想起了几年前从马六甲带来的一个叫亨利的奴仆。这个年轻人从小就生活在海洋上，熟悉许多海洋情况。麦哲伦想，他或许知道这一带的航路，便把他找来问道：“依你看，这是一个海峡吗？”

“从两岸陡崖夹峙的情况来看，似乎是有年代的海峡。它水流很汹涌，像是由一个大洋流向另一个大洋。”亨利答道。

“如果我们沿这个海峡继续前进，能通向‘大南海’吗？”麦哲伦见亨利确有见识，便继续问下去。

“我不能肯定，因为我没有在这一带航行过，将军。”

“如果冒险试探，穿过这条海峡，怎样呢？”

“海峡都是有尽头的，如果沿着它走下去，可能从大西洋航行到美洲西岸。”

“对，你说得很对。”

“不敢，将军！”

听了亨利的回答，麦哲伦增强了信心。于是，他下令四艘船一齐沿海峡向西驶去。

船队在波涛汹涌、水流湍急的水道里行进着。只见两岸悬崖矗立，树木丛生。山顶上覆盖着耀眼的白雪，山麓是茂密的森林。水道迂回曲折，深达千米。它时宽时窄，宽时可达数千米，延伸成平静的港湾；窄时不到半千米，两岸陡壁夹峙，甚为险要。起初，岸上没有见到村落，也没有见到人。后来，在一个皎洁的月夜，船员们在左岸（南岸）隐约见到有多起上升的轻烟。因为无火不成烟，这上升的轻烟，想必是一堆堆的火，因而人们便把这里叫做"火地"，即现在南美洲南端的"火地岛"。

火地岛的居民，当时生产力还不发达，他们乘坐独木船去海里捕鱼，猎海豹，在陆地上则采食一种叫食蕈的植物。这种食蕈寄生在山毛榉的树身上，多得不可计数。它发育初期是有弹性和膨胀的，表面光滑；但到成熟的时候，就皱缩，变得比较坚硬，表面满布着蜂窝一样的孔穴。这时妇女和孩子们就去大量采集它们，充当食物。它含有糖液，略带甜味，具有一种微弱的香味，很像蘑菇的香味。还有一种酱果，也是火地岛居民常采集的食物。

火地岛风景

在水道的许多岩石上，生长着一种叫巨藻的植物，很高大，长达100米以上，用假根牢固在海底的岩石上。当成群的巨藻竖立在海中，就构成了巨大的海底森林。由于它们具有柔软的枝干，因此能屈折自如，随意摆动。大风浪能把海岸、码头破坏，却损坏不了这些海底森林，它们起了天然防波堤的作用，在经常有暴风雨的海区，能帮助航船化险为夷。人们常惊奇地看到，当大浪滚滚而来，经过这些海藻以后，高度就会立刻减小。

麦哲伦的舰队在水道里航行了许多天，仍然不见尽头，不安的情绪又在水手们中间燃烧起来。那个福格尔家族的代理人德亚罗派来的奸细哥米什，趁“圣安东尼奥”号单独向前探航的机会，纠集一些人，把舰长麦斯基纳绑起来，调转船头，逃回西班牙。

“圣安东尼奥”号逃回西班牙后，哥米什极尽污蔑之能事，对麦哲伦提出了恶毒的控告。西班牙国王未经调查，就把麦哲伦的岳父、妻子和女儿监禁在家里，不断地对他们进行审问。麦哲伦的妻子忍受不了侮辱与折磨，在远航队返航前不久便死去了。而叛徒哥米什倒成了“对麦哲伦舰队有卓越的贡献”的人，被国王授给骑士的称号。

哥米什叛逃后，舰队只剩下3艘船了，但仍顽强地坚持在风浪中向西航行。经过大约1个月的时间，11月28日，一片浩瀚无垠的大海，终于展现在人们面前。这就是说，他们穿过的确实是一条连接大西洋和“大南海”的海峡，他们真的来到“大南海”了。人们几十年竭力寻找的这条海峡，现在终于找到了。为了纪念麦哲伦的航行，人们就把这条海峡命名为麦哲伦海峡。

驶出麦哲伦海峡，舰队朝西北方向行进，越过赤道，转而向西。说也奇怪，3个多月的航行，竟然没有遇到一次大风大浪，海面平静极了。船员们都说，这真是一个太平之洋呵！从此，“太平洋”的名字，便为后人袭用下来，一直沿用至今。

太平洋果真很天平吗？不！太平洋也有大风大浪的时候，也有大风大浪的区域，只是麦哲伦舰队航行的这条路线上，在2~4月里很少有大风大浪罢了。

航海英雄之死

舰队在茫茫无际的太平洋上航行，虽然一路上风平浪静，减免了人们不少痛苦，但食物又成了严重的问题。起初，人们还可以借面包充饥。尽管这些面包屑已经发霉，长了蛆虫，又掺杂了强烈的老鼠尿的臭味，简直无法入口，但无论如何总还可以用来维持生命，不致饿死。淡水固然也不新鲜了，已经变质发臭，但总还能供给人们身体一点水分。到后来，连这些东西也没有了，情况变得非常严重。总不见得就这样饿死！还是得想办法找点能充饥的东西。可找来找去，实在一点东西也找不到。有人说，牛皮不是也可以吃吗？这个提议，给人们带来了新的希望。的确，牛皮也可以充饥，船上还有一些牛皮。可是，这些牛皮坚硬如石，怎么能吃得下去呢？经过一阵议论，总算有了办法，把它放在海水里浸泡，几天以后，再把它放在炭火上烘烤，这才勉强解决了濒于饿死的危险。偶尔捉到了几只老鼠，要算是高级食物了。吃的东西虽然暂时解决了，但是，由于长期缺乏新鲜食物，许多人的牙床肿得连东西都不能吃，还是死去了。

幸运活下来的人，体质也已衰弱到不支的地步。面对茫茫大洋，何时才能航到尽头？有人不得不又提出返回西班牙的建议。但是，麦哲伦坚定地回答说："即使船上的牛皮统统吃光了，我们还是要前进。"

人们疲惫地继续向西航行。1 月 24 日，终于在远方看到了一块陆地，所有的人都异常兴奋。可是，驶近一看，却大失所望，原来是 2 个环状的珊瑚小岛（圣巴拉夫岛），岛上一片荒凉，什么也没有。人们只得带着失望的心情离去。过了 11 天，2 月 4 日，又在远方瞧见了一块陆地，再一次激起了人们的希望。但是，这一次也没有使人们得到什么，因为这个叫阿库尔的小岛，也是满目荒芜。

到 3 月 5 日，连牛皮也吃光了。甲板上并排躺着衰弱到了极点的人们，只有少数几个强壮、精力饱满的水手，仍坚持着值班、瞭望。他们多么盼望陆地的出现呵！

第二天，3 月 6 日，果然又见到陆地了，瞭望人员突然发出了震耳的喊声："看到海岸了！看到海岸了！"

这一回，总不见得又是荒凉的小岛吧！每个人都热烈地渴望能弄到一点吃的东西。人们满怀着希望向前驶去，不久，就看清了这是个有人居住的岛屿，而且岛屿不只一个，有一群。

过着原始公社生活的岛上居民，对突然来到的三艘大船很觉新奇，纷纷跑来观看。他们不知道什么是私有，一切东西大家随便享用。他们把许多食物送给这些不速之客，也去到船上，随便拿走他们觉得新奇的物品。这些举动，对岛上居民来说，是极其自然的。但对生活在私有制度下的人们，则无法理解。因此，这些欧洲人就把岛上居民污蔑为"强盗"，把这群岛屿叫做"强盗群岛"。污蔑不适之词，当然是要推倒的，后来，"强盗群岛"的名字，便为"马里亚纳群岛"所代替，并且一直沿用到现在。

在错误的概念下，掠夺成性的殖民者，终于对岛上的居民们开始了围剿，烧毁他们的茅屋，杀害他们的同胞，洗劫他们的财物，然后扬长而去。

马里亚纳岛风光

3 月 8 日，舰队来到菲律宾群岛中的胡穆奴岛，这是一个丛林密布，植物繁茂的热带岛屿，香蕉、椰子之类的果实到处皆是。于是，麦哲伦决定在这里作短暂停留，让人们进行一次疗养。

过了半个多月，3 月 25 日，舰队离开胡穆奴岛，航行了 3 天，于 3 月 28 日到达马索华岛。在这里，一个奇怪的观象引起了麦哲伦的注意：他从马六甲带来的那个奴仆亨利竟能和这里的居民交谈！这时，麦哲伦才恍然大悟，原来他已经来到东方了，已经来到了说马来语的世界，他的目的基本上达到了，香料群岛就在不远的地方。其实，他要找寻的香料群岛——马鲁古群岛，早已经驶过，由于航线偏北，他已经来到了马鲁古群岛西北的菲律宾群岛了。

在马索华岛上，麦哲伦利用宣传基督教与当地土王拉关系。土王把麦哲伦请到王宫里去招待他。王宫建筑在地势很高的大片木材上面，有阶梯通往；阶梯两旁用无花果和棕榈叶装饰着。土王长着漆黑的长头发，长得披到两肩；头上缠着丝头巾，耳朵挂着金耳环；腰间裹了一块间夹着丝的棉布，一直拖到膝盖；还带了一把长柄的金匕首。他请麦哲伦坐在芦苇上。半个钟头后，端出一碗熏鱼，碟子全是金的。房子里有许多地方也镶了金。

在岛上，麦哲伦用小刀、镜子等小东西，换取了许多大米、干鱼等食物。然后，又在土王的陪同下，把舰队开到了宿务岛。

宿务岛土王胡马波纳殷勤地接待了麦哲伦一行。麦哲伦见岛上物产丰富，便决定在这里停些时候。他开设了一家店铺，用小刀、镜子等东西，不等价地换取岛民们的黄金、猪、山羊、大米等物品；同时又宣传基督教，和土王拉关系。土王胡马波纳与邻近岛屿的部落不和，很想利用麦哲伦的力量来反对自己的仇敌，也乐意与麦哲伦搞好关系，接受基督教宣传。不到1星期，岛上所有的人都受了洗礼，成为基督教徒了。

不久，胡马波纳就策动麦哲伦去攻打附近的马克坦岛。

麦哲伦率众到马克坦岛后，把一个叫布拉依雅的村庄烧毁了，强迫土王西拉布拉布纳贡。西拉布拉布答应供给3头羊、3头猪、3斗大米和3斗黍米，但在最后决定时又减少了数量，说每种只给2份。

麦哲伦本来并不需要这点东西，但他却以此为借口去攻打马克坦岛。

4月26日晚至27日，麦哲伦带领60名武装人员在马克坦岛登陆。马克坦岛居民没有放松警惕，早有许多手持弓箭和标枪的人在守卫着。麦哲伦的进攻遭到了顽强的抵抗，几次冲锋都被岛民们打退了。他没有办法，只得命令人员退到小船上来。这些小船由于礁石多而不能停靠海岸，只能在较远的海中停泊着。因此，要涉过很深的海水才能上船。岛民们见敌人退却，便乘胜追击，不断射出标枪。他们看出麦哲伦是领头的，便集中向他进攻，好几次把他的头盔打落下来。麦哲伦等人站在水中，行动很不方便，对这猛烈的进攻，越来越招架不住了。突然，一枚标枪朝麦哲伦脸上飞也似地射来，麦哲伦迅速地闪了过去，随即向那个岛民投了一枪，岛民被击中倒地。麦哲伦正想拔出宝剑来结束他的性命，那知只拔了一半，就有许多愤怒的岛民猛扑上来。其中一个岛民用大斧砍伤了麦哲伦的左脚，麦哲伦当即倒地。接着，更多的标枪向他投来，又有人用大斧砍他。很快，他便被砍死了。

麦哲伦是一个殖民主义者。他的许多作为，应当受到谴责。但是，他第一次环绕地球的远航，对于人类认识地球的外貌，也做出了很大的贡献。

麦哲伦一死，胡马波纳的指望也落了空。他不能依靠他们去征服敌对部落，因而也没有必要对这些残兵败将再献殷勤、交纳贡品了。于是，他设计了一个“鸿门宴”，故意请麦哲伦手下这些人前去赴宴，然后在席间将他们杀得一个不留。幸好他们没有全部去，否则就全军覆没了。

那些没有去赴宴的幸存者见势不妙，立即解缆启航，总共剩下113人，不够应付3艘船的工作，况且，“康塞普逊”号也已损坏，便烧了它，驾着两艘船去寻找香料群岛去了。

两艘船在一大群岛屿之间转来转去，也不知道马鲁古群岛在什么地方。起初，他们向南，朝棉兰姥岛行驶。后来，又转向西南，往加里曼丹岛航去。但马鲁古群岛在他们南面稍偏东的方向上，他们如何能找得到呢？

当他们来到加里曼丹东北部一个具有古老的高度文化的城市——文莱时，文莱人热情地欢迎他们。国王派官员乘坐龙舟，带着橘子、鲜花、家禽、山羊、甘蔗等礼物，前往迎接。龙舟桅杆上飘扬着装饰了孔雀羽毛的蓝白旌旗，龙舟里鼓乐齐鸣。西班牙人被邀骑着御象去到王宫。王宫里挂满彩缎，大小官员恭立迎候，300 名持着出鞘匕首的卫士，站在一幅巨大的帷幔前。帷幔拉开，国王和太子一同坐在一张桌子旁。西班牙人向国王行礼后，将礼物献上。国王也将锦缎、肉桂、丁香等赠给他们。

但是，这些西班牙殖民主义者本性难改，他们到处抢劫财物，掳掠人口，制造事端，引起了很大的骚乱。文莱人民愤恨已极，奋起驱赶他们，文莱官府也逮捕了他们 5 个人。其他人只得灰溜溜地开船逃命。

离开文莱，两艘船又在海上无目的地漂泊。后来，遇到两只当地的小船，才算打听到了马鲁古群岛的位置。于是“维多利亚”号和“特里尼达”号在埃里卡诺和埃斯比诺沙率领下，才踏上了通往香料群岛的正确道路。埃里卡诺原是“康塞普逊”号的领航员，埃斯比诺沙是刺杀原“维多利亚”号舰长缅多萨的麦哲伦的保安官。后来，他们两人分别被推为“维多利亚”号和“特里尼达”号的舰长。

11 月，舰队来到了提多尔岛。当船员们了解到这就是他们朝夕盼望的香料群岛的一个岛屿时，个个情不自禁，兴奋已极，立即鸣炮庆祝，在离岸不远的海面上抛锚。

第二天，提多尔岛国王乘龙舟迎接他们的船。他坐在绸伞底下，身穿一件袖子上绣着金花的白衣，下身系着长长的围裙，几乎拖到脚跟，赤脚，罩着面罩，戴着金冠，年轻的太子坐在他的前面，还有 4 个手捧花瓶和金匣的侍从。

提多尔岛上，树木苍翠，丁香、肉豆蔻、肉桂、胡椒、生姜、香石竹等香料，到处皆是，真不愧是香料群岛中的一个岛屿。西班牙人尽船上所有，来交换这些香料。全岛的干丁香都收集完了，还嫌不够，他们请求国王帮助他们搜集，国王便到邻岛去收购。后来，西班牙人交换的东西用光了，就把身上的衣服脱下来去交换。终于，两艘船被香料塞得满满的。

麦哲伦的老朋友谢兰到达香料群岛后，群岛的形势发生了许多变化。葡萄牙人为了争夺殖民地，把他们的触手也伸来了。谢兰被葡萄牙人捉去，带到马六甲。后来，他逃脱了葡萄牙人的看守，逃到提多尔岛，组织力量，把葡萄牙人赶跑了。但是，葡萄牙人并不死心，他们收买了当地几个人，把谢兰害死了。说来也巧，谢兰死的那天，也正是麦哲伦丧生的日子，即1521年4月27日。

谢兰死后，这一带又变成了葡萄牙的势力范围。葡萄牙人见有两艘西班牙船到来，决定乘机夺取。此事被留居在岛上的一个西班牙人、谢兰的同事知道，把消息告诉船上的人们，要他们赶快回去，免得遭到葡萄牙人的袭击。

两条西班牙船装满香料，准备出发，不料，“特里尼达”号严重漏水，埃里卡诺只得率“维多利亚”号先走，于1521年12月21日离开提多尔岛。

“维多利亚”号横渡印度洋，绕过狂怒的好望角，终于在1522年7月13日到达佛得角群岛。途中，大部分海员都因饥饿和坏血病死去了，只剩下30个人。由于佛得角群岛仍然掌握在葡萄牙人手里，12个上岸的西班牙人当即遭到葡萄牙当局的逮捕。剩下的8个人不得不抛弃他们，立即启航逃命。1522年9月6日，这18个极度衰弱的人，总算回到了西班牙的桑卢卡尔港。

“维多利亚”号的返回，第一次向人们证实了一个无可辩驳的真理：地球的确是圆的。从此，地圆学说便广泛传布开来。

为了表彰首次环球航行成功，西班牙国王特地制作了一个圆形地球仪，赠给18个远航归来者，对他们说：“你们第一个拥抱了它。”

那艘在提多尔岛修理的“特里尼达”号，经过3个多月的修理，于1522年4月6日启航。在太平洋漂泊了6个月之后，仍然没有逃脱葡萄牙人之手，被迫返回马鲁古群岛，船员全部被俘。葡萄牙殖民当局把他们长期监禁后，强迫他们在种植园做苦工，后来又流放到一些荒芜人烟的小岛上去，最后又押送到印度。在此期间，多数人被折磨而死。直到1527年，舰长埃斯比诺沙和另外3个人才回到了西班牙。

故事外的插曲

当“维多利亚”号靠岸后，船员们和欢迎者之间发生了一场争论。

这是一场关于日期的辩论。因为船员们的日记上写着到港日期是9月5日，而陆地上的日历却是9月6日。

欢迎者说，船员们大概被惊涛骇浪弄得糊里糊涂，把日子也记错了。

弄错了日期，那不是小事，因为教徒们要按照规定的日子对上帝进行祈祷，举行宗教仪式，如果日子搞错了，说明他们进行各种宗教活动的时间也必然错了，那就是对上帝最大的不尊敬。

可船员们并不承认错误，坚持说他们是9月5日到的。他们说，他们在船上天天记航行日志，一天不差，怎么会记错日子呢？

欢迎者斩钉截铁地说，西班牙全国的日历上，今天都是9月6日，岂有全国都把日子搞错的道理，一定是船员们在不留心的时候出了差错。

船员们仍然不服气。各有各的道理，谁也说服不了谁。

究竟谁对谁错呢？

谁也没有错！

陆地上日历的日子，肯定是不会弄错的。但如果按照船上的记法，也没有错，那天的确应是9月5日。

一天怎么会有两个不同的日期呢？

原来，这是地球自转在作怪。

我们知道，地球是自西向东不停地旋转的，一天自转一周。对于某一个固定不动的地点来说，它对准太阳自转一周的时间是不变的。例如上海，如果今天中午12点太阳经过头顶子午线，那么，过24小时，到明天中午12点，太阳再次来到这个位置，这就是一天。对于一艘移动的船只，情况就不一样。像麦哲伦的舰队，一直向西航行，如果头一天中午12点太阳直射头顶，那么等太阳第二天再直射原来位置时，船已向西走了一段路程，地球必须再转一个角度，才能使船置于太阳直射之下。结果，对这艘船来说，它一天所经历的时间就比24时长。麦哲伦舰队向西绕地球一周，每天延长少许，日积月累，3年正好凑足了一天。这就是为什么陆地上是9月6

日，船上是9月5日的缘故。当时人们还不懂得这个道理，所以发生了一场谁也说服不了谁的辩论。

如果船只向东航行绕地球一周，它每天经历的时间则要缩短，不足24小时。

对于速度很慢的船来说，矛盾还不突出，对于现代化的快速航船，甚至更快的飞机，就很容易混淆日期。为了解决这个矛盾，人们开始协商，划了一条“国际日期变更线”，规定凡自东向西过线者，增加1天，即多撕去一页日历；凡自西向东过线者，减少1天，把撕去的日历重新贴上去。这样一来，日期就统一了。比如，麦哲伦船队过线时，增加1天，变成9月6日，就和陆地上一致了。在世界地图上，我们很容易找到这条“国际日期变更线”，它位于太平洋中的大约180度经线的地方，大部分与这条经线一致。在跨越一个群岛，或经过一个国家的领土时，为了不致使一个国家在一天内使用两个日期，这条界线作了某些调整，所以变得弯曲了。

使用“国际日期变更线”后，矛盾虽然解决了，但是却出了一点漏洞。如果一位产妇乘坐自西向东航行的航船，正好在过“国际日期变更线”前后生出一对双胞胎，毫无疑问，过“线”前出生者应为哥哥，过线后出生的为弟弟。然而，按过线的规则，过线后应减去一天，这岂不就成了弟弟的生日比哥哥的提前一天，弟弟反而比哥哥大了么？

这的确是一个漏洞。不过，像这样的情况，恐怕是千载难遇的，因而也就不必挑剔了。

其他地理大发现

当你拿起地球仪观看现在的世界各地时候，你可曾知晓这些广阔的大陆到底是被谁、如何发现的么？一段段鲜为人知的故事，连带出一块块神奇的土地的发现。探索未知，等待你的就是伟大的新发现。

毕菲发现不列颠群岛

毕菲出生于马萨利亚，公元前4世纪的后25年期间，他绕过了赫剌克勒斯石柱，向西北欧的海岸做了首次远航，在这次航行过程中他无疑到过不列颠群岛。如果说腓尼基人在自己的航行过程中未在毕菲之前到过卡西捷里德（锡岛），或者迦太基人的船队在希米尔孔的指挥下未曾到过此地的话，那么完全有理由说，不列颠群岛是毕菲发现的。有关毕菲的传说，我们从流传至今的一些史前后期著作家的作品中可以看到，主要是历史学家波利比，特别是地理学家斯特累波。这两位著作家认为毕菲是个人所共知的骗子，他们引用报道资料仅仅是为了尖刻地批判毕菲。但是，即使根据他们的这些怀有敌意的说法，历史学家们也能确认毕菲向北航行路线的基本轮廓和他所取得的巨大成果。毕菲的航行大约是在公元前325～前320年间进行的。

现在还无法弄清毕菲的海上探险的组织和目的，比较确切的说法是，他的航行是为马萨利亚的商人店铺购进锡、琥珀和特别昂贵的狩猎用具。幸运的是，领导这个探险队的是一个有远见卓识的人，他受过教育，精通算术、天文、地理和绘图。

3 月，毕菲从马萨利亚启航，穿过石柱后沿比利牛斯半岛的西岸向前航行，抵达布列塔尼半岛的西岸海角（卡巴荣角）。毕菲继续向北航行，在拉芒什海峡（英吉利海峡）西部辽阔的水域穿过了该海峡，到达一个大岛的西南海角，他第一次把这个岛命名为不列颠。为了沿着不列颠的西海岸继续前进，毕菲第一次从南到北地穿过爱尔兰海，并穿过北部海峡，驶出了爱尔兰海。在这次横渡航行中，他一定会看到爱尔兰的东北海岸。毕菲想把全岛画入地图，但是画得面目皆非，把爱尔兰岛画到不列颠岛的北面了。进而他又探察了赫茂茨和赫布茨群岛（即内赫布里底和外赫布里底群岛）中的几个岛屿，同时在不列颠岛的东北角探察了奥尔卡特群岛（即奥克尼群岛）的数十个岛屿。

在奥尔卡特群岛以外的地方，毕菲抵达一个海岛，这座海岛位于“从不列颠岛向北航行 6 天的距离”。毕菲没有给这个海岛以特别的命名，后来这个海岛——不论是真实存在的还是臆造的——被载入地理发现的史册中，并命名为“遥远图勒”，这个名称意味着那里是人们居住的最北部的界限。毕菲本人被人们称为第一个极地航海家。

毕菲转头向南航行，经过不列颠岛的沿岸，到达康迪荣（肯特，在不列颠岛的东南海角）。他正确地把这个岛画成三角形，并尽可能计算出它的各方面的比例是 3: 6: 8，但是毕菲几乎把这个岛的长度夸大了 2 倍。毕菲第一次向人们提供了不列颠岛的自然地形、农业生产和居民生活习惯的准确消息。从康迪荣出发，毕菲在最窄的水域再次穿过海峡，沿大陆的海岸向东北航驶。然而，他在那里很少有收获（也可能是他所获的情况未流传至今）。人们仅知道，他在大海中看到了一系列无人居住的海岛（弗里西亚群岛），并到达克勒特人居住区的尽头和西徐亚人领地的边缘。人们相传有 2 个西徐亚人的部落名称，一个已变得无法辨认了（古东人），另一个叫条顿人。后一名称证实毕菲已经到达日耳曼人所居住的海岸。条顿人在一座名叫阿巴尔的海岛上收获琥珀，该岛离海岸有 1 天航程。许多现代历史学家根据这些少得可怜的资料做出了一个缺乏依据的结论：毕菲发现了尼德兰、日耳曼的西北沿岸地区，以及与海岸相连的岛屿，直到赫耳果兰岛和易北河河口。

在不列颠被罗马人全部认识以前，许多极有影响的古代学者对毕菲的报道信以为真，但是在首次征服性的远征（始于公元前 1 世纪朱里·恺撒的远征）之后，人们揭穿了毕菲所散布的大量夸大之词，同时也否定了毕菲的报道中真正的事实。“毕菲把很多人引入歧途，”斯特累波说，“这样，他会肯定地说，他徒步走过了旅行者能够到达的全部不列颠，这个海岛海岸线为 4 万斯塔迪（希腊尺度名称，等于 150～190 米，4 万斯塔迪可折合 6000 千米以上）。此后，他叙述了遥远图勒和那些没有多少土地、海洋或空气的地区，而代替全部这些的似乎像一个海上轻飘的东西。那里的土地、海洋似乎均悬挂在空中，并联系着世界各地，但在其上人们不可能徒步行走，也不可能乘船航行。毕菲夸大其词地说：“我从那里返回的途中徒步穿过了从卡德尔（加的斯）到塔纳伊德（顿河）的欧洲全部海岸线。”

不要忘记，这是斯特累波在毕菲航行 300 年后所写的，关于毕菲的报道是经过以后许多作者的转述才到了他的手中。在对到达图勒地域的描述中，我们看到一幅含有诗意但并不真实的浓雾笼罩的情景，这种情景是多么富有大西北地区的特点。至于毕菲海上和陆地的旅行范围，斯特累波完全不能想象的是，“他孤身一人，同时又是个贫民，能够驾船航驶和徒步走过这样长距离的路程，抵达海洋的边缘，探索整个欧洲北部地区。”

斯特累波在揭穿毕菲的无限夸大之词或露骨的谎言之后，至少也承认他在记述北部地区方面做出了人所共知的贡献。“他对靠近寒带地区的天文现象和数学计算方面做出了一些正确无误的观测。”

腓尼基人发现南欧

腓尼基是地中海东岸的一个国家，位于大海与黎巴嫩山脉镶嵌的狭窄地带，黎巴嫩山脉几乎与海岸线是平行的。由于腓尼基地处埃及与巴比伦两大古代强国之间，所以它在政治上隶属于这个或那个强国，在经济上与这两大强国保持着密切的联系，并在两大强国之间扮演着中间商的角色，腓尼基人早在有历史记载的年代里就是一个从事农耕的民族。从人们不曾记起的年代开始，腓尼基就向邻近的国家出口酒和橄榄油，其干鱼的出口同样占有很重要的地位。随着埃及和巴比伦的发展壮大，腓尼基人开始向它们提供建筑木材——一种珍贵的黎巴嫩雪松。

埃及和巴比伦需要黄金和有色金属，特别需要铜和锡（用于制作青铜品），腓尼基人在获取这些商品才追捕黑奴的同时，开始了远离自己海岸的航行。如同埃及人一样，他们建造了巨型桨船。这种桨船在顺风时能扬帆航驶，船上的桨手是奴隶。腓尼基人在他们的港口和森林业中使用奴隶劳动，在沿海的金属矿场上也用奴隶做劳动力。腓尼基人的社会变成了奴隶制社会，这种社会需要补充更多的新奴隶，因此腓尼基人渴望航行到沿海的“野蛮”国家。在海上商业贸易中，腓尼基城邦国家彼布尔、西顿和推罗发挥过特别重要的作用。

现在还不清楚，是腓尼基人发现了塞浦路斯岛，还是在他们到达以前埃及人已经发现了这个海岛。然而腓尼基人早在公元前 2000 年已经在塞浦路斯岛建立起一些殖民地，并把该岛作为向“日落之大海”（地中海）的中部和西部海域航行的基地。不管怎么说，腓尼基人不迟于公元前 20 世纪中期已经抵达克里特岛，那个时期克里特岛已经具有高度发展的文明。他们利用克里特岛作为跳板向西继续推进，从而开始发现欧洲大陆。

腓尼基人从希腊群岛出发，航行到巴尔于半岛的南岸地区。他们穿过爱奥尼亚海与上部海（亚得里亚海）之间的海峡，绕过亚平宁半岛的南部海角，这些海角后来被称为阿布里亚和卡拉布里亚。腓尼基人发现了西西里岛，并在该岛上建立了几座城市。他们还发现了撒丁岛，并在该岛的南岸建起了一座名叫卡利阿里（古代的卡拉利斯）的城市，还发现了巴利阿里群岛。他们大概去过科西嘉岛，但是未把这个岛变成殖民地。稍后一些时候，约在公元前 10 世纪中期，科西嘉岛成了腓尼基（迦太基）的领地，当时那里已经有了一些希腊的殖民地。从西西里岛向南，腓尼基人在地中海正中心发现了马耳他岛（古代的梅利塔岛），并把这个岛变成了殖民地。他们从西西里岛出发，横渡宽阔的海峡，到达非洲的北部海角，并在那里的海峡沿岸建起了迦太基城——腓尼基的新城（卡尔特—哈达什特）。这个城市后来变成了一个强大的国家，在争夺地中海统治权的斗争中成了罗马最危险的对手。腓尼基人从迦太基城向东南扩张，在海上航行的过程中认识了大小锡尔特湾，并在这些海湾的沿岸开辟了几个殖民地。从迦太基向西他们发现了阿特拉斯山脉，并到达米卡尔特石柱——直布罗陀海峡。后来，希腊人把这条海峡称为赫刺克勒斯石柱，罗马人把它称为赫耳库勒斯石柱。而中世纪的阿拉伯人把这条海峡称为直比尔—陀利克（由此名演变成直布罗陀）。

腓尼基人从北非或巴利阿里群岛出发，发现了欧洲大陆的突出于海洋的地区——比利牛斯半岛。在海峡（直布罗陀）的东边入口处，即该半岛（比利牛斯）的海岸边，他们建起了马拉加城，这座城市的名字（马拉加）一直沿用至今。腓尼基人穿过海峡，驶进大西洋，并在这条海峡的西边出口处，即在比利牛斯半岛的海岸边建起了一座城堡，名叫卡迪尔（即现今的加的斯）。他们还在非洲海岸边建造了另一座城市，名叫丁金斯（即丹吉尔）。他们在卡迪尔西北离海有数十千米的塔尔希什（即现今的塔尔西斯）地区找到最丰富的铜矿，并着手进行开采。直到今天，这个地区仍是欧洲最重要铜产地之一。

一个有争论的问题是，腓尼基人沿欧洲的大西洋海岸究竟航行了多远的路程。这些航行是与向地中海国家运送锡密切相关的。腓尼基人把采锡的地方称为卡西捷里德（意为锡岛）。然而，到哪里去寻找这些锡岛呢？卡西捷里德真是岛屿而不是半岛吗？倾向于把卡西捷里德认为是确实存在的岛屿的人，把不列颠群岛与卡西捷里德岛屿混为一谈，原因是在大不列颠西南半岛（康沃尔半岛）上留下了一些罗马统治时期开采过的锡矿。持有反对意见的人指出，这些产锡地在米卡尔特石柱附近，位于比利牛斯半岛的西北部（即在加里西亚地区）。

总之，毫无疑问的是，腓尼基人发现了欧洲南部和比利牛斯半岛的海岸，并驶进比利牛斯半岛上最大的河流——塔霍河河口上的宽阔海湾。稍后一些时候，在那里出现了一座名叫里日博阿的城市（里斯本）。显然，他们熟识了从比斯开湾到布列塔尼半岛的海岸线。腓尼基人的伟大发现是非常了不起的，他们的光辉业绩将永远铭记在世界探险史上。

罗马人发现西欧

如果说早在罗马帝国建立以前，腓尼基人（包括迦太基人）和希腊人在发现了南欧和西欧全部沿海地区以后，开始发现西欧本土，那么这个发现是被罗马人最终完成的。罗马人扩大了大西洋温带和寒温带岛屿的地理知识范围，进而发现了中欧。罗马人地理发现的主要成果，是同他们频繁地与克勒特人和日耳曼部族进行防御和进攻的战争相联系的。

公元前2世纪，罗马人除了对亚平宁半岛和地中海的岛屿有所了解外，在西南欧的边陲地区还对伊比利亚半岛（比利牛斯半岛）和把这个半岛与欧洲大陆相隔离的高山屏障了如指掌。他们最终发现了高原地区、比利牛斯山脉，以及比利牛斯的大河流域，这些大河是阿尼斯河（瓜的亚纳河）、达克河（塔霍河）、杜利河（杜罗河）和伊比尔河（埃布罗河）。与此同时，他们从比利牛斯半岛向北进发，仔细地探察了阿尔卑斯山脉的最主要的隘口，迦太基人曾通过这些隘口侵入意大利，后来基姆福尔人也曾穿越这些隘口。从阿尔卑斯弓形山岳向西，罗马人在马萨利亚的希腊人协助下研究了南地中海的高卢和罗丹河（罗纳河）及加鲁穆河（加龙河）流域的地理状况，同时对汝拉和中央高原的地理状况也作了研究。毫无疑义，罗马人不迟于公元前2世纪已经认识了把高卢与日耳曼相分离的高卢的中部和北部大河流域，这些大河是里给尔河（卢瓦尔河）、塞克瓦纳河（塞纳河）和莱恩河（莱茵河）。显然，按历史传统的说法，对这些地区的认识与朱里·恺撒的远征（公元前1世纪中期）有关。《高卢战争记实》的作者仅仅依照自己远征的行动记录了马萨里奥特人或者罗马的其他盟友——商人们和探险者们所作的发现，后者的姓名没有传到今天。公元前2世纪的罗马文献里已经点出了居住在高卢的北部和东部地区，以及塞纳河和莱茵河从上游到下游地区的部落名字：海尔维第人（瑞士人）、贝尔格人、塞克瓦纳人等等。朱里·恺撒横渡位于贝尔格人地区与不列颠之间的狭窄海峡，进入泰美斯（泰晤士）平原。但是，罗马人很快从那里退走了（不列颠被占领是在以后公元1世纪的事）。但是朱里·恺撒的远征可以看成是对不列颠的第二次发现。这个时候罗马人打听到在不列颠主岛之外有一个依维利亚（爱尔兰）大岛，但是他们未必曾经到过那里，因为他们对依维利亚的认识是模糊不清的。

公元1世纪，罗马人对不列颠展开了探索和研究。公元43年，罗马军团穿过海峡占领了这个主岛南半部地区（威尔士除外）。与此同时，他们从东北方面挺进到恒比尔河，稍后一些时候，他们从西北方面到达爱尔兰海。约在公元60年，他们在这个海上占领了安格尔西岛（曼岛）。他们在公元

78～85 年间才完成了对不列颠的发现，那时该地的统治者是朱里·阿格里科拉。此人在西部征服了威尔士半岛，从东北部渡过泰河，并在格兰扁山脚下某地击败了喀利多尼亚山民。然而他把国界确定在较远的南方，位于克莱德河与福尔特河河口区这个岛最狭窄的地方（中央苏格兰）。在阿格里科拉统治时期，罗马人的船舰曾在爱尔兰海中航驶，似乎在那时才确定了爱尔兰的地理位置：它是不列颠的主岛。阿格里科拉自己曾派遣一支舰队从泰河河口向北进发，“环绕近海海岸航行”（从东向西）。罗马航海家们已经确认，不列颠是个海岛，在此次航行中他们再次（在毕菲之后）发现了奥克尼群岛，并征服了这个群岛。然而罗马人未能向高纬度进发，因为冬季已经来临。他们在遥远的北部看见了一片陆地，认为那片陆地是遥远图勒。其实，那片陆地无疑是设得兰群岛的一个岛屿。

罗马人发现中欧

公元前 1 世纪中期，朱里·恺撒把罗马的边界扩大到莱茵河流域。从这条河的上游到河口区，他曾收集到关于西德意志的有关情报，此后，罗马人从东方和北方（从莱茵河和阿尔卑斯山）对日耳曼人发动了进攻，这次进攻战持续 40 年之久。

公元前 12 年，克拉夫迪·奈龙·德鲁斯率领一支罗马军事探险队沿莱茵河向下游进发，顺着莱茵河下游的一条东部支流进入北海。然后，这个探险队转向东去，驶过阿密金河（埃姆斯河）河口区到达韦祖尔格河（韦泽尔河）。在此次行进中，发现了德意志西北部沿海区（或者有可能发现靠近这个沿海区的弗里西亚群岛的一系列岛屿）。德鲁斯的船只在这个浅水区搁浅了，但是德鲁斯率领军团人员沿陆地向东挺进，到达阿尔普河（易北河）边。在返回的途中，德鲁斯被人打死了（公元前 9 年）。在此后 2 年中，提庇留和在他之后的罗马将领们为了追击一支日耳曼部落，从中莱茵河地区和上达努比河（多瑙河）向东前进，到达易北河。就这样，罗马人认识了易北河的上游直至它的河口广大地区。

公元 4～6 年，在对北部日耳曼部落的远征期间，提庇留的舰队驶出莱茵河，来到易北河河口，然后转向北方，发现了基姆福尔半岛（日德兰半岛）的整个沿海区以及附近的岛屿。关于这次地理探险的发现成果，罗马的地理学家波穆波尼·米拉（公元1世纪前半期）作了简要的记述，他说："阿尔普河（易北河）河口以外便是宽阔的科丹海湾，海湾中有大大小小的岛屿，岛屿之间相距不远，所以这里的海不像是个海，海水把岛屿分开并使它们远离大陆，这里的海水呈现类似狭窄的渠道分支的网状。然后海岸线蜿蜒而去，形成了一个椭圆形的海湾。这里养育着基姆福尔人和最后的一个日耳曼部落——日尔米荣人。"米拉还指出，科丹海湾中"有一个最大的和最肥沃的海岛，名叫科丹诺维亚"，这里所说的海岛大概是指斯科纳半岛（南瑞典）。

按照大普林尼（公元23~79年）的记载，在日德兰半岛北部顶端（基姆福尔斯克角），罗马航海者们看到或者听到过西徐亚国家的情况和"异常潮湿和冰冻的地域"。这是罗马人得到波罗的海的第一个消息，显然，罗马人对此不甚理解（始于北部波的尼亚湾）。罗马人极力夸大这个海的面积，把它看作是北海的一个部分，所以他们把这个岛称作斯堪的纳维亚，这个名称首先是在大普林尼的著作中出现的。

公元9年，罗马人在捷夫托布尔斯克森林战斗中被粉碎后，退回莱茵河。收集中欧地区（特别是中欧北部靠波罗的海地带）情况的工作自然而然地放慢了速度。在公元1世纪里，罗马人甚至很少知道注入波罗的海的河流。公元1世纪的著作家所列出的河流只有一条——维斯图瓦河，这条河无疑是维斯瓦河。

波罗的海沿岸区"出产"琥珀。琥珀在古代被视为珍贵之物。公元1世纪，商人们从南欧前往波罗的海去寻找琥珀，他们穿过日耳曼人部落国家，这些部落与罗马人为敌，同时早期的斯拉夫部落、波罗的海的部落和芬兰部落对他们又不甚了解。这些旅行商人把琥珀运到罗马，讲述了东部波罗的海沿岸地区（特别是波罗的海群岛上）居民生活的许多神话故事。那些神话故事被地理编纂家和自然学家们全盘接受并加以复述，例如波穆波尼·米拉和大普林尼就是这样的人。

米拉所谈的波罗的海群岛就是一例。"这个群岛位于萨尔马提亚的对面"（公元初几个世纪里被称为古代西徐亚），"除了我在一些值得信服的书籍里遇到过外，人们说，在这些海岛上居住着奥松人，他们吃的是沼泽地的鸟蛋和燕麦，而这些岛上另外一些游牧骑手们吃的是马腿。第三部分人是帕诺特人，这部分人的耳朵很大，以致能遮盖住他们全身，这是帕诺特人的唯一外衣。”这些旅行商人除了带来类似这样的神话外，还给罗马带来关于波罗的海沿岸地区居民的一些微不足道但又十分确切的消息。

寻找神话中的游离岛

在古代，大西洋上“定居”着许多神话般的“极乐”群岛、“幸福”群岛或其他一些岛屿，这些岛屿给一些被驱逐逃亡的人们或整个一个民族提供了藏身之地。亚里士多德曾说，在赫剌克勒斯石柱一方的大洋海面上，散布着这些岛屿。稍后一些古代著作家说，这些岛屿似乎是腓尼基人发现的，当罗马人毁灭了迦太基城后，这些岛屿成了迦太基人的避难地。公元前1世纪，普林尼以及稍后一个时期（公元1世纪末或2世纪初）的普卢塔赫都谈到大西洋上的这些岛屿。普卢塔赫把这些岛屿划到不列颠周围的海区，把一些“圣岛”划到要走5天路程的更西部的海区，并赋予这些岛屿美妙的自然风光和温和宜人的气候特征。这些说法想必是以加那利群岛上的真正的发现为依据的，也可能是以古代航海家发现的马德拉群岛或亚速尔群岛为依据的。

欧洲的航海家在13～14世纪最终发现这些岛屿。好几个世纪以前，人们约在公元9世纪，已可以追溯到关于大西洋上存在“极乐岛”这一神话传说的根源。这些神话传说中最古老的一个产生于爱尔兰，时间不迟于9世纪。居住在法罗群岛和冰岛上的爱尔兰遁世主义者，怀着对“世俗的空虚感”，希望离开人口较稠的海岛，来到一些遥远的无人问津的海岛上。他们认为，在这些海岛上可以免除干扰，“拯救自己的灵魂”。然而，诺曼人中的偶像崇拜主义者把他们从那里撵出去了。在爱尔兰人第库尔的著作中对此有清晰的记载，所以在爱尔兰的修道院里人们反反复复地查阅古代著作家的文献，企图从中寻找出对于这些遥远的“极乐岛”直接的记载或注释。关于爱尔兰禁欲主义者确实航行到大西洋北部一些岛屿的故事，与古代权威们关于西洋的中心存在着“极乐岛”的说法交织在一起了。这样便可以解释清楚布兰丹游历“圣岛”这一神话传说的起源以及他是如何发现该岛的。

9 世纪末期，据说，布兰丹与他的一群学生从爱尔兰海岸启程向西航行，他在海洋上迷失了方向，发现了一个极为美丽的孤岛，他在这座孤岛上居住了多年之后返回祖国。这个神话被人们的幻想加以渲染和涂饰后流传到几乎所有的欧洲国家。中世纪的一些地理绘图家在大西洋的空白海区标上了“布兰丹圣岛”。起初，他们把这个“圣岛”划在爱尔兰以西；后来，在大西洋北部海区确实发现了陆地，而这些陆地按其自然条件来说与天国岛屿没有任何相同之点，于是，布兰丹的“圣岛”便在地图上“爬到”南部更远的地方去了。在 1367 年问世的威尼斯地图上，这个“圣岛”被标在马德拉群岛的位置上，而马丁·倍海谟在自己制作的地球仪上（1492 年）把这个岛标在佛得角群岛以西的地方，靠近赤道。换句话说，布兰丹的“圣岛”变成了一个游离岛。最后，它完全消失了，既没有留下名称，也没有说明是指哪一块陆地。

另一个深奥莫测的游离岛——“巴西岛”的命运则比较好。中世纪时期，不知出于哪个人的幻想，绘图家们生造并确认了一个“巴西岛”。起初，人们把这个岛标在爱尔兰的西南方向；后来，把它挪到离欧洲海岸更远的南部和西部海区。当时（16 世纪初期），“巴西”还没有命名为位于赤道一侧似乎是南美大陆东部地区一个臆造的新世界海岛。16 世纪里，人们把这个幻想的神奇之岛的名称“赐给”葡萄牙的一大片殖民地——巴西。

中世纪的幻想家们（8 ~ 9 世纪）断言，在直布罗陀海峡以西有一个“七座城岛”。根据西班牙—葡萄牙一个稗史传说，穆斯林（摩尔人）在赫雷斯的战役中击败了基督教徒以后，把自己的统治权扩大到整个比利牛斯半岛地区（8 世纪初期）。1 个大教主和 6 个主教一起逃到一个遥远的大西洋岛屿上，他们在这个岛上建造了 7 座基督教城。15 世纪的初期，这个幻想的海岛才出现在地图上，有时与另外一个更为神秘的海岛并列，后者有一个使人无法猜测的名称，叫安的列斯。

许多大西洋新地的发现已经把幻想中的海岛推向遥远的西方，它们未来的命运各不相同。地理大发现时期，西班牙征服者从新西班牙（墨西哥）出发向北挺进，即在北美大陆的中部对“七座城岛”作了徒劳无益的搜寻（16 世纪中期）。安的列斯这个神话般的名称一直流传至今，它所指的真实陆地是大安的列斯群岛和小安的列斯群岛（1502年出版的康第诺地图上最先出现这个名称）。

在地理大发现的历史上，寻找这些海市蜃楼式的幻景发挥了极大的作用。中世纪宇宙学者们指明的这些幻景被绘制在地图上，这些景岛屿成了哥伦布和他的追随者离开欧洲海岸前往印度途中可以指望的阶梯。搜寻“七座城岛”的活动导致西班牙人对北美大陆腹地——密西西比河和科罗拉多河流域的发现。

罗马人发现尼罗河

公元初年，非洲大陆的整个北部沿海地带已为罗马人所知。罗马人对阿特拉斯山脉的认识首先是由斯特累波综合在一起的，后人把大西洋到突尼斯海峡所有的地区叫作阿特拉斯地区。

公元前19年，地方总督卢茨·科尔奈利·巴尔普率一支罗马军队从沿海区出发，完成了对撒哈拉以南的远征，目的是与加拉曼特人——一支不安定的游牧部族交战。他预先占领了迦太基以南的加达美斯绿洲（北纬30°），向东挺进，穿过铺满碎石的荒原，然后翻过黑山——显然是位于北纬28°大西尔特湾西南一连串不毛的高原地带，进而穿过沙漠到达几尔马绿洲（费泽绿洲的一个）。这是一次骑兵式的袭击，很可能是骑着快速行进的骆驼，整个行程（似乎朝着一个方向）只用了25天。在几尔马绿洲，这支队伍向东绕了一个大弯。而按直线行走，从几尔马向南，距离的黎波里大约只有700千米路程。

据马林·季尔斯基报道，在公元1世纪里还完成了2次向南的远征。森迪米·富拉克“从利比亚出发，经过3个月的跋涉，来到加拉曼特人国家之南的埃塞俄比亚”。第二次远行是由尤里·马丁完成的，他“与加拉曼特国王一起进行4个月的旅行，到达埃塞俄比亚的阿吉西姆巴地区，并在那里收购了犀牛”。托勒密根据极不准确的计算，把这个国家画到远离赤道的地方，在南纬16°15′处。直到地理大发现以前，托勒密的继承者都认为阿吉西姆巴国家是人类世界的西南边陲。除了马林的报道外，有关罗马人穿过撒哈拉的任何古代文献都没有保存下来。19～20世纪的探险家们仅仅猜想过下列问题：罗马人真的完成过这些远征吗？他们的目的是什么？他们所行的路线在哪里？他们到过哪些地区以及他们把哪一种黑人称作埃塞俄比亚人？托勒密在这块非洲地区（如同他所“熟悉的”这块大陆的其他地区一样）随心所欲地画出了一系列地理标记，然而没有一个地理标记与实际存在的河流、湖泊和山脉相符。

公元1世纪后半叶，罗马人在尼罗河流域取得了重大的地理发现成果。他们认识了阿比西尼亚高原地区、阿特巴拉河与青尼罗河。派往南部地区去进行探险的一支罗马军队到达白尼罗河上游很远的地区，然后通过野草丛生、尽是沼泽的宽阔河道——不但大船不能航行，就是小船也不能行驶。这是人们所称的肖特地区——到处漂浮着厚厚的河草和造纸草。在这个地区，如同延伸650千米长（从北纬9°到北纬5°），从加扎勒河的河口到狭窄的隘口一样，白尼罗河形成了许多瀑布。最确切的说法是：那支探险队的参加者对哲学家卢齐·塞涅卡叙述这次远征情况时，把这些瀑布称为“介于两侧石岩之间的大瀑布”。

格里哈利巴发现墨西哥

1518年，西班牙人在古巴组建了一支庞大的探险队，这支探险队的领导人是胡安·格里哈利巴，他指挥了4艘船和一支由240名士兵组成的小队。主舵手是阿拉米诺斯，彼尔纳尔·迪亚斯是这个探险队的参加者。船队沿哥尔多巴走过的航线向西行驶，但海流却把船队推向南方，此时，他们在尤卡坦东岸附近发现了一个名叫科苏梅尔的海岛。岛上的居民一看见西班牙人就惊惶得四处逃奔，但是西班牙人在此地未作停留，继续向前航行。

格里哈利巴决定首先惩罚钱波通的居民，因为他们消灭了哥尔多巴的小队。一大队士兵登上海岸。身上涂着白、黑两种颜色的印第安人全副武装地等待着西班牙人。在登陆时已经有一半人受伤了，在海岸上，西班牙人身穿棉织甲胄又迎击了印第安人的进攻，结果7人死亡，60人受伤，格里哈利巴也受了伤。经过这场残酷的战斗后，尽管西班牙人取得了胜利，但是他们损失惨重，从此以后他们的行动表现得温和一些。

离开捷尔米诺斯礁湖后，西班牙人的船只沿着未被探索过的海岸小心翼翼地向西行驶。他们只在白天行驶，过了几昼夜，他们到达塔瓦斯科大河河口（即现今的格里哈尔瓦河）。岸上出现了成群的印第安人，从森林的四周传来了树木倾倒的喧嚣声：印第安人砍倒大树，堵截道路，以便于与西班牙人展开决战。但是西班牙人登上了海岸，又很快用小船向登陆点运来了大批全副武装的战士。格里哈利巴通过被俘的印第安人翻译传话给印第安人的头目，让他们毫无顾虑地前来谈判。双方交换了礼物。印第安人送来了鱼、母鸡、水果和玉米饼，他们把一块棉布手帕铺到地上，上面放置一些用粗金制成的艺术品，还拿来了几件斗篷。印第安人说，他们再没有更多的黄金了，可是在他们的西边有一个国家，那里的黄金很多。同时，他们反复地说着一个词——墨西哥，西班牙人当时不明白这个词是什么意思。尽管这些礼物的价值不高，但是全体士兵都很高兴，因为这个地方有黄金。他们立即启航，去寻找印第安人所说的拥有大量黄金的国家。

海岸线朝着西北方向弯转。在一个河口区附近西班牙人看见一群印第安人，他们拿着长矛，长矛上系着迎风招展的白旗。这些人邀请外来人登上海岸。这是阿兹特克人的最高首领、墨西哥的君主蒙特苏马派来的人们。这位君主知道在尤卡坦海岸上发生的事件，他还知道这些外来人下一步的行动是向北推进，目的是寻找黄金。于是他下令沿岸地区的居民拿出黄金制品去换取海外的“商品”，以便于探听到这些卡斯蒂利亚人到哪里去和去干什么。四面八方的村庄立刻拿来了许多金制首饰，虽然这些首饰是用粗金制成的，工艺非常粗糙，但是用这些西班牙人从未见过的首饰却换来了许多玻璃项珠。格里哈利巴照常规占领了这个地区，并作了与此相应的公证文件。

船队继续朝着西北方向航行，西班牙人很快发现了一个不大的群岛，他们派了一只小船前去查探。在一个小岛上西班牙人发现了几座石头建筑物，沿着建筑物的台级可以登上祭坛。“祭坛上有几个看了使人厌恶的偶像神，这是印第安人的神灵，每天夜里他们都要把5个印第安活人作为祭品献给神灵。他们把献给神灵的印第安人的躯体砍断，剖开胸腔，连同被割下来的手脚堆放在这里。这些建筑物的墙壁被鲜血染成了黑红颜色。”

过了一些日子，西班牙人登上一条沙石海岸，并在那里的沙丘高地上建造了一些房子，因为在沙丘的下面不能防御蚊虫的袭击。海上不远的地方有一个小岛，西班牙人在那个海岛上发现了一座神庙，庙里住着4个身穿黑色斗篷的印第安祭司。“这天，他们把两个男孩子作为祭品，剖开了他们的胸腔，把血淋淋的心脏作为贡品献给他们肮脏不堪的神灵。他们想哄骗我们，但是我们没有上当。用这样残酷的手段杀死小孩的情景简直使我们震惊不已。”西班牙人通过印第安翻译问他们，为什么要杀死这两个男孩子？他们嘴里嘟嘟囔囔地说：“库鲁阿，库鲁阿。”这样，西班牙人把这个岛称为圣胡安·德·乌卢阿岛。岛上有一个优良的海湾，西班牙人征服了墨西哥之后，长期以来这个海湾成了新西班牙最重要的港口（位于韦拉克鲁斯的对面）。

格里哈利巴派了一艘船前往古巴报告这里发生的一切事情，并带上了所得的黄金。而他自己却乘坐剩下的船只继续沿墨西哥海岸航行，他一直航行到帕努科大河的河口，海岸从此向北弯转。航船严重漏水，冬季来临，船上的给养已经快耗尽了，于是他们调转船头，返回古巴。

格里哈利巴的探险队发现了一个高度文明的国家——墨西哥，并探察了从捷尔米诺斯礁湖到帕努科河河口全长约1000千米的全部墨西哥湾的西部海岸。然而，对西班牙人来说最重要的收获是，格里哈利巴和他的士兵们运回了大批精巧的黄金首饰。

俄罗斯人发现北欧

隶属于诺夫哥罗德的人（古露西时代的庄稼人）和贵族的奴隶们（战争中被俘的人）发现并首先占领了北欧地区的海岸，他们开辟了通往这些海岸的道路，并在那里组织起各种生产活动，此后在那里的河道下游和河口地区定居下来。他们在人烟绝迹的森林里建起了像俄罗斯绿洲一样的村庄。

向东北，诺夫哥罗德人沿沃耳霍夫河顺水而下到达拉多加湖，然后渡过斯维里河来到奥涅加湖，再沿着奥涅加湖的北岸或东北岸向北前进。他们开辟了一个“能够乘船穿过奥涅加湖到达收税区的两岸地区”（就是说，他们沿海岸从一个村落到达另一个村落）。诺夫哥罗德人主要依靠水上交通路线由奥涅加湖的东岸向东北更远的地方行进。那里没有能行车的道路，夏季在那里行驶十分困难的。“他们走过许多青苔地和沼泽，并渡过许多湖区”。他们开拓的第一条路线，是从奥涅加湖出发经过伏尔加河和它的右边一条支流，来到克诺泽罗，再沿克恩河航行到奥涅加河（瀑布以下的河段），然后沿奥涅加河航行到白海，或者由奥涅加河转入叶姆察河，再沿叶姆察河航行到北德维纳河。第二条路线是从维捷格拉河出发，穿过活水的拉恰湖，通向奥涅加河，从这里起已经有许多水道通往北德维纳河和海洋。第三条路线是从奥涅加湖的北部顶端出发，经过一系列不大的湖泊到达威格湖，进入威格河流域的外奥涅加河收税区，到达须磨和纽赫恰，从此直线前往奥涅加海角的海岸。

向西北，从位于拉多加湖西岸的诺夫哥罗德的科雷拉小城（即现今的湖滨城）出发到达洛普收税区和“野蛮的洛比”（即现今的卡累利阿自治共和国的西部地区），从此地可以到达白海的卡累利阿海岸。

人们不清楚，诺夫哥罗德人什么时候开始向北方移动的。根据《早期编年史》记载，诺夫哥罗德人在公元11世纪末已经到达伯朝拉这个离他们最远的北欧地区，因此可以推想，他们首次来到白海沿岸的时间更早。

贵族的奴隶们，即战俘奴隶们也是沿着上述某一条路线来到海岸区的。由于他们使用的大船名叫乌什库，所以他们也把自己称为乌什库人。他们在海洋里航行并沿河道向上游行进到第一级瀑布的地方，在那些指望得到丰富的猎获物的地方为他们的贵族建起了村舍，从而产生了北诺夫哥罗德的渔猎行业——有制盐场、渔村、捕鹰营地（供捕捉鹰用地）及其他行业。随着这些贵族的渔猎行业的出现，这个地区也从事农业耕种，所以出现了农业村舍。贵族的战俘奴隶们在西北地区征服了卡累利阿人和萨阿米人——或称拉普兰人（“科拉半岛的小孩们”和“野蛮的洛比人”），在东北地区征服了涅涅茨人（萨莫耶德人），并强迫这些人为他们主要从事手工业劳动。一些手工业者、农民和传教士跟随着这些战俘奴隶来到这个北部地区，混居在卡累利阿人和萨阿米人中间。由于土地分配不均，新来的人们与科拉半岛的土著人之间发生了不可调和的敌对行动，这里的土地不足以分配给所有的人。俄罗斯人、卡累利阿人和萨阿米人居住在一些很小的地段上，独家独户或分组地（互助公社）进行劳动。新来的人和边远的土著人之间的差别很快就消失了。贵族们强占了夏季海岸和波莫瑞海岸的绝大部分地段；农民们通常居住在离海岸较远的地区，即在奥涅加河，特别是在北德维纳河流域和它的左部支流上。在德维纳河流域也居住着许多从下游地区前来谋生的外乡人。

平松发现巴西

1499年11月，哥伦布第一次探险的著名参加者（“尼尼亚”号船长）维森特·亚尼斯·平松从帕洛斯港出发去寻找新地和开采海外矿藏。他率领了一个由4艘船组成的船队，这些船是用他私人的以及平松家族其他成员的资金装备起来的。从佛得角群岛的圣地亚哥岛起，他向西南航驶。在西班牙航海史上他是第一个穿过赤道线的人。经过2个星期航行后，在1500年1月底，他出其不意地发现了陆地——这是个大陆的东部海角，接近于南纬6°。平松和公证人一起登上这个后来被称为巴西的海岸。平松尝了尝这里的泉水，下令砍倒几根树木做成十字架，然后把这些十字架竖在地面上，以卡斯蒂利亚国王的名义宣布这个地区已被占领。他们想与印第安人展开不通话的贸易，但是没有成功。

此后，他们朝着西北方向行驶。过了几天，陆地在他们的眼前消失得无影无踪。他们取了点海水一看，好像是淡水，人们完全可以饮用。他们向海岸航驶，可是他们行进了200多千米路程才抵达海岸线。在此他们发现了一条水量充沛的河流的河口（帕拉河——亚马孙河三角洲的一条南部支流）。在帕拉河以外的岛屿（马拉若岛和其他岛屿）上居住着赤身露体的印第安人，这些印第安人的身上和脸上都画着花纹。印第安人十分友好而又信任地接待了这些外来人，然而这些外来的人却抓走了36个印第安人作为奴隶出卖了。平松在靠近赤道线上发现了世界上水量最充沛的大河——亚马孙河。这条河的河水把河口对面的一部分海域变成了淡水海（平松把它称为马尔·杜尔塞）。在河口三角洲的一些岛屿外侧海面上，水手们用极其简单的方法测得：在12米之下才有咸水。

离开亚马孙河河口后，平松先向北航行，然后沿着多变的海岸线向西行驶，到达奥赫达探险队曾经探索过的圭亚那（平松对此事不知）。在这个地区，平松发现了长达3000千米左右的新大陆东部沿岸地区。然后，他穿过帕里亚湾和这个海湾的海峡，沿着小安的列斯群岛向伊斯帕尼奥拉岛驶去，沿途发现了多巴哥岛（位于特立尼达岛的东北部）。

平松在这些再次被发现的陆地上没有找到任何可供开采的矿藏，于是他像他的先行者奥赫达一样，前往巴哈马群岛去捕获奴隶。在前往巴哈马群岛的途中，即在伊斯帕尼奥拉岛北部的北纬22°处，他的船队遇到了风暴。在这场风暴中他的2艘船沉没了，剩下的2艘船装运一点微不足道的巴西木材，于1500年9月底回到帕洛斯港。这次探险的结果使平松完全陷于破产，债主向法院控告了他。这个案件拖延了5年之久，后来国王下了一道命令才得以结束。国王的命令说，王室对平松组织的这次新的探险活动甚感兴趣，从而了结此事。

在平松出发后大约过了2个月时间，1499年12月，达戈·列比的2艘探险船从帕洛斯港启航。列比同样选择了西南航向，他不迟于1500年4月航抵新大陆的一个东部海角。列比继续向前航行，大约到达南纬10°线时，他发现海岸线继续向西南延伸。在此西班牙人正式把这个新的地区划为自己的领地。

列比在这个地区没有找到任何有价值的东西，于是他调转船头向北和向西北驶去，开始在亚马孙河三角洲的一些岛屿上捕捉奴隶。但是，从痛苦教训中吸取了经验的印第安人（在与平松的人员相遇之后）对列比展开了激烈反抗，因此列比损失了11个人之后被迫退走了。帕里亚湾沿岸的印第安人也手持武器迎击西班牙人，然而西班牙人在这些地区取胜了。他们把捕捉来的印第安人装满了船只，运回西班牙出卖。他们返回西班牙的时间是1500年秋季。列比把他发现的新大陆东部沿海地区标在地图上，随同地图还附上了他的一份正式报告。

这样，在2年时间内（1498~1500年），新的南大陆的轮廓从模糊不清的迷雾中呈现出来了，但这仅仅是它的北部和东部海岸。看来，这块大陆在赤道以南还有辽阔的地区，因此，在西方发现的这块大陆无论如何也不能说完全是位于北半球的亚洲。

巴尔波亚发现太平洋

1511 年，西班牙军官巴尔波亚带领着一支 300 人的部队开始对金卡斯蒂利亚的腹地展开征服活动。巴尔波亚知道，他的这点力量不足以征服这个地区，于是他利用各土著部落之间的仇视和敌对情绪，与一部分部落结成同盟来战胜另一部分部落。他的同盟者向他提供粮食，或者拨给西班牙人一部分土地并代为耕种。他把敌人的村庄抢劫一空，然后夷为平地，把俘虏来的人出售。邻近一个部落的酋长看到这些欧洲人对黄金如此贪婪，感到十分惊讶。他对他们说，从达连湾向南再走几天路程，那里有一个人口稠密的国家，在那个国家里黄金很多，然而要征服它需要有强大的力量。这个部落酋长还补充说，从那个国家的高山顶尖上能够看见另外一个海（即太平洋），在那个海上航行的船只不比西班牙的船只小。

经过 2 年之后，巴尔波亚才决定向南海（太平洋）远征。1513 年，他乘船离开了阿特拉托河河口，沿大西洋海岸向西北航驶，他行驶了大约 150 千米后登上海岸。为了威吓印第安人，巴尔波亚假惺惺地借口一些男人犯了用妇女围裙一样的布遮住他们的裸体进行鸡奸罪，在征服过程中放开猎狗去追捕他们所称的“罪犯们”。

经过这次残暴的迫害之后，巴尔波亚和他的几十个同伴翻过了一条山脉，这条山脉上森林密布，西班牙人经常不得不用斧头砍倒树木开路行进。巴尔波亚从这条山脉的顶尖望去，确实看到了一个宽阔的（巴拿马）海湾，海湾以外是无边无际的南海（太平洋）。9 月 29 日，巴尔波亚驶向被他命名的圣米格尔港。等到海潮来临时，巴尔波亚已经进入水中，高高举起卡斯蒂利亚国旗，庄严地宣读了公证人起草的证书：“我已经为卡斯蒂利亚国王占领了南部的这些海洋、陆地、海岸、港湾和岛屿，占领了这里的一切。如果某个国王或领袖，某个基督教徒或撒拉逊人对这些陆地和海洋提出主权要求，那么我将以现在和过去的卡斯蒂利亚国王的名义以武力相争，并与其进行战斗。卡斯蒂利亚国王对印度的这些地区拥有主权和统治权。对从北极到南极的海岛、南大陆、北大陆和它们的海洋，以及赤道的两侧，不论是拉克座和摩羯座的内外地域。现今和今后永远拥有主权，直到世界还存在，直到对一切濒于死亡的世代进行可怕的审判为止。”

巴尔波亚返回达连湾的海岸后，给西班牙送回了一份关于他伟大发现的报告，同时呈献所得财物的1/5，这些财物是一大堆黄金和200颗精美的宝石。

金卡斯蒂利亚新任总督阿维拉是一个疑心重重和贪得无厌的老头，他率领了一支22艘船的船队驶向巴拿马地峡。大约有1万个“没有工作的”贵族愿意不领取任何报酬与他一起出海航行，但是被派去的仅有1500人，这些人属于“西班牙贵族的精英”。阿维拉来到这个殖民地后，向巴尔波亚宣读了国王的圣谕。

黄热病使新来的人死亡很多。粮食不能满足这么多人的需求，身穿绸缎的武士们因饥饿而死亡的事屡见不鲜。阿维拉把西班牙人分成了若干个不大的小队，派往各地去寻找食物，抢掠黄金、珍珠和捕获奴隶。这些“西班牙贵族的精英”烧毁和抢掠印第安人的村庄，屠杀不幸的印第安人。正如巴尔波亚给西班牙的信中所写的，他们“由温顺的小绵羊变成了残暴的豺狼”。巴尔波亚本人在阿特拉托河上游的探险中首先遭到失败，但是与此同时他却得到了西班牙国王所赐新的较高地位，所以阿维拉把他看作是一个极危险的对手。为了赢得时间，阿维拉建议把他居住在西班牙的女儿许配给巴尔波亚。婚约签订了，于是，阿维拉的妻子动身回西班牙告诉女儿。阿维拉委托巴尔波亚继续对南海进行发现，为此还向他提供了一个小队的士兵，并允许他在巴拿马湾建造航船，但是事后又指控巴尔波亚出于个人的恐惧情绪图谋进行探险，并把大批士兵拖向那里。总督于是下令让皮萨罗率领的一支部队逮捕了巴尔波亚。根据阿维拉下达的命令，这个发现了太平洋的人因变节罪被送上法庭审判，并于1517年被斩首。

巴尔波亚第一个在连湾的高地上看到了太平洋，从此世人所不知的海洋不复存在。

永远青春岛

在西班牙人发现新大陆、新海洋的年代里，事实好似幻想，即使最荒诞的幻想也能变成事实。彭塞·德·雷翁参加过哥伦布的第二次探险，他在伊斯帕尼奥拉岛发了大财，1508 年被任命为波多黎各的总督。他在那里建立了第一个西班牙村庄，并以残暴的手段到处屠杀土著人，完成了对这个海岛的征服。他从当地居民那里听到了一个有关比米尼岛的神话传说。据说，那个岛上有一眼能使人永远青春的泉水，于是他呈请国王批准去寻找这个神秘岛屿，占领这眼神奇的泉水，并把这个岛变成殖民地。天主教徒斐南迪同意了这个请求。

彭塞·德·雷翁约请帕洛斯出生的老舵手安东·阿拉米诺斯在他的手下任职，此人曾参加过哥伦布的探险。他们着手装备 3 艘航往圣多明各的船只，并招募了一些水兵。据传，彭塞·德·雷翁吸收了一些老头和残废人在他的船队任职。事实上这些人也需要青春和健康，谁不愿意经过一个较短的海上航行便可以返老还童恢复自己已经失去的青春呢？这个船队的乘员大约是航海历史上年龄最大的一批。

1513 年 3 月 3 日，船队离开波多黎各，去寻找奇异的比米尼岛，阿拉米诺斯满怀信心地朝着西北方向的巴哈马群岛驶去。从斐南迪批准把土著人作为奴隶追捕的时刻起，西班牙人就经常对这个被哥伦布发现的“群岛”南部岛屿进行袭击（西班牙称为劳斯·卡约斯）。在劳斯·卡约斯稍北的海区，阿拉米诺斯小心翼翼地驾驶航船从一个海岛到达另一个海岛。西班牙人在他们所遇到的海岛泉水和湖泊中游泳、沐浴，但是从未发现那眼神奇的泉水。西班牙人沿巴哈马群岛的北部岛屿航行了 3 个星期以后，在 1513 年 3 月 27 日看见了一大块陆地。

彭塞·德·雷翁把这块陆地称作佛罗里达（鲜花盛开之地），这个名称完全符合于当地的实际情况：它的海岸上覆盖着绚丽多彩的亚热带植物，它又是在基督教“鲜花盛开的”复活节的第一天发现的（西班牙人称为佛罗里达复活节）。但是在阿拉米诺斯绘制的地图上却采用了一个异教徒的名称——比米尼。阿拉米诺斯率领船队沿佛罗里达的东岸向北航行了 2 个星期。西班牙人在很多地方登上海岸，品尝了许多小溪和湖泊的水，然而没有找到那眼能使这些老头返老还童和恢复体力的泉水。彭塞·德·雷翁为这次失败而感到伤心，他最后一次登上了位于北纬 30°的海岸，并以卡斯蒂利亚国王的名义宣布占领了这个“新岛”。这是西班牙在北美大陆上的第一块领地。然而在这个地区登陆是非常危险的，因为西班牙人在佛罗里达遇到了好战的印第安部族——他们是“一些身材高大、强健有力的人，这里的人身披兽皮，随身携带着强弓利剑和一些好似宝剑的标枪”（彼尔纳尔·迪亚斯）。

航船向南返回时，陷进了迎面而来的海上暖流形成的强大漩涡中，这股暖流流经佛罗里达与巴哈马群岛之间的海面上。当船队到达佛罗里达的南部海角时，迎面而来的暖流是这样急速，以致拔掉了船锚，把一只船带到海洋上去了。阿拉米诺斯费了很大的气力才使这只船与其他船只合拢在一起。强大的海洋河流呈现出一片深蓝色，与碧绿的海水形成了鲜明的对比。这股暖流从西而来，在佛罗里达东南部海角向北流去。阿拉米诺斯是研究这股海流流向的第一个人，稍后一些时候，他建议利用这股海流由西印度返回西班牙，因为他准确地猜测到这股海流会流到西欧海岸。现今业已证实，这是一条强大的海上河流，它的水量比世界上所有河流的水加在一起还要大出几十倍。此后，当他把墨西哥湾全部沿岸区标入地图时，西班牙人将其称作海湾流。北欧人所知道的名称是戈里弗斯特里姆（暖流）。

对西欧地区而言，戈里弗斯特里姆和永远青春泉就是这样被发现的。被拔掉锚的那艘船返回后，船队绕过佛罗里达并沿着它的西海岸航行到北纬27°5′的地方。在返回途中，彭塞·德·雷翁一直坚持继续寻找那眼神奇的泉水，他还发现了几个新的海岛（巴哈马群岛北面的几个大岛群）。回到波多黎各岛后，彭塞·德·雷翁再次派阿拉米诺斯向北航行，企图最后一次找到比米尼岛。阿拉米诺斯返回后带来的消息说，他终于找到了叫作这样名称的一个岛屿。

次年，彭塞·德·雷翁得到了对比米尼岛和佛罗里达完成殖民化的许可，可是直到1521年他才率领200余人组成的一支部队试图占领这个半岛。西班牙人在那里遇到了北美印第安人激烈的抵抗，以致在很长时间里西班牙人放弃了对佛罗里达的殖民化。身负重伤的彭塞·德·雷翁在古巴很快死去了。

明达尼亚发现所罗门群岛

16 世纪中叶，一些西班牙航海者在秘鲁政府、银矿主和种植园主的支持和鼓励下，开始了横渡未经人们探索的太平洋南部广阔水域的航行，以便寻找黑人和黄金。

1567 年 11 月，明达尼亚的探险队从西班牙的殖民地秘鲁的卡亚俄港启程前往太平洋进行发现。如同麦哲伦一样，尽管明达尼亚在南半球的热带水域开辟了一条与众不同的航线，但是他在穿越太平洋的过程中从未遇到过任何一个像样的海岛。1568 年 1 月中旬，明达尼亚在南纬 7°左右的海区发现了一个有人居住的不大的海岛，这个海岛上覆盖着茂密的椰子林，居民是来自赤道波利尼西亚埃利斯群岛的人。他从这个海岛继续向西推进，经过 3 个星期的航行，终于在 1568 年 2 月 7 日看到了一片“大块陆地”。这片陆地的周围是一条长长的珊瑚礁，珊瑚礁紧紧地环绕着它，把它与海洋隔开了。

一些覆盖着热带森林的不高的山脉耸立在离海岸不远的地方，在森林的深处可以看到黑色皮肤人的村庄。明达尼亚认为，他在南部大陆上已经发现了“奥菲尔之地”。据圣经说，所罗门皇帝曾派遣航船前来这个地方开采过黄金，以装饰耶路撒冷的教堂。然而，这不是一块大陆，而是一个群岛——稍后一些时候人们把它称为所罗门群岛。明达尼亚在一个名叫圣伊萨贝拉的大岛上停住了几个月时间。明达尼亚的人员很少，所以武装起来的土著人强硬地把他的人员和船只从这个岛上赶跑了。

明达尼亚在东南部的海区，即在南纬 8 ~ 11°，发现了所罗门群岛的另外几个岛屿。在此以后，他调转船头朝南美洲海岸返回，并在这个热带海域尽可能地直线向东航进。他在南半球几个月的航行中不停地与逆风搏斗，但是他终究还是被迫穿过赤道，越过北回归线，因此耽误了许多时间。船员们因饥饿和坏血症受尽了苦难和折磨，航途中死去的人很多。在这次航行途中，他在 19°线左右海区看到一片陆地，很可能是夏威夷群岛的最大一个岛——夏威夷岛，此岛位于北纬 20°以南的海面上。明达尼亚于 1569 年 1 月回到了墨西哥的一个港口。

过了半年，明达尼亚回到秘鲁。他回来后报道说，他在所罗门群岛上发现了真正的“奥菲尔之地”，他还“如实地”讲述了那里黑人的生活习惯和盛产黄金的情况（其实那里并不出产黄金）。很长一段时间里，人们对他报道的情况持怀疑态度，所以在以后将近30年的时间里，秘鲁政府未对所罗门群岛组织过新的探险活动。

维拉察诺发现北美东部海岸

维拉察诺是一个海盗，他出生于佛罗伦萨，但为法国人服务。西班牙人对他的抢掠行为无不知晓，西班牙人称他为胡安·弗罗林。正是他抢夺了科尔特斯在1520年从墨西哥派出航往西班牙的首批2艘船只，这两艘船装满了蒙特苏马的黄金和其他珍宝。按照彼尔纳尔·迪亚斯的记述，胡安·弗罗林返回法国后成了一个最富有的人，他呈献给法国国王和海军司令的珍宝礼品“使整个法国为之一惊，这些珍宝是我们（科尔特斯的士兵们）送回西班牙献给我们伟大皇帝（查理一世）的。据说，法国国王好像说我们的皇帝和葡萄牙国王在没有他参加下瓜分了世界，他要我们的皇帝和葡萄牙国王拿出我们始祖亚当的遗训来证明一件事：他仅仅把这些海盗变成了这些地区的后继人和统治者。于是他当即下令胡安·弗罗林带领另外一支船队返回海上谋生”。

按照法国历史文献记载，1523年，落入维拉察诺手中的蒙特苏马的珍宝装满了4艘船，正如他自己指出的，“目的是航行到亚洲大陆边陲的中国”。但是一场风暴把他的船队毁坏得不成样子，使他不得不返回法国进行修复。1524年1月，维拉察诺乘一艘船到达马德拉群岛，从马德拉群岛起他调转船头直线向西航行，尽管遇到暴风雨的袭击，但航船向北偏离不远。3月中旬，他航行到北纬34°的“无论在古代还是在现今从未有人到过的一片新陆地”，即北美的东部沿岸地区。在漫长的沙角和狭窄的海湾之西能够清晰地望见一条大陆的海岸线。为了寻找预想的海峡通道，维拉察诺沿沙角向东北方向行驶，过了一段时间，海湾变得宽阔了，大陆的海岸消失了。维拉察诺没有找到通往这个海的通道，显然，他把这个海当作中国海岸东部海洋的一个部分，于是向北继续航行，间或登上海岸。大概在海湾（切萨皮克湾，特拉华湾）中有一个像是东海海峡通道的入口，他航行到北纬40°的“一个河口边的一条又大又深的河流”。照他的记述可以断定，这条河是哈得逊河。

维拉察诺写道：“我们乘一只小船驶进这条河，河的两岸人口稠密，人们穿着用各色羽毛装饰起来的衣服，兴高采烈地叫喊着跑到岸边，向我们指点着最好在什么地方靠岸。我们乘这只小船沿河向上航行约1英里，我们看到，这条河在那里形成了一个约有10千米宽的美丽湖泊。30只印第安人的独木舟穿过湖区向不同的方向驶去，一群又一群人跑到岸边观看我们。突然间刮起一场风暴，我们不得不返回大船上。”

驶出这条河后，维拉察诺沿海岸向东航行，在此他无疑看见了长岛。然后他绕过一个海角（科德角半岛），沿着缅因湾的海岸向前航行，并曾2次登上海岸，最终到达一片森林地区（大约是新斯科舍半岛沿岸），在这个地方他终于发现了布列塔尼渔民的足迹。到达这个地方以前，维拉察诺一直期望发现由大西洋前往东部海洋的通道。他写道：“我担心，这个再次被发现的地区会成为前往中国道路上的一个障碍，实际证明确是这样。但是我并不怀疑我一定会冲破这个障碍。”现在这个希望破灭了，因为进入东部海洋的通道，至少可以说能供海船在北部温带水域航行的通道并不存在。维拉察诺决定返回法国。他回到法国的时间是1524年7月初。他从迪耶普给国王寄了一份有关他这次航行情况的报告，这份报告一直保存至今。

维拉察诺以后的命运如何，人们仅从西班牙的一份历史文献——彼尔纳尔·迪亚斯的一本书中得知，“当他（胡安·弗罗林）带着抢掠来的大量棉布从海上（1527年）返回时，他碰上了由三四艘巨大船只组成的比斯卡（西班牙）船队，他们把胡安·弗罗林包围了，并彻底打败了他。西班牙人把他和其他法国人俘虏了，船上的布匹也被抢夺一空。他们把胡安·弗罗林和其他船长送到塞维利亚。后来他上吊自杀了。这就是抢掠我们黄金（蒙特苏马的珍宝）的胡安·弗罗林的下场。”

维拉察诺探察了北纬34°~46°长约2300千米的北美东部沿岸地区，他给法国带回了这个沿岸地区的自然环境和居民情况的首批资料。他是第一个指明北美腹地广大内河水系的人，尽管他犯有错误，把这个区域当作被发现的海洋，认为它离东部海岸非常近。1529年，他的兄弟哲诺尼莫·达·维拉察诺把他的发现和谬误绘制在一张地图上。在哲诺尼莫·达·维拉察诺的影响下，16世纪中期的一些地图上把这个空想的水域——“维拉察诺海”或“印度海”画成了由佛罗里达起，并有一条较窄的地带把它与太平洋隔开。当时的人们推测，穿过“维拉察诺海”有一条通往中国的较短路线，只要找到这个海与大西洋相连接的海峡就可以了。在维拉察诺发现美洲东部海岸之后，法国人开始认为这一带沿岸均属于他们合法的领地。

托雷斯海峡和澳大利亚的发现

托雷斯是西班牙最后一个航海家，他为人类完成了一项伟大的地理发现。

被发现南波利尼西亚群岛的西班牙航海家基洛斯抛弃的航船中有一个名叫托雷斯的船长。基洛斯离去后，托雷斯探察了这块已被发现的“大的陆地”，并从南面环绕航行了一周，从而他确认，基洛斯发现的不是南部大陆，而是一个岛群，而且这个岛群的面积并不算是很大的。托雷斯调转船头向北航进——稍稍偏西，按他所确定的纬度，他已经航行到南纬11°5′附近的新几内亚（伊利安）的一个突出角了。事实上新几内亚的东南突出角并不可能向南延伸到这么远的地方，假如在确定纬度和绘图时没有发生重大的错误（很难说靠得住），那么托雷斯所指的新几内亚的突出角可能是路易西亚德群岛中的一个岛屿，或是这个群岛向西延伸的一系列珊瑚群岛。然而从此向西航进一定是新几内亚岛了。

托雷斯在自己的报告里说，他沿新几内亚的南部海岸一共航行300里卡（约1700千米），“由于遇到了无数的浅滩和急流，被迫离开海岸线向西南驶去，那里有许多大岛，再往南还可以看到一系列大岛。”托雷斯在路易西亚德群岛或新几内亚东南海角向南所望见的无疑是澳大利亚的北部海岸，以及与这条海岸相毗邻的一些岛屿（比较可信的是阿纳姆地半岛）。托雷斯再向前行进了180里卡（约1000千米）后，转向北航进，这时他又返回位于南纬4°由东向西延伸的新几内亚南部海岸附近的海区。

托雷斯最后一次航行的方向是向西偏北。“在这个地区（新几内亚西北边境）我第一次看到了铁，还看到了中国的小铃。这些东西使我确信，我们已经置身于马鲁古群岛附近了。”

托雷斯穿过马鲁古群岛后转向吕宋岛（菲律宾），并于1607年中期在马尼拉提出了自己的报告。托雷斯以自己亲身航海的实践证明，新几内亚（它的北部海岸早已被西班牙人和葡萄牙人所认识）不是南部大陆的一个组成部分，而是由一条海峡与“大岛”相隔的一片面积辽阔的海岛，海峡之外的“大岛”实际上就是真正的澳大利亚。托雷斯并不是看到南部大陆的第一个欧洲人，但是他无疑是穿过澳大利亚与新几内亚之间的那条海峡的第一个人。海峡内布满了珊瑚暗礁，航行十分困难。18世纪中叶，人们完全有理由把这条海峡命名为托雷斯海峡。

来到马尼拉后，托雷斯立即把自己的发现成果报告给地方当局，但是马尼拉的西班牙人地方政府把这一发现加以保密，不准外传。150年以后，七年战争时期（1756~1763年）英国人在吕宋岛登陆，暂时占领了马尼拉城，然后抢掠了政府的秘密档案，从此全世界才知道了西班牙人在太平洋上的种种巨大发现。然而英国人并不急于与世界分享西班牙人的这些秘密。

1768年，为了完成英国政府所指派的特殊任务，英国航海家詹姆斯·库克对大洋洲开始了探察工作。这件事看来并不是偶然的。库克不仅再次发现了大洋洲的热带岛屿和西班牙人早已熟悉的托雷斯海峡，而且还进一步发现了一系列新的海岛，并对澳大利亚的东部海岸进行了查探。就在这个时候，库克的对手——英国的学者和航海家亚历山大·达尔林普尔公布了西班牙人的秘密文件。虽然库克当时还怀有疑义，但是他本人也不得不承认，位于新几内亚与澳大利亚之间的那条海峡早在17世纪初叶已被西班牙人查探清楚了。

塔斯曼发现新西兰和大洋洲

被人誉为“澳大利亚大陆的哥伦布”的塔斯曼，是17世纪杰出的航海家。他首先发现了塔斯马尼亚岛、新西兰岛、汤加群岛和新爱尔兰岛，开辟了南印度洋和南太平洋的新航路。

塔斯曼1603年出生于荷兰格罗宁根省的鲁吉加斯特村。青年时期，他曾在一艘航行于欧洲水域的荷兰船上当水手。1633年，当他30岁时，他来到荷属东印度，为东印度公司服务。

当时已是地理大发现的后期。从15世纪末期起，在100多年的时间里，哥伦布发现了新大陆，麦哲伦进行了环球航行，这大大打开了人们的眼界。对于欧洲人来说，除了欧亚非大陆外，还有一个美洲大陆；除了西方航海者熟悉的大西洋外，太平洋和印度洋也渐为人们所知。到了塔斯曼活动的年代，地球的主要轮廓已展现在人们的面前。但人们还只仅了解商船经过的狭窄的水域，地球高纬度地区对于人类来说仍是神秘的地方；许多地理学家还推测北极有个巨大的北方大陆。这些未知的所在吸引着人们，人们也渴望了解这些地方。

16世纪末，随着资产阶级革命在荷兰的胜利，荷兰的航海事业也迅猛地发展。1602年，荷兰6大城市的商人组成联盟，建立了荷兰东印度公司，并建立了强大的船队，垄断了欧洲与东方的贸易。塔斯曼正是在这个时候进入荷属东印度的。起初，他当过几年舰长，在马鲁古群岛一带担任巡逻任务，也曾在马来群岛从事过水文工作。

荷属东印度公司为了搜求黄金、白银，装备了“天使”号和“格拉夫特”号两条船，这是一支由90人组成的探险队，塔斯曼担任“格拉夫特”号船长。从这时起，塔斯曼开始了他的探险生涯。

漂流西北太平洋

塔斯曼的首次探险是在西北太平洋。1639年，他们从巴塔维亚（雅加答）出发，到达了菲律宾群岛，精确地调查了先前无人知道的吕宋岛东海岸，绘制了菲律宾的地图。然后，在北纬22°线，他们发现了小笠原群岛中的几个多山而荒芜人烟的小岛。在继续向北的航程中，他们战胜了太平洋上台风季节的惊涛骇浪，10月，他们北泊野打湾（东京），南绕九洲岛，于11月24日到达台湾的荷兰要塞塞泽郎吉亚（台南）。在停泊期间，塔斯曼编纂了中国海岸的旅行指南。次年2月，“格拉夫特”号满载着贵重的中国货物返回巴塔维亚。

这次艰难的远航，虽没有找到什么“金银岛”，然而，在航程中，塔斯曼表现了他在任何困难面前也不惊慌失措的沉着老练和精湛高超的航海本领。

探寻“金银岛”

垄断了与日本商业贸易权的荷兰东印度公司的奸细们，在长崎港的德西姆人工小岛上过着如同犯人一样的生活，但是他们仍然收集了有关日本和远东海洋的许多有用的情报，一些在远东海洋上航行过的海员也收集了这方面的一些情报。无论是前者还是后者，都从访问过中国和日本的一些葡萄牙海员和异教徒那里探听到这样一个消息：在日本的东部海面上有一个“金银岛”，这个岛盛产黄金和白银。但是荷兰人把这个中世纪流传下来的神话故事与日本的主岛——本州岛以北和以西真实存在的陆地的各种消息混为一谈。

1639 年，荷属印度的总督安东·旺·迪麦从巴达维亚（雅加达）派出了一艘船，目的是探寻这个富饶的海岛。这艘船是由马迪斯·克瓦斯特指挥的，它的舵手名叫阿培尔·塔斯曼——一个年仅 30 岁的精壮海员，大约是在 1638 年第一次从荷兰来到印度的。全部船员共 45 人。

这艘船经过菲律宾，克瓦斯特和塔斯曼对菲律宾地图作了准确的校正和修改。他们在北纬 37°附近驶近日本本州岛的东部海岸，此后，他们又向东航行，并朝这个方向行进了很长一段时间，以期搜寻传说中的那个富饶的“金银岛”。但是这种搜寻是白费气力的，因为这个岛根本就不存在。船上突然出现了一种传染病，这才迫使他们停止航进。在返回的途中，他们在北纬 35°附近看见了日本的海岸线，即本州岛的东南突出地。他们继续向西南航进，穿过了南部一系列不大的火山群岛（伊豆诸岛）。传染病蔓延起来了：一部分人病情严重，一些人已经死亡。航船绕过了日本的九州岛，穿过了中国东海和南海的广大海域，最后返回巴达维亚。这艘船 45 个人中活着回来的仅有 7 人，其中包括塔斯曼。塔斯曼带领着这么几个人驾船航驶到爪哇。旺·迪麦对塔斯曼备加重视并信任，从而使塔斯曼和旺·迪麦的名字流传千古。

1643 年，旺·迪麦又派出了一支探险队去日本海域搜寻“金银岛”，并任命马丁·盖利茨松·弗里斯为这支探险队的领导（塔斯曼正在完成旺·迪麦的另一项任务）。弗里斯带领了 2 艘船：第一艘船是“卡斯特利库”号，弗里斯担任这艘船的船长；另一艘是“布雷根斯”号，船长是希德利克·科尔涅里松·斯希。这支探险队于 1643 年从巴达维亚启航，朝日本海岸方向驶去。两艘船行至本州岛东南海区时遇到了一场强风暴，在这场风暴里它们彼此失去了联系，各走一方。

弗里斯带领航船沿日本本州岛东部海岸线向北航行，于 6 月间走到位于北纬 42°线附近的北海道岛附近，即北海道岛南部的突出角——襟裳岬附近。他在这个地区遇见了一些留着大胡子的人：这是欧洲人与阿伊努人的第一次相遇。弗里斯继续向北航进，一直走到北纬 45°30′的海区，这时他发现了一块陆地，一条海峡穿过了这块陆地，把它分成了两个部分。弗里斯驾船穿过海峡（后来被称为弗里斯海峡）向北行进，进入鄂霍次克海。弗里斯把位于海峡之西南的那块陆地命名为国会岛，这块陆地实际上是千岛群岛的择提岛，但是弗里斯把它误认为是北海道岛的东北突出角；他又把位于海峡东北的那块陆地命名为公司之地，并把它当作美洲的一个海角，实际上这是千岛群岛的得抚岛。

弗里斯在鄂霍次克海上航至北纬 48°线处，由于逆风所致他不得不调头向南返回，再次回到位于北纬 45°线附近的北海道海岸边。弗里斯从此地出发再次向北挺进，他于 7 月 26 日在北纬 46°线一旁发现了一个宽阔的海湾，这是阿尼瓦湾。阿尼瓦湾岸边有一个阿伊努人的村庄，“卡斯特利库”号航船在此抛锚停泊。这是库页岛的南部海岸地区，欧洲人来此访问还是第一次。在前往库页岛南岸的航途中，弗里斯在浓雾弥漫的天气穿过了一条把库页岛与北海道截然分开的海峡（拉彼鲁兹海峡），但是他未能发现它。按弗里斯的报告推断，库页岛的阿伊努人明确地指出，他们的疆土“起自北部鞑靼人的居住地（东亚），一直延伸到南方的北海道”。北海道是一大片陆地，在它以南的是本州岛，在它西南的是朝鲜。但是，弗里斯根据阿伊努人的话却作出了一个不正确的结论。2 天以后，弗里斯绕过了库页岛的东南边角——阿尼瓦角后，调转船头向北航进，他在北纬 49°线附近发现了另外一个海湾——捷尔佩尼耶湾。

鉴于逆风阻拦和海上大雾弥漫，弗里斯不想对库页岛再作进一步的探察了，于是他调整航向朝东南方向驶去。在此以后，他又在北纬37～38°之间的海区穿梭航行，力求找到那个富饶之岛，然而这是白费气力的。这个海区离本州岛的海岸约有450海里。在此次航行中，弗望斯较为深入地研究了黑潮的特征。首先考察和记录太平洋这股暖流的功绩应该归于弗里斯。

科尔涅里松·斯希与弗里斯走散之后，乘“布雷根斯”号航船沿本州岛和北海道岛的东部海岸线向北前进。他未能发现位于许多群岛之间的桑加尔斯克海峡（津轻海峡）。在此，海岸线在他的眼前消失了，但是，在北纬47～48°线之间海岸线又重现了。这可能是千岛群岛中段一些不大的岛屿，但是斯希把展现在他的眼前一片陆地误认为是美洲大陆的一个海角。斯希再也不想探察新的海岸线了，于是他调头向南驶去，回到了北海道。他与9个船员在北海道登陆，日本人把斯希抓走了，其余的人逃上了“布雷根斯”号船向东逃跑了。这艘船在南纬37～38°之间的海区继续搜寻“金银岛”，为此目的他们向东推进了480海里。在此以后，这艘船和“卡斯特利库”号航船先后回到了巴达维亚（雅加达）。

发现新西兰岛

塔斯曼离开王吉勉陆地行驶了9天后，在南纬42°10′分处的汪洋大海中，看见了一个不知名的陆地。这里青山郁郁，茂密的常绿树林覆盖着海岸。夜幕降临了，这里的居民乘着独特的独木舟捕鱼而返。岛上的居民看见了荷兰船队后便吹响了螺号，站在独木舟上的人群不知喊了些什么。塔斯曼用双手卷成圆筒，也大声呼喊着，但他们显然听不懂他的话。

独木舟简直是在水面上飞翔，桨的升降步调整齐，显得非常生动，飞快地来到了船队旁边。荷兰人看清了，岛上居民就是富有神话色彩的种族——毛利人，而这个岛就是新西兰岛。毛利人身材高大，头顶上的黑发束成一卷，上面插着白色的羽毛。大部分人胸膛袒露，从他们皮肤上刺有的对称花纹上，可以看出他们有纹身的习惯。他们穿着荷兰人从未见过的织物，这种织物就是所谓的新西兰亚麻，一种百合科开黄花的多年生草本植物。现在人们用它来做绳子或织帆布，比普通的亚麻和大麻更结实。

为了吸引岛上居民，水手们把一块块白色的呢子、小刀和各种装饰品拿给他们看，可是毛利人依然与船队保持一定的距离，不肯到船上来。塔斯曼看到无法与岛上居民取得联系，便决定继续北航。

从新西兰北岛的西岸往北，他们行驶了 15 天。1643 年 1 月 4 日，船队到达了西北角，塔斯曼把这个岬角命名为“玛丽亚·王吉勉”。接着他们又发现了被称为三大王岛的一群小岛。岛上不大的河边有耕种过的土地，还有一些持矛与棍棒的人。尽管船上严重缺少食品，但猛烈的拍岸浪阻碍了他们靠岸，他们只好继续航行。

发现塔斯马尼亚

1642 年 8 月 14 日，塔斯曼率领探险队又出发了。他们此行的目的，一是开辟一条通往巴塔维亚的新航路，二是寻找南大陆，如有可能，查明这神奇大陆的疆界并从南方绕过它。

尽管澳大利亚已被荷兰人发现，但它的范围、自然界和居民仍是个谜。塔斯曼探险队的一个重要任务，就是要确定它的疆界，调查它的财富。

探险队由“泽汉”号和旗舰“克姆斯格尔”号组成。“克姆斯格尔”号是一艘排水量为 60 吨的旧战船，甲板已半腐烂，船长是德耶格逊·哈里曼。“泽汉”号是一般排水量为百吨的三桅运输船，船长叫格雷特·扬松。船队总领航员是弗朗士·雅各布斯·维斯克尔，他经验丰富，是个杰出的天文学家。

9 月 5 日，塔斯曼探险队到达毛里求斯岛。他们在这里停泊了 2 个多月，修理船只和索具。而塔斯曼则利用此时，采用天文测量的方法，查明了毛里求斯岛的经度比当时地图上标的要偏东 3°27′。

10 月 8 日，塔斯曼船队起航，顺西北风驶向南方。10 月 22 日，塔斯曼又改向东南，到达南纬49°附近。船队在大雾中，在夹杂着冰雹和雪的凶猛的狂风暴雨中艰难地前进着，无休止的冰冷的风暴折磨着船员。西南和南方吹来的巨浪使塔斯曼明白那里不可能有陆地，于是，他接受了领航员维斯克尔的意见，转航东北，驶向低纬度海区。当然，塔斯曼详细记载了航海日记，包括天文观测的结果、罗盘的偏差以及观天测海的情况等，都写在航海日记上。11月22日他写道："罗盘的指针在不断地摆动，从没有停在8个方位的任何一点，这使我得出此地有磁铁矿的结论。"

1642年11月24日下午，蔚蓝的天空艳阳高照，天气晴朗，船队在微风中向东前进。船员们在甲板上或坐或躺，笑语连天。下午4点，在南纬42°，他们发现了未知的陆地。船驶近了，塔斯曼看见了多山的海岸和深邃的海湾，他把两座最高的山峰分别以探险船的名字命名为"克姆斯格克"和"泽汉"，把这块陆地命名为"王吉勉陆地"。这个地名一直沿用了200年，直到1852年纪念塔斯曼诞辰250周年时，才公正而合理地改为现今的塔斯马尼亚。

第二天早晨，他们继续沿海岸向南航行，寻找适合停泊的海湾。布满森林的海岸，总是无路可通的陡岩峭壁，西风巨浪使船无法抛锚。8天后，他们才找到一个便于停泊的宽阔场所。在这8天中，他们的海图上增加了很多海峡、海湾和沿岸小岛。

探险队上岸后，就在岸上立了一根木柱，然后每人都在这柱上签了名或题了字。他们看到从丘陵起伏的海岸到最高的山峰，都长满了高大稀有的树木，几乎没有灌木丛。他们也看到了动物的足迹，爪子有老虎爪那么大。

但是，他们没有看到人，而只听到了人的呼喊声和喧嚷声。林地的上空升起了烟，说明那里有人居住。水手们看到树干上有砍出的坎子，显然是曾有人顺此爬到那高大的树上去掏鸟蛋和小鸟。坎子的间距足有1.5长，这使水手们猜想这里的居民一定是巨人，因而坚决拒绝进入这个地方的深处。其实，塔斯马尼亚人是善良而可亲的。他们过着原始的狩猎生活，猎取袋鼠和海豹，有时也猎取搁浅在海滩上的鲸。他们打猎的工具是长矛、长剑和锋利的碎石片。他们已能钻木取火，在火堆上烧烤食物。他们的住宅通常是用树杆筑成的圆锥形茅屋，上面盖满了树皮和树枝，既简单又挡风。他们的衣服是用袋鼠皮做的，即使在寒冷的季节，他们也常常裸体行走。

12 月 3 日，塔斯曼决定亲自登岸并升起荷兰国旗。但汹涌的拍岸浪使小船无法靠岸，船上的木匠皮特 · 雅各布斯带着旗子游水上岸，升起了旗子，宣布这块土地归荷兰人所有。

随后，探险队沿着王吉勉陆地东海岸继续向北航行，相继发现了布尔内湾和塔斯曼半岛。当船队行驶到巴斯海峡的入口处时，猛烈的逆风迫使他们不能再向北航行了。至此，塔斯曼船队已驶过了这个岛的整个东岸。

发现新爱尔兰岛

4 月 1 日，他们面前出现了一块多山的陆地，上面覆盖着茂密的森林，洋面上飘着巨大的热带树木、竹枝和开花的灌木——它们是从陆上的河流中来到海洋的。这块陆地就是后来被称作新爱尔兰岛屿。他们沿该岛东岸往北行驶，又发现了许多小岛。塔斯曼一一给这些岛命了名。

这些岛上和蔼可亲的浅黑色皮肤的居民，驾着小舟给船队送来了椰子、香蕉和土豆，他们也得到了西方的各种装饰品和旧铁箍。他们很聪明，能在重复的句子中知道荷兰人的语意。

这里还有一个小插曲，足以说明当地居民是多么友好。一天，“克姆斯格克”号的一名水手在停泊处受了箭伤，也不知那个射箭人是有意还是偶然射的。这使那些土人很不安，他们急忙把那个肇事者抓来，送到船上，请探险队处理。在探险队停留期间，他们和当地居民的关系一直很好。

随后，在 4 月 14 日，他们又发现了新不列颠岛。19 日夜里，这里的海底发生了地震，船员们都惊醒了。强烈的震动就像船只在全速行进中猛烈撞上了暗礁一样。水手们赶紧扔下测深锤，发现这里深不可测。第二天早晨，他们在南纬 5°4′处见到了一个喷火的岛屿，山顶火山口中喷出高高的火焰和缕缕黑烟，这大概就是头天夜里地震的原因吧。后来，微弱的余震一连持续了好几天。

塔斯曼继续西行。他们遇上了恶劣的天气。天气变化无常，狂风暴雨和强烈的风暴有时会出乎意料地变为风平浪静。他们绕过新几内亚东端而到达西端，接着又到了斯兰岛和布鲁岛。6 月 15 日，塔斯曼探险队历经 10 个月的航行，回到了巴塔维亚。

塔斯曼探险的主要收获是获得了大洋洲总轮廓的正确概念，这就足以使他成为一个卓越的地理学家和探险家。今天，当人们航行在南印度洋、南太平洋浩瀚的海面上，自然会怀念起最初到这里来探险的勇士塔斯曼。

发现汤加群岛

探险队离开新西兰后的航行一直很顺利。天气很好，波涛不兴，船队大多是顺风行驶。1643 年 1 月 20 日，他们在南纬 22°驸近，发现了汤加群岛。此时已是夜暮沉沉，万籁俱寂的时刻了。这里居民的生活颇有田园风味，他们以农为主，过着日出而作、日没而息的生活。汤加人纯朴善良，能歌善舞，非常好客。

居民们每天晚上在岸上欢聚。体格强壮而又半裸体的男男女女，戴着大花环，在鼓乐声中婆娑起舞，兴致盎然。探险队的乐队也情不自禁地演奏起来。金黄的月亮在天空中不很明亮地照耀着，高大的棕榈树发出沙沙细语，居民们和船员们混杂着坐成半圆形，共度这欢乐的夜晚。

船上每天都很热闹，岛上居民川流不息地乘独木舟来到这里，登上甲板。他们没有武器，态度安详而又和蔼可亲，只是还不大懂得尊重别人的东西，碰上什么就拿什么。水手们看到当地人乘着小舟，在距岸很远的地方捕鱼，鱼钩是甩珍珠贝壳制成的。独木舟上还有帆和平衡舵。

水手们也常上岸游览，并用镜子、珠子和焦钩、布料等东西与当地居民交换猪、鸡、水果和蔬菜。汤加的居民都很胖，极少有瘦骨嶙峋者。妇女们穿着当地的特产——用一种树皮织布做成的裙子。这种布叫塔布，是把树皮放在淡水里浸湿，再用木棒捣碎、压扁，铺在地上晒干后制成的，但不很结实。汤加人吃饭时，鸦雀无声，专心用膳。按照他们的习俗，吃饭时讲话是极不礼貌的。

1643 年 2 月 6 日，塔斯曼发现了被无数珊瑚礁围绕的 20 多个小岛组成的群岛，他把这个群岛命名为“维尔格姆王子岛”（即斐济的劳拉群岛）。当时船队在礁石丛中遭到大浪的冲击，船只随时都有触礁的危险。在这关键的时刻，塔斯曼异常镇静，仔细寻找出路，终于发现了一条狭窄的通道，使船队安然脱险。接着，他们又通过了斐济群岛周围的无数礁石、环礁和浅滩，克服了无穷的水下障碍，战胜了无尽的危险，发现了斐济第二大岛瓦努瓦岛。

塔斯曼从斐济群岛继续向北航行，越接近赤道，天气越不稳定，天空时常布满黑色的雷雨云。残酷无情的飓风和雷电突然袭来，下起了倾盆大雨。船队艰难地航行着，无法测定自已所在的方位。塔斯曼认为，这种天气是由夏季从新几内亚湾吹来的西北季风引起的。他的看法是正确的。

3 月 22 日，塔斯曼驶过所罗门群岛附近，在翁通爪哇群岛（塔斯曼发现并命名）以北又发现了一个小群岛，他以自己的名字为它命了名。

开辟新航线外的故事

在我们这个星球上，人迹未到的地方还有很多，特别是深海洋底，人类几乎尚未涉足。在那些成功发现新航道之外故事的主人公也充满了探索未知的热情和勇气。

“法摩斯”计划

20纪60年代，在地学领域兴起了一种解释地壳结构、地壳运动和海洋与大陆起源的学说——海底扩张—板块构造学说。为了验证这一崭新的重大学说，就必须潜入大洋底部，到海底扩张的地方——洋中脊（大洋中的水下山脉，也称海岭）的中央裂谷（地壳的裂缝处）去作实地考察。

1971年3月，法国研究海底的行家德比赛、勒皮雄、里福德和深海潜水器指挥官德弗罗贝维尔与美国著名地球物理学家赫塞博士在法国波尔多市会晤。双方一致认为可以利用深潜器对洋中脊的裂谷地带进行科学探险。他们提议把这件事列为法美合作的一个项目。

1971年11月，两国科学家再次在美国的伍兹·霍尔镇会晤。双方经过讨论，拟定了一项实验海底考察的计划，由科学家乘深潜器到水深约3000米的洋底进行考察，下潜地点是大西洋中部亚速尔群岛西南700千米处，那里有一条长约20千米、宽4~5千米的洋中脊裂谷带。这项考察定名为“法美联合大洋中部水下研究计划”，简称“法摩斯”计划。

1971年12月，法国国家海洋开发中心正式同意参加这项活动。3个月后，美国国家海洋大气局也宣布同意参加。于是，一项在海洋学史上具有划时代意义的“法摩斯”计划便正式问世了。

筹备与选择

人要下到几千米深的洋底，是一件非常困难的事。水深每增加 10 米，每平方厘米上所承受的压力就要增加 1 千克。只有乘坐有着坚固外壳的深潜器下潜，才能免受水下重压的伤害。所以，深潜器是人类通向洋底的必不可少的工具。

那时，能够承受大洋深处巨大压力的深潜器在法国只有“阿基米德”号和“赛纳”号。“阿基米德”号当时已潜水 160 余次，安全性能好，缺点是比较笨重，在海底行动不够灵活。“赛纳”号比较小巧灵便，但刚刚建好，尚未作过深潜。在美国方面，选中了“阿尔文”号深潜器，它重 13 吨，也比较灵巧，但需改装后才能执行任务。

为了使这三艘深潜器能够安全、准确和有效地实施海底考察，科学家们给它们装配了测量航向、航速、下潜深度和距海底高度的仪器。还在外部安装了水下彩色、黑白摄影机和电视摄像机，以便拍摄洋底的自然景观。为了采集洋底岩石标本，装备了液压机械手。深潜器前部备有特制的篮筐，可以按采集顺序存放标本。

接着，科学家们利用船只和最现代化的仪器，从水面对潜水海区进行了 23 个航次的调查，取得了大量的海底地形、地质和海流资料，并在这个基础上制造了一些海底模型，供潜海人员观察演练。

在人员的配备方面，法美双方都任命了领导人员、科技人员和后勤人员。三艘深潜器也配齐了驾驶员、地质科学家和工程技术人员，并对这些下潜人员进行了训练。

双方确定这项探险活动分为 2 个阶段进行。第一阶段由法国的“阿基米德”号单独实施，时间定在 1973 年 8 月。消息传出，全世界都期待着这个历史性时刻的到来。

初潜告捷

1973 年 8 月 2 日，世界瞩目的“法摩斯”首次潜水活动开始了。那天一早，亚速尔群岛西南约 700 千米处的中大西洋上，天气灰蒙蒙的，海面异常平静。7 点 20 分，深潜器母船“马·勒比汉”号牵引着“阿基米德”号驶抵潜水点。科学技术人员再次对“阿基米德”号载人的深潜器作了最后的检查。9 点零 6 分，“阿基米德”号开始下潜，海水缓缓没过了指挥台，转瞬间它便从人们视线中消失。母船上鸦雀无声，大家望着湛蓝深邃的大海，默默祝福“阿基米德”号平安归来。

“阿基米德”号今天将要沉落到一个神秘的地方——大西洋中脊这条最大的水下山脉的中央裂谷的狭窄底部。这是正确认识我们这个星球的一次重大行动，它很可能会关系到人类的未来。这个笨重的、行动缓慢的深潜器进入那片神密的世界以后会怎么样呢？母船上的人不免有些忧心忡忡，为沉往海底深渊的同伴担惊受怕。

深潜器在重力作用下以 30 米/分的速度沉落，它将进入一个寒冷、静寂、重压和漆黑一片的世界。下潜的 3 个乘员都处于极度兴奋之中，心情最激动的要数主任科学家勒皮雄了。他将是世界上第一个看到洋底裂谷的人，那儿熔融的岩浆和陡峭的悬崖绝壁是我们地球历史的起点。再过几个钟头，他就会知道地质学家们对海底裂开、扩张的推想是否与现实相符了。

3 个小时以后，洋底已呈现在脚下。驾驶员德弗罗贝维尔和勒皮雄的眼睛紧贴着舷窗，极力搜索这想象中的洋底。

“巨大的熔岩!”勒皮雄惊叫起来。

就在深潜器的前方，那高悬着的巨大熔岩，像瀑布一样从几乎是垂直的陡坡上倾泻而下。深潜器沿谷壁继续降落。勒皮雄又看到了许多黑色的“管道”，活像大管风琴上的音管，有些直径达 1 米多。覆盖在黑色“管道”表面的晶莹的玻璃膜在探照灯照射下闪烁着黑玉般的光彩。勒皮雄凝神地看着，眼前仿佛出现了熔岩瀑布形成时的壮观景象：炽热的岩浆从裂谷底纵横交错的裂缝里或是猛烈地

美丽熔岩

涌流，或是缓缓地渗出，像金蛇狂舞，又像火龙腾空。熔岩流化为红色的瀑布，流向四方，冰冷的海水和巨厚水体的重压顿时将熔岩凝结成长长的垂直管道，于是海底变得晶莹闪烁、气象万千……

12 时 15 分，“阿基米德”号轻轻着底。这里海底与前番大不一样，尽是一些破碎的岩块，岩块大小出奇地均匀，像铁路上的道碴。远处可以看到一些完整无损的枕头形状的巨大熔岩。碎岩块上覆盖着一层几毫米厚的“雪”，它们是海洋表层钙质浮游生物沉落洋底的残骸，看上去像在碎岩块堆上铺了一张洁白的地毯。不远处，一株柳珊瑚婷婷玉立，活像一尊女神的雕像。右方是一丛艳丽的大海绵，它那怒放着毛茸茸的花丝在海流中微微颤动，好似一把轻轻摇动的驼毛羽扇。附近还有一株六放海绵，它那细长的花茎的顶端向下低垂，犹如悬空飞舞的芭蕾女演员。有谁曾想到在这 3000 米深的洋底竟有这般美丽动人的生命现象，三个潜海者沉浸在梦幻般的仙境之中。

深潜器向前挪动了几米。当勒皮雄看到大海绵边上的一块枕状熔岩时，这位爱石如命的地质学家立即操纵机械手采集标本。忙碌了半个小时，才把一小块枕状熔岩颤抖着放进前端的篮筐里。

忽然喀嚓一声，深潜器又撞在海底的岩石上了。一只受惊的大螃蟹爬出洞来，它张开双螯，摆出一副进攻的架势，两只小眼睛不停地转动，怒视着深潜器这个闯进它的领地的不速之客。

“阿基米德”号在这个到处是陡壁断崖的裂谷底部潜航了 2 个多小时。勒皮雄又陆续发现了许多熔岩，有蘑菇状的、圆球形的、管状的，真是琳琅满目，无奇不有。

14 时 56 分，一电池中的电快用完了。三位潜海者依依不舍地告别了神奇的海底世界，开始回升。16 时 13 分，他们浮出海面。母船上一颗颗紧悬着的心这才放了下来。

三位潜海者登上母船，他们汗流浃背，显得精疲力竭。人们紧紧围住他们，急切地向他们询问海底的情况。探险家们激动得不知说什么好，只有勒皮雄说了一句话，“简直是奇观，真正的奇观!”从他那欢快的眼神里，人们看出这位地质学家确实是找到了打开洋底大门的钥匙。

随后，“阿基米德”号又下潜 6 次，在洋底裂谷中央的一座小火山上考察了9千米，采集了90千克岩石标本，拍摄了2000多张照片。

9月6日，“法摩斯”计划第一阶段结束。母船牵引着遍体鳞伤的“阿基米德”号返回法国土伦港休整，以备迎接来年的更为重要的任务。

继续探索

1974年6月，第二阶段潜海的准备工作就绪。法国的“阿基米德”号、“赛纳”号将与美国的“阿尔文”号并肩潜水。

6月中旬，亚速尔群岛德尔加达港效区的一座小别墅里，人们进进出出，电话铃声和打字机的嘀嗒声响个不停，法美两国科学家彻夜不眠地围着堆积如山的文件资料，研究部署了第二阶段潜海的行动计划：大裂谷的谷底去年已有所了解，但对谷壁仍一无所知，“阿基米德”号就到那里去揭谜；“阿尔文”号则往裂谷的中央小火山南部的裂谷轴部探胜；小巧灵活的“赛纳”号派往潜水区北部的转换断层地带考察。

6月下旬，母船相继把三艘深潜器运送到预定的考察海区。

从6月30日到8月6日，“阿尔文”号按着预定的潜航路线，跑遍了裂谷底的中央小火山南部海区，到达了裂谷中央的另一座小火山。在潜航中，地质学家鲍勃·巴拉德首次发现了裂谷底部的地震裂缝，这些地壳的裂口宽约数厘米，两侧有微小的垂向错动，它们延伸几十米便合拢了，接着又被另一条裂缝所取代。这种裂缝在中央小火山南部多么令人吃惊。另一位地质学家吉姆·穆尔透过舷窗，如醉如痴地观察了千姿百态的火山喷发物。这位世界上最有才华的研究火山几十年的科学家，在亲眼看到洋底大裂谷的火山现象以后，这才真正感到了自己的不足。他将观察到的枕状熔岩和其他喷发物作了精确的分类，证明这些裂谷中央的小火山都是最新形成的火山，最多也不过只有几千年的历史。

“阿基米德”号在上一年的7次深潜中，已经取得了许多宝贵的经验，这次它到达洋底就好像回到了老家似的。它虽然行动笨拙，但潜得最深，水下航程最长。8月22日，它在3000米以下洋底连续考察了12小时，创造了“法摩斯”潜航时间的最高纪录。

另一艘深潜器“赛纳”号是诞生以来的首次深潜。它曾发生了几次技术故障，然而它勇敢地一次次潜入阴森恐怖的洋底，遍及转换断层的断裂地带，考察验证了非洲板块与美洲板块的边界地区。它还从大洋深处识破了一个令人神往的洋底奇谜——传说中的已经沉沦大西洋底的古大西国都城之谜。

那是7月11日，“赛纳”号在洋底工作了4个小时以后正准备上升洋面，地质学家肖可罗内突然发现了一堵高10米的墙。驾驶员西亚宏小心地操纵深潜器绕过这堵墙，可是，在探照灯长长的光锥里又出现了又一堵墙，接着又是一堵，……看上去完全是一座沉沦海底的古城遗迹。三位潜海者目睹这一奇异景象，立即想到了关于古大西国的传闻：在很久以前，现在的大西洋中部有一个名叫“大西国”的文明古国。有一天，突然山崩地陷，这个国家顿时沉沦海底。开始的时候，人们还能见到海面下古大西国都城的城墙和房屋，以后越陷越深，终于不复可见。后来，在这一带捕鱼的渔民还偶然可以捞到大西国臣民用过的器皿。不过，三位潜海者对这一传说向来是不以为然的。这时，他们乘着“赛纳”号，在不足4米宽的古城街道上踽踽而行。肖可罗内详细考察了古城的残垣断壁，发现这些墙壁与裂谷大致平行，高4~10米，厚20~100厘米，两墙相距3~4米。于是，肖可罗内断定这些墙无疑是岩脉，是地球深处的熔岩沿大裂缝往上涌升的过程中在缝隙中缓缓冷却凝固而成的。它们有较强的抗蚀能力，当周围较软的岩石受侵蚀剥离掉以后，这些岩脉保留下来成为一堵堵高墙。这样，人间的传奇就与海底的现实巧妙地融合在一起了。

在第二阶段的潜海过程中，潜海人员也看到了洋底的各种奇异的生物。其中有各种形状的海绵动物，有枝杈茂密的柳珊瑚，有丛生的软水母，还有在舷窗前游来游去的小红虾和深海鱼类。最奇特的是一种叫“沙箸”的动物，它们像一堆堆扔在海底的乱七八糟的铁丝，能够发出冷光，与别的东西相碰就自行发热。它们曾使潜海者胆战心惊，以为是碰到海底电缆了。要是深潜器被海底电缆挂住，那就难以解脱，潜深人员将会葬身海底！

惊险的遭遇

1974年7月10日，“赛纳”号在从洋底返回水面的航途中，突然猛烈地抖动了一下，同时发出一阵沉闷的响声，顷刻间前进被阻。驾驶员金特基透过舷窗搜索，禁不住失声大叫：“瞧，大王乌贼！”

二个人一齐凑到舷窗前，看到一团黑色的“云雾”笼罩在深潜器前方，一个巨大的身影一闪而过，消失在黑色云雾之中。这件事来得如此突然，以致他们都来不及感到害怕。这种巨大的、喷出大量墨汁的大王乌贼，力大无穷，被人们称为“海妖”，它能将几十吨重的巨鲸置于死地，小小的深潜器对它来说不过是一件“玩具”而已。幸好它很快地溜开了，但三个潜海者一想到那巨大的身影，仍不免心惊肉跳！

另一件险事发生在1973年8月5日。美国科学家巴拉德作为观察员乘法国的“阿基米德”号潜入大洋后，忽然舱内因电线短路而起火。火很快被扑灭，但浓烟弥漫不止。舱内其他人员都按操作规程戴上了呼吸器。只有巴拉德戴上面罩以后立即呼吸困难，面孔憋得发紫。处于窒息状态的巴拉德绝望地挣扎着，企图扯下面罩。旁边的驾驶员哈里斯门第意识到巴拉德可能是忘了打开氧气开关，随即伸手按动了氧气阀，使巴拉德恢复了正常呼吸。尽管这段恐怖的经历使巴拉德终身难忘，但他并未就此退缩，而是怀着炽烈的探求精神继续潜海考察。

还有一件令人心惊的事发生在1974年7月17日下午。“阿尔文”号正在洋底潜航，母船上的科学家发现它在一个地方已有45分钟没动弹了，便打开声波电话催促他们前进。然而，从洋底传回的却是一阵绝望的呼叫：

“我们被卡在一条裂缝中，看来上不去了！”

这简直是悲剧。水面人员顿时紧张起来，他们立即拟定了在万不得已时的急救措施。但无论怎样，最好的办法还是让潜海人员自己设法脱险。水面人员建议用横向推进器驱动深潜器向前后左右摆动，就像人用肩膀开路挤出密集的人群那样。深潜器里人员马上行动起来，舱内可以听到钢壳挤压岩石的卡嚓声，碎石块纷纷落下，但深潜器仍然动弹不得。经过2个小时的努力，它才移动了1英寸。人们惊慌得不知所措。还是多次出入海底火山禁地的地质学家穆尔沉得住气，他让大家镇静下来，仔细弄清“阿尔文”号动弹不了的原因。于是被困在裂谷陷阱里的三个人在探照灯的照射下冷静地探察了岩石裂缝的形状和海流的方向，发现裂缝两侧的岩壁只有几米宽，深潜器的尾部紧紧卡在岩壁上几块突出的石棱之间。必须转动几个角度，才能从石棱间一处较大的缺口中钻出来。三个人忙着轮番开动横向推进器，经过20分钟搏斗，终于使深潜器的尾部从裂缝中摆脱出来。满身大汗的三个人长长地喘了一口气，庆幸自己“龙口”脱险。

意外的发现

7 月 24 日中午，“赛纳”号告别母船，徐徐下沉。地质学家肖可罗内为了打破舱内静寂得可怕的气氛，按了一下磁带录音机的键盘，贝多芬的第七交响乐的旋律立刻在大洋深处响起。三位潜海者在雄壮的乐曲声中沉落洋底。一个半小时后，他们来到 2694 米深处一个约 35 度的陡坡上。肖可罗内发现洋底覆盖着一层薄薄黑色熔岩，随即操纵机械手捞了一块样品放到篮筐里，然后继续向南航行。

17 点 56 分，“赛纳”号接到回升的命令。坐在舱里的肖司罗内有点闷闷不乐，因为他感到这个航次收获不大，除了取回一块黑色的石头以外，没有观察到什么新鲜东西。

回到母船上以后，有点懊丧的肖可罗内向同伙们介绍了这次潜航的经历，并把那块小石头扔给他们传看。地质学家勒皮雄和贝莱塞见这块石头呈暗黑色，很脆，便建议送到岩石学家海基里安那里，请他给鉴定一下。

午夜时分，肖可罗内从海基里安那里跑回来，把沉睡中的勒皮雄叫醒，激动地告诉他，那块石头经过仪器分析，断定是一块“金属热液矿石”，是一块含量 100% 的纯锰。勒皮雄像着了魔似的一骨碌滚下床来，随即提议再到那块矿石的产地去考察。是啊，在大洋底首次找到这样的矿床，这无疑是“法摩斯”探险的一项最重大的发现！

7 月 26 日，肖可罗内乘。“赛纳”号再次潜入洋底，没费多大周折就接近了目标。经过仔细考察，热液矿床位于一个乳头状小丘上，小丘高 5 ~ 6 米，顶部有一热水泉喷口，是一条宽 50 厘米、长几米的裂缝。喷口附近有密密麻麻的小鱼群，显然热水泉此刻没有喷发。喷口周围覆盖着已经石化的沉淀物，颜色由下到上依次为黑色、暗色和鲜红。在小丘顶部和南坡上，还看到了厚度渐次变薄的黑色多角形物体。从总体看，矿床约长 40 米、宽 15 米，估计蕴藏量约 1000 吨。后来对捞取样品的分析表明，喷口附近主要是铁，坡下是锰。尽管目前还不具备开采这种小规模洋底矿床的技术条件，但肖可罗内第一次科学地向全世界证明，在大洋底确实存在着金属热液矿床。

1974 年 7 月 30 日下午，潜水母船“诺罗瓦”号上彩旗迎风招展，记者招待会正在热烈地进行。来自世界各国的记者聚精会神地听了“法摩斯”潜海活动的重要发现和桩桩趣事，无不为这些神奇的故事所倾倒。专程赶来与会的法国国家海洋开发中心总经理伊夫·拉普雷里反复察看肖可罗内的那块怪石，意识到这一新发现无疑会对今后勘探海底矿藏带来深远的影响。他决定亲自下潜到矿石产地去看一看。

8月2日上午，拉普雷里跨步迈进“赛纳”号的圆形舱。但这次潜航却未能找到那片矿床。尽管如此，拉普雷里还是看得目眩神迷。多年以来，他以为有关海洋的事情已经了解到差不多了，这时他才发现隐藏在洋底的不为人所知的东西还那么多。

8月3日上午，肖可罗内等人又第三次探测这片金属热液矿床，下潜只用了20多分钟并找到了那个乳头状小丘。他们捞了5块岩样，拍摄了大量照片，还拍了一部彩色影片，再次确凿地证实：在“法摩斯”探险中，科学家在大西洋裂谷底部，找到了一把打开金属矿床成因的金钥匙！

“金属热液矿石”

“法摩斯”计划是一项集体工作。伟大的探索精神把许多科学家、工程技术人员、潜水员、海员和后勤人员紧紧地联系在一起，共同协作，创造了人类文明史上的这一奇迹。事实表明，一个人无论多么有才华，都不能独自担当起今天探索海洋的重任。

雅克·皮卡德探险记

海面狂涛

1960年新春伊始，“曲斯特”号深潜器由“温达克”号船拖曳着，驶向了太平洋马里亚纳海沟。4 天以后，到达了距关岛西南 354 千米的海面上。当时，海面上风浪大作，巨浪接二连三地扑打着“曲斯特”号，打坏了深潜器外面的电话，计速器尽管高出水面 2.44 米，并且成功地经受了多达 50 次的潜水考验，这次也毁于非命了。垂直海流计也受到了部分损伤，只见它吊挂在自己的支架上，摇摇晃晃，样子可真狼狈。此时，“曲斯特”号看上去真像个劫后余生、元气大伤的残兵，根本不像屡建奇功、即将向“挑战者深度”冲刺的勇士。

怎么办？难道这次令人神往的行动，就因为这可恶的海浪而放弃吗？被损失的几件仪器固然很重要，但关键潜水器并未损坏。我决心按计划下潜，向海洋挑战。

我最担心的是关系到深潜器成败的主电路，它控制着压舱物的排放。幸好，它完好无损。当年我父亲设计“曲斯特”号时，他的基本设想之一便是通过电磁铁的方式控制压舱物——铁球。其原理和过程也很简单：潜艇要自动上浮返回海面，就要减轻其自重，这只需切断电路就行了。这很像气球，实际上它就是一个遨游在深海中的大气球。它的浮力来自于轻于水的汽油，而不是轻于空气的氦气。

我的助手唐·沃尔什是美国海军负责主管“曲斯特”号的军官，他已进行过 6 次潜海探险，最近的一次是 2 周前同我合作进行的，我们潜到了 7320 米的深度。

这次深潜，无论是对我还是对沃尔什来说，都具有决定性的意义。如果探险成功，沃尔什便从我手中接管“曲斯特”号，而我在向公众证明了“曲斯特”号具有最好的耐压性后，便卸任返回我的祖国——瑞士，再设计新的潜水器。

海面狂涛

此时，负责护航的驱逐艇已安放好标记，指示出我们下潜的准确位置；

接着，在方圆只有十几米的范围内又点燃了好几颗照明弹。在这之前，为了探明“挑战者深度”，还进行了800多梯恩梯当量的水下爆炸。这一系列精细的准备工作，整整花了4天的时间。

出发前，我们使用了二氧化硅凝胶，它保证了潜水器的极好密封。潜水器内的空气新鲜而干燥，但这并不意味着我们很舒服了，因为密封舱上方装汽油的浮体，成了海浪拍击的对象，使得整个潜水器上下颠簸，震动得很厉害。

我匆匆攀上扶梯，来到甲板上，向我们忠诚的工程师吉乌塞·波诺下达了最后的命令：

“我一关上舱门，你就打开进口通道阀门，一切按正常程序操作。如果出了故障，就立即放弃这次下潜，哪怕是在最后的一瞬间。”

波诺严峻地点点头。他是个年仅37岁的意大利人，但他已经为“曲斯特”号做过64次潜海的准备工作。这是个可以完全信赖的人。

就要下潜了。我又一次看了看海面。在距我们只有100多米的海面上，“温达克”号头顶赤道骄阳，在强烈的赤道信风掀起的浪涛中，颠簸摇曳，再远一点的海面上，我看到“莱威斯”号驱逐舰在浪涛中时隐时现。它的任务是在我们下潜期间，在附近海域游弋巡视，随时为我们提供援助。

天空沉郁、多云；空气闷热、潮湿；海面波浪滔天。大海在逞威，似乎要吓退我们这些勇敢的挑战者。我深深吸了一口气，下到密封舱内，小心翼翼地关上了那个保护我们以防海水涌入的钢制舱盖。说来有趣，它密封的稳妥性，只用一根插销就解决了。而且，这个保险系数又随着下潜深度的增加而增大，因为大洋深处的海水是个义务大力士，它产生的巨大压力紧紧压住了舱盖。

透过后舷窗，我看到海水渐渐充满了进口通道。那是我们钻进密封舱时刚刚钻过的地方，现在却成了一座袖珍水晶宫。

舱外的一切操作都结束了。由于潜水器受伤，下潜就带着更浓厚的探险色彩了。1960年1月23日，时钟记下了这一历史性的时刻——8点23分，“曲斯特”号进入了永久寂静同时也是喧闹的水下世界。这里没有风浪，却间或有急流；这里缺少明媚的阳光，却繁衍着千奇百态，五光十色的海洋生物。再往深处去，又是一个怎样神秘的世界呢？沃尔什和我虽然忐忑不安，但总算松了一口气。我心里默念着：开始了。

潜向深处

起初我们下潜十分缓慢，我们正好利用这个时机全面检查一下深潜器。10 分钟后，我们刚下潜了 91.5 米，潜水器就停了下来。这说明我们遇到了温度低得多的水层。由于深潜器内的汽油降温和缩小体积需要一定的时间，所以才导致了下沉的中断。这使我们面临进退两难的窘境。要摆脱这种困境，是等待汽油自然冷却，但那将使我们失掉极为宝贵的时间，而我们必须在天黑之前返回海面。另外一种办法是放掉一些汽油。但这也同样冒风险，因为我们返回海面时，全得依靠这些极为宝贵的液体。

我决定放掉一些汽油，因为我对为这次下潜而设计的压舱物和气油的比率是充满信心的。即使释放掉全部可以消耗的汽油——42 立方米，我们仍然安然无恙，余下总量为 102 立方米的汽油足以保证我们安返海面。

我便打开了汽油阀门，放掉了一些汽油。1 分钟后，下潜就又重新开始了。但刚下沉了 10 米多，深潜器就停住了。于是，我又放掉了一些汽油。5 分钟后，我们到达了 130 米深处，潜水器第三次停了下来。7 分钟后，我们又停在 160 米的深处。在“曲斯特”号先后进行的 65 次探险过程中，海水这样鲜明的分层现象我还是第一次看到。

每当深潜器停下来的时候，沃尔什便十分仔细地观察电动温度计，以便准确地确定海水垂直温度线。当我们以 1.22 米/秒的速度潜过 200 米的深度后，“曲斯特”号终于不再停留，一直沉向了海底深渊。

这时，我们周围已是漆黑一片了。第一批闪烁着磷光的浮游生物便出现在我们的面前，我们还一直没有使用探照灯，因为我们想尽可能清楚地观察海底生物发光的情景。结果证明，我们只是在 670 米和 6100 米的深处才看到了生物发光的情景。大概是我们这个外形古怪、体积庞大的不速之客的突然闯入，惊扰了“龙宫”吧，那些过惯了宁静生活的深海生物纷纷逃离。

按照计划，“曲斯特”号先以 0.9 米/秒的速度下沉到 7930 米的深度，然后减速，以 0.6 米/秒的速度下潜到 9150 米的深度，再以0.3米/秒的速度潜至海底。因为我们虽然事先估计深海中没有汹涌的水下激流，但却不能完全排除这种可能。倘若真的遇上了水下激流，那么深潜器就有可能沉到海沟的斜坡上，被坚硬的岩石撞坏。

海底深渊

而掌握下潜速度，需要不断地测定水温、汽油的温度、压舱物释放的总量和计算未来可排放的数量，还要记录氧气用量、二氧化碳的含量、空气温度等。这么多的工作，使我们在下潜的5个小时内没有感到一点儿寂寞。

深处不胜寒。深海已经使密封的舱越来越变成了名副其实的大冰箱。我们在进入密封舱时，浑身上下就被海水打湿了，此时更加感到寒气袭人，周身战栗，只好换了衣服。

沃尔什身材不高，他在密封舱内能够活动自如，而我的个头却几乎与这个近2米直径的密封舱一般高，只能借助舷窗外的一块空间伸展一下胳膊。

75分钟后，我们潜到1600米时，接到了水面上打来的电话——我们之间必须相互了如指掌，所以，一开始下潜，我们便打开了水下无线电话。我要衷心地感谢美国加利福尼亚州圣地亚哥海军电子试验室，他们设计的这部精巧的通讯装置，使得我们始终能和水面保持通话联络。我向波诺询问了上面的情况，波诺说风浪很大，但一切工作仍在照常进行。

在3000米深处，我们与水面又进行了一次十分清晰的通话。在4000米深处，我们之间进行了第三次通话。沃尔什说道：

“接收情况仍然良好。在整个下潜期间我们都能和水面保持联络吗？”

“难说呀。”我答道。“因为要进行通话，水面舰只就必须停泊在我们的正上方。在这样恶劣的天气里，要做到这点真是太难了。”

我们继续下潜着。透过舷窗，我发现深潜器已经置身在海流之中了。带着浮游生物的水流，以0.9米/秒的速度疾驰而过。水流是从那无底的深渊向上翻涌的。

当我们通过 7320 米时，我和沃尔什互相祝贺，这是我们 2 周前才到达的深度。我们还在下潜着。沃尔什兴奋地说：

"我们已经到达了前人未曾到达的深度！"

是的，我们已经创造了新的世界纪录。但这又算得了什么呢？我们的目标是"挑战者深度"，世界海洋的最深点。

海底奇观

在 7900 米深处，我们与水面的通话仍能畅通无阻。现在的时间是 11 点 30 分，我们已经放掉了 6 吨压舱物，下潜的速度慢了下来。窗外的海水似乎十分平静，我打开了探照灯，光柱投射到下面很深的地方，看上去一无所有。我仿佛觉得我们处于虚无缥缈的空间中。这时，我突然体会到，富饶的海洋也有它一贫如洗的一面。

当我们到达 9900 米深度时，我突然听到深潜器发出了阵阵沉闷的爆裂声，密封舱也同时被震得摇晃起来。到达海底了吗？没有，回声测深仪尚无反应。而深潜器却继续平稳地下潜着。为了查明原因，我把所有的机器都关闭了。在死一般的寂静之中，我们听到了一种细微的爆炸声从密封舱的四面八方传来。是海虾在爬动吗？莫不是密封舱的防护漆破裂了？我们作了种种设想，但真实情况却不得而知。看来没有什么严重的故障，因为深潜器依然在正常地下潜。我们决定继续下潜。

透过舷窗，我的视野中突然呈现出生命的迹象，好像是水母、海蜇之类的东西，个体并不大。这些东西对我们来说并不稀奇，因为我们知道深海中是有生命的。而我们此时渴望的是：深海是否有鱼类？

也许我们潜得太深了吧，电话失灵了！我们与外界的联系隔断了。我们此刻更加紧张了，因为海底近在咫尺了，我们随时都准备享受那轻微的一晃，迎接那最后的时刻。12 点 56 分，我用压抑着激情的声音，平静地说："沃尔什，测深仪表明我们已经着底了！"

沃尔什激动得简直不敢相信。长久盼望的事情，在它降临的一瞬间，总是显得异常的突然，因而又常常使人对它的实在性产生疑惑。

但是真正的海底还要再下沉 91.5 米，我们用了 10 分钟的时间潜完了这段距离。12 点 6 分，在我的第 65 次潜海中，“曲斯特”号终于登上了海底深渊那乳白色的地毯般柔软的海底！我激动地伸出战抖的手，抓起电话大声喊叫起来——我早已忘记它失灵了。

海底奇观

我打开水银灯，透过那足有 15 厘米厚的有机玻璃舷窗，睁大眼睛向外看着。突然，我发现在距我们只有一二米远的海底中，有一条鱼！我和沃尔什几乎同时惊叫起来。它像鞋底似的，刚好落入水银灯的光柱之中。然而，正是这个只有鞋底大的幽灵，使得成千上万的科学家们多少年来争论它，即深海到底有没有鱼类生存，倾刻之间就迎刃而解了。同时，这也证明了人们长期所假定的海水垂直流的存在。正是这种垂直对流，才把海洋上层的氧气带到这海底深渊之中，保证了深海鱼类的生存。

看上去，这条鱼是世界上独一无二的品种。它那 30 厘米长、15 厘米宽的扁的身躯，张着微突的眼睛，悠然地摇摆着，慢得像是在一点点蠕动。它从未见过人类，因此也丝毫不惧怕我们这海外来客，它大模大样地游动着，一半身子钻进海底松软的黄色软泥之中。后来它就消失在那黑暗的海底世界里了——那是它所生存的永恒的家。

在这海底深渊中，我们测试了水温（约为 3. 33℃），测定是否有海底水流（没有）以及放射现象。我们还看到了一只红色的小虾，长约 30 厘米，从容而友好地游到我们窗前，仿佛是欢迎我们的来访。

载誉归来

我打开尾部的探照灯，沃尔什仔细向外观望着。他猛然回过身来说：“我知道那种丝丝响声是怎么回事了。那是进口通道的舷窗上发出的声响！”

原来，又是巨大的压力导演了这段可怕的插曲。面积很大的有机玻璃窗，虽说经受住了可怕的水压，但仍然表现出了某种屈服：它比同它相接的金属槽收缩的厉害，玻璃上出现了一道裂纹。尾部的探照灯将这道裂纹照得很清楚。

是啊，在这样深的海底，不要说玻璃，就是深潜器的金属壳体，其直径也被巨大的水压压缩了 1.5 毫米！此时深潜器每平方厘米承受了 1200 千克以上的力，深潜器总共承受着 15 万吨以上的压力！

这个意外的事故，缩短了我们在海底的逗留时间。本来我们预定停留 30 分钟，现在刚过了 20 分钟，我们就提前启程上浮了。我们不无惋惜地看着那块不平整的海底，只见它在光柱中闪闪发亮。

我手按电钮，起动上浮。一束铁球从压舱室中倾泻而出，沉入了犹如滑石粉般柔软的海底沉积物中，溅起了一股巨大的闪光尘云。起初这些沉云升到舷窗前，而后又漫过深潜器，向上方升腾着，接着像是扩散着的云彩，向四面八方蔓延，漂染了很大一块水域。我敢断定，这些沉云是海面附近死掉的硅藻的硅质主体。它们死后不知经过多长时间才沉到海底。

“再见吧，尘云！再见吧，挑战者深度”！我们离开海底上浮了。上浮是正常而顺利的，最后几百米的一掠而过。最后，在预定的时间，15 点 56 分，“曲斯特”号浮出了水面。15 分钟后，我们从密封舱中爬出来，站在“曲斯特”号的甲板上了。

放眼四望，只见碧海蓝天，浪涌风拂。美国海军的飞机正在空中盘旋，鸣放着礼炮，机翼左右摇摆，向我们致敬！

江河漂流记

漂流是 20 世纪 40 年代才在欧美兴起的新兴的探险活动，但发展很快。世界各地一些著名的急流，以及大江大河，如密西西比河、尼罗河、亚马孙河、印度河、恒河等，都在近 30 年内陆续被漂流好汉们一一征服。

陆上最深的峡谷是南美洲秘鲁南部的科尔卡河峡谷，那里两岸的悬崖，一边高 3471 米，另一边高约 3233 米。1981 年 5 月 12 日至 6 月 14 日，一支来自波兰克拉科夫大学的“安第斯单人皮艇队”，首次漂流了这个峡谷。

从安第斯雪山上流淌下来的亚马孙河，是世界上最长最大的河流之一，全长6800千米。曾有许多探险家漂流过亚马孙河，但都只是漂流其中的一段或大部分。如日本孤胆英雄植村直己，就曾于1968年乘自制的木筏，只身从亚马孙河上源之一瓦利亚加河畔的尤里马瓜斯沿河顺流而下，用了60天时间，到达巴西临大西洋畔的马卡帕港。直到1985

科尔卡河峡谷

年，才有人胆大包天冒险漂流了亚马孙河全程。这次漂流是本部设在美国怀俄明州的安第斯皮艇探险公司发起组织的，参加远征的共有9人，分别来自波兰、南非、英国和美国。队长波特是波兰人，32岁，他曾是漂流科尔卡河峡谷的探险队员之一。他们先乘车登上高耸的安第斯山脉，然后身背皮艇找到海拔四五千米雪山顶上亚马孙河的源头——阿普里马克河，从此地一人划一艇漂流而下。他们在整个漂流过程中，几乎都使用小皮艇，但在通过某些艰险的急流地段时使用了木筏。阿普里马克河是条年轻狂野的山间河流，仅500千米长度中的落差就达4000米。途中他们曾经过一连串四处急流，雷鸣般轰响的陡急河水每处约200米长，看上去只见一片白色浪花和泡沫；又从瀑布悬崖处跌下来，陷进漩涡深渊……好不容易与相伴了2个月的阿普里马克河挥手告别，又进入了闷热湿透的热带雨林区。这里木头太湿烧不起来，汗湿衣服不会干，很快溃烂成破布烂片，伤口也不会愈合，到处是蜘蛛、蟑螂、飞蛾、黄蜂、蚂蚁、扁虱和蚊子，遍布他们的眼睛和耳朵，啃噬肌肤，吮吸鲜血。探险队员们变得烦躁不安，争吵凶狠，加上极度的疲惫和恐惧，9人探险队这时只剩下4人进入平原上的乌卡亚利河。此后他们每天驾舟12小时，每小时划船55分钟，每分钟划桨50次，没有星期天，抵达亚马孙河口大西洋时总计每人划桨超过225万次。从这一年的8月29日到次年的2月19日，他们终于漂完全程，一共花了174天时间。

1985～1987年，中国大地上也掀起了一股漂流探险热，它的缘起还颇富戏剧性。那是在1984年11月，中国各大报纸登载了一条消息，一支由美中两国运动员组成的探险队，将从明年 8 月中旬开始，在中国和亚洲第一大河长江上游进行漂流探险。这个消息惹急了一条热血汉子，他叫尧茂书，是地处成都的西南交通大学电化教研室摄影员，当年 32 岁。早在 5 年前，他在美国地理杂志上看到植村直己只身探险北极和漂流亚马孙河的报道，就萌生了自费漂流长江的执著念头。几年来他积极准备，广搜资料，还亲自赶到长江上游源头和最危险的虎跳峡去考察，并在大渡河、岷江、金沙江试漂了近千千米。“中国的龙，怎能让外国人先乘！”尧茂书毅然决定，要赶在美国人之前只身漂流长江，并把自己那只红色充气橡皮筏子取名为“龙的传人”号。

1985 年 6 月 12 日，尧茂书告别妻子（为了支持丈夫的壮举，已经有身孕的她做了人工流产），在三哥尧茂江的陪同下来到了冰川重叠的长江源头。6 月 20 日下午 4 点多钟，尧茂书将橡皮筏推下沱沱河，开始了他震惊世界的悲壮的“长江第一漂”。他漂完沱沱河，闯过通天河，……谁想到 7 月 24 日在金沙江的通伽峡江面翻船落水，“壮士一去兮不复还”。

尧茂书

一石激起千重浪。尧茂书只身首漂长江，开始时几乎不为人知晓，待他慷慨捐躯，却在神州大地上激起了强烈反响。很快有更多的热血青年步尧茂书后尘，滴血为书，投身漂流长江的探险壮举。就在尧茂书落难后的第二年的春末夏初，各路探险好汉云集长江源头，寂寞的高原一下子热闹起来了。他们一支是由来自河南的八条北方大汉自发组合的中国洛阳长江漂流探险队；一支是有 56 名成员的浩浩荡荡的的中国长江科学考察漂流探险队，由中国科学院成都地理研究所、四川省体委、四川省地理学会等单位联合组织，人员是从全国 27 个省、自治区、直辖市的 300 多名志愿者中挑选出来的，包括汉、藏、羌、彝四个民族；另一支就是延期1年赶到的中美联合长江上游漂流探险队，以美国著名漂流专家、59岁的肯·沃伦任队长，全队27人，美方20人，其中5名水上桨手，中方7人，3名水上桨手。

虎跳峡位川、滇交界的“万里长江第一弯”下游，长16千米，上峡口江面海拔1800米，下峡口江面海拔1616米，水面坡降超过12‰，成为“长漂”第一难点。由于左有海拔5396米的哈巴雪山，右有海拔5596米的玉龙雪山，使得形势更加险恶。虎跳峡分上、中、下三峡。上虎跳实验“载犬漂流”的结果是“船破犬亡”，但人们却发现可加捆汽车轮胎保护密封船。1986年9月10日洛阳漂流队的副队长雷建生、队员李勤建正是成功使用此一方法率先完成了上虎跳漂流。但9月12日洛阳队的郎保洛、孙志岭乘胜继续挑战中虎跳时，密封船却在虎跳峡中最长、因暗滩密布而最危险的满天星滩群被礁石将舱门撞裂，人被抛出。其中郎保洛死死抓住船体外面的缆绳，附随着密封艇残体翻滚冲撞，勉强冲过中虎跳。之后一卷铺天恶浪又把他和“洛阳”号残体一齐抛到岸边绝壁之下，被困五天四夜，历经千难万险才被救出来。但孙志岭从船中抛出后却再无踪影，直到9月下旬才在虎跳峡以下发现他的遗体。四川《青年世界》杂志社23岁的记者万明，在采访营救郎保洛的过程中，被山上落下的滚石击中，以身殉职。又一次付出惨重代价的洛阳队，化悲痛为力量，丝毫没有后退的意思。21日，队长王茂军和队员李维民一鼓作气闯过下虎跳。

与此同时，9月11日，科漂队长王岩和队员李大放，乘坐“中华勇士”号飞蝶形密封艇，也成功地闯过了上虎跳，历时只有53秒。18日，王岩和队员杨欣又先行冲击下虎跳。24日下午，王岩和队员颜柯再补漂中虎跳，由于接应人员没能截住密封艇，已被礁石撞得遍体鳞伤的“中华勇士”号又向下虎跳冲去，他们等于重复漂了一次下虎跳。最后船被一块大礁石卡住，颜柯用匕首划开舱门，两人虽有余悸但仍带着胜利的微笑爬出舱门。而只身漂流的王殿明，也已经在9月19日之前，独自漂过了上、中、下三虎跳。转瞬间，全国各主要报纸、电台、电视台以及国外70多家报刊抢先发出同一条消息：中国人首先征服了虎跳峡！

中美联合探险队是在7月19日分乘7艘橡皮筏出发的。在漂流通天河时有一美方队员因不适应高原气候患肺炎死去。以后在离虎跳峡还有一大段距离的白玉县境内又严重受阻，几次翻船落水，船只器材严重损坏，最后人员从陆路离开沿江无人区。至9月13日下午，队长肯·沃伦不得不宣布中止漂流，以后再来。事后当沃伦听说中国各支探险队一一征服虎跳峡，他特地发来贺电，对中华民族的大无畏精神表示由衷的钦佩。

9月30日，洛阳队和科漂队同时抵达攀枝花市，然后继续下漂。洛阳队在途中吸收了几个外省的志愿队员，不幸又一个新队员雷志在漂流白鹤滩时落水死去。11月12日下午14时20分，洛阳队10名勇士和遇难的杨红林、张军的妻子张彩秀和吴金芳，分乘4条橡皮筏，直达长江的尽头——上海吴淞口，首先完成人类历史上全程漂流长江的壮举。11月25日下午2时半，科漂队五名漂流队员（包括孔志毅的哥哥孔小飞）在6级大风掀起的浪涛中，也顺利地漂到了江海汇合处。26日，王殿明操桨“安徽”号橡皮艇，也安全靠上吴淞军港码头，完成独漂长江的探险壮举。长江漂流探险的成功，使全世界重新认识了中国，年轻的探险者们向全世界展现了一个全新的中国人的形象。

1987年4月，又有3支探险队宣布漂流中国第二大河黄河。一支是北京青年黄河漂流探险队，一支是由安徽马鞍山市16名青年组成的马鞍山黄河漂流探险队，另一支是由郎保洛任队长、以原洛阳长江漂流队员为主体的河南黄河漂流探险队。4月30日，河南队员兵分两路，从黄河的南北二源——约古宗列渠（马曲）和卡日曲开漂。不幸在6月19日上午，从同德县老虎滩继续下漂的郎保洛等四位壮士，被拉加峡的狂涛吞噬了，黄河漂流就此中止。

同年6月26日下午，日本关西大学一支漂流队在我国四川岷江漂流，到临近漂流终点57千米时，所乘橡皮艇突然被巨浪掀翻，三人脱险，一人死亡，亦终止漂流。

江水无情，浪涛无情，有人成功，有人失败，有人落水，有人脱险，有时人征服自然，有时自然战胜人，这就是探险的特点。